Decide amar

STORMIE OMARTIAN

Unilit

Sepa

Publicado por
Unilit
Medley, FL 33166

© 2015 Editorial Unilit *(Spanish translation)*
Primera edición 2015

© 2014 por Stormie Omartian
Originalmente publicado en inglés con el título:
Choose Love por Stormie Omartian.
Publicado por Harvest House Publishers
Eugene, Oregon 97402
www.harvesthousepublishers.com
Todos los derechos reservados.

Traducción: *Mayra Urízar de Ramírez*
Diseño de la cubierta: *Harvest House Publishers, Inc., Eugene, Oregon*
Fotografía de la autora: *Michael Gomez Photography*

Producto 495855 • ISBN 0-7899-2186-3 • ISBN 978-0-7899-2186-4

Impreso en Colombia /*Printed in Colombia*

Categoría: Vida cristiana /Crecimiento espiritual /General
Category: Christian Living /Spiritual Growth /General

«Amarás al Señor tu Dios con todo tu corazón, y con toda tu alma, y con toda tu mente y con todas tus fuerzas. Este es el principal mandamiento. Y el segundo es semejante: Amarás a tu prójimo como a ti mismo. No hay otro mandamiento mayor que éstos».

MARCOS 12:30-31, RV-60

Contenido

Primera decisión

Decide recibir el amor de Dios para ti

Decide
recibir el
amor
de Dios para ti

1

Mírate como te mira Dios

~~~~~~

Nunca olvidaré el día en que por primera vez vi uno de esos espejos iluminados que tienen aumento. ¿Me explico? ¿Esos que puedes comprar para tu encimera del cuarto de baño? Vienen en distintos niveles de aumento. El que compré tenía cinco niveles de aumento porque quería ver ciertas cosas en mi rostro y piel con más claridad para garantizar una buena higiene.

Lo coloqué, encendí la luz, me miré en el espejo y casi me muero del susto.

Te advierto ahora que eso no es para los débiles de corazón y debes prepararte por anticipado. En primer lugar, asegúrate *antes* de mirarte que ninguno en la tierra te ve de la manera en que te refleja el espejo, con cada poro e imperfección agrandados; cada mancha café por el sol, cada vaso capilar roto, cada arruga y línea aumentada; y cada imperfección, muchas de las cuales nunca supiste que estaban allí, iluminadas.

Me recuperé de ese impacto inicial, pero tardé un poco. Y a medida que el tiempo pasa hay más que ver, por lo que en realidad no llega a ser una experiencia cada vez más placentera. Solo es algo que sabes que tienes que hacer y estás más preparado para soportarlo.

Verte de la manera que Dios te ve es como verse en un espejo de aumento gigante de todo tu ser. Sin embargo, Él te ve desde la perspectiva de todo para lo que te creó. Ve todos los dones, el propósito y el potencial en ti, que colocó Aquel que no solo pensó en ti *antes* de que nacieras, sino que tenía un plan para tu vida.

Muy a menudo solo vemos las cosas negativas en nosotros mismos. Lo doloroso es que observamos los lugares en los que somos débiles, en los que nos falta algo o en los que hemos fracasado. Dios ve todo eso también, pero Él no lo considera malo. Por ejemplo, Dios ve tus *debilidades* como una oportunidad para que confíes en que Él será fuerte en ti. Si le entregas tus debilidades a Dios, eso te permite obtener fortaleza de Él, más allá que cualquier cosa que hubieras tenido sin Él.

Dios ve todo lo que te *falta* como una posibilidad de que recurras a Él y que declares tu dependencia de Él, a fin de que pueda suplir todas tus necesidades.

Dios ve tu *fracaso* como una invitación a que camines a su lado, de modo que pueda facultarte para que logres lo que no podrías comenzar a hacer por tu cuenta.

Si no estás seguro de todo eso, te invito a que busques a Dios más allá de lo que alguna vez lo hayas hecho antes y que llegues a conocerlo mejor. Mientras mejor sepas quién es Dios en realidad, más reconocerás lo mucho que lo necesitas. Y necesitarlo siempre es algo bueno.

Cómo entender la perspectiva de Dios

Mientras más procuramos conocer a Dios de una manera más profunda, más nos deja ver de *sí mismo*. Cuando nos abrimos a Dios de verdad y lo invitamos a que se nos revele, Él lo hará. Y esto es algo que debemos hacer, pues nunca sabremos quiénes *somos* en realidad hasta que entendamos quién es *Él* en realidad.

Dios también nos muestra la verdad de nosotros mismos cuando le pedimos que lo haga. Eso puede parecer intimidante, pero no permitas que la idea te asuste. La buena noticia es que Él no nos deja verlo todo en el acto, tanto de *Él* como de *nosotros mismos,* lo cual sería abrumador de cualquier manera. Él nos lo deja ver poco a poco a medida que lo buscamos.

Si tienes un corazón que desea saber la verdad y que anhela una forma de llegar a ser todo para lo que te creó Dios, pasa tiempo a su lado todos los días para conocerlo. Entender de veras su sorprendente bondad, santidad, perfección y amor es sanador para tu alma. También da a conocer cualquier falta de bondad, santidad, perfección y amor en ti. Sin embargo, no le temas a eso. Él no expone esas cosas para impactarte ni para humillarte. Lo hace para decirte que te ama lo suficiente como para no dejarte de la manera que eres. Él quiere que llegues a ser la persona que quiso que fueras desde que te creó, más de lo que *tú* quieres, porque su deseo es que vivas de una manera en que estés expuesto a las bendiciones incontables que tiene para ti.

Desde la perspectiva de Dios, Él ve todo lo que te falta si no buscas su presencia y su voluntad en tu vida.

Aun cuando pensamos que hemos caminado con el Señor lo suficiente como para que se haya encargado de la mayor parte de nuestras imperfecciones, nos damos cuenta de que siempre hay más trabajo que hacer a un nivel más profundo. Por eso es que nunca podemos suponer que estamos fuera de nuestras tendencias más débiles. Ni que podemos pasar un día sin la total dependencia de Dios y su Espíritu en nosotros, que nos permite ser la persona que quiere que seamos.

Dios quiere que lleguemos a ser más *semejantes* a Él todos los días.

Observa que *no* dije que llegamos a ser Dios. Dije que llegamos a ser más semejantes a Dios.

La verdad es que todos necesitamos transformación. Dios dijo que nos hizo a su *imagen,* pero Él quiere que lleguemos a ser *participantes de su «naturaleza divina»* (2 Pedro 1:4). Eso significa *abrirle nuestro corazón a Dios y permitirle que lo moldee y lo agrande de manera que podamos contener más de su carácter.*

¿Cómo ocurre eso?

Esa pregunta se responderá a medida que leas este libro. Por ahora, solo ten en mente que Dios quiere que llegues a ser más como Él. No solo quiere que veas lo que necesita cambio, sino que te veas a través de sus ojos de amor.

Dios es amorosamente perdonador, algo que no lo es un espejo de aumento.

Dicho todo eso, hace unos años estaba leyendo la Biblia desde Génesis hasta Apocalipsis, como es mi costumbre cada dos años, y un día en particular comencé con 1 Corintios 13. Había leído ese pasaje innumerables veces antes y sabía que era el capítulo acerca del amor. Es más, me resultaba tan conocido que había memorizado muchos de los versículos solo por haberlos leído una y otra vez. Y cualquiera que esté casado se dará cuenta de que lee ese capítulo de vez en cuando, y que ora para que su cónyuge, de alguna manera, lo entienda en realidad. (Solo bromeo. He aprendido a orar para que *yo* lo entienda en realidad. Lo único que quería era ver tu reacción).

¿Sabes cómo puedes leer un pasaje de las Escrituras muchas veces y que una vez tras otra se profundice tu comprensión del mismo? Cada vez más se graba en tu mente, alma y espíritu. Entonces, un día, cuando lees de nuevo ese mismo pasaje acerca del cual le has pedido a Dios que te dé un mayor entendimiento, es como si se te abriera el cielo y lo tienes claro, más allá de lo que lo tuviste antes. Ves con esa claridad de mente, alma y espíritu que sabes que solo la revelación de Dios lo ha hecho posible. Bueno, eso fue lo que me pasó ese día.

Había caminado con el Señor por décadas y pensaba que entendía mucho acerca del amor de Dios para nosotros. Además, sabía cómo expresarle mi amor, aunque me daba cuenta de que eso era un proceso de crecimiento continuo. Creía que era una persona amorosa porque Dios me había dado un amor profundo por otras personas, algo que nunca pensé que fuera posible antes de comenzar a caminar con Él. Esa mañana, en cambio, después que le había pedido a Dios que me enseñara cosas que no había visto antes en ese capítulo, como siempre lo hago antes de leer su Palabra, fue como si mis ojos vieran los versículos con mayor profundidad y claridad por primera vez. El Espíritu Santo hizo lo que pedí, y me dio una comprensión profunda de cada oración y cada palabra como si el mismo Jesús me las hubiera dicho.

Como una cortina gigante que se abre en el cielo, pude ver lo que estaba detrás de ella y todo un mundo nuevo se me abrió. Fue similar a una foto fuera de foco, que no me daba cuenta que estaba fuera de foco, de repente aparece con la claridad de un cristal, y pude ver cosas que no había visto antes. Fue fascinante. Fue impresionante. Fue convincente y aleccionador. Cada palabra me atrapó. Fue como si hubiera estado en una habitación con poca iluminación cuando de pronto se abre el techo y el sol entra a raudales haciendo entrecerrar los ojos por la iluminación.

Cada palabra se agrandó al instante para revelar todos los aspectos de su significado. Y con cada revelación me sentí arrepentida en lo más profundo. Cada descripción me trajo a la mente todas las veces que me había quedado corta en decidir mostrar amor de esa manera específica a otra persona. No se trataba de que fuera poco cariñosa con esa persona. Era que *mi* amor se había quedado corto en lo que Dios quería de mí. Aunque sabía que había llegado lejos desde donde había estado, todavía estaba muy lejos de donde Dios quería que estuviera. Me di cuenta de que la manera en que Dios requería que les demostrara amor a otros no era algo que yo comenzaría a hacer por mi cuenta. Necesitaba el poder transformador de su amor que obra en mí y me capacita. Eso significaba que tenía que ir a Él cada día, no solo para que me saturara de nuevo de su amor por mí, sino para que le expresara mi amor a Él, y luego le pidiera que me ayudara a demostrar su amor a otros. Antes pensaba que el amor era más un sentimiento que una decisión. Sin embargo, esas eran decisiones claras que tenía que tomar.

Los distintos niveles de verdad están en la Palabra de Dios y nosotros tenemos que estar listos para verlos a medida que Él nos lo permite.

Las primeras veces que leí este pasaje del amor, entendí que ese era el ideal. Es decir, la meta por la que *debemos trabajar.* Y lo es. Pero eso no es todo.

El siguiente nivel de entendimiento que tuve en cuanto a este pasaje fue que Dios es amor y nosotros tenemos que esforzarnos por ser más semejantes a Él y aprender a amar de la manera en que *Él* ama. Eso también es cierto. Pero todavía hay más.

El siguiente nivel de comprensión que Dios me reveló fue que no es posible que amemos de la manera en que Él lo hace si su amor no fluye a través de nosotros y nos capacita para que lo hagamos. Eso quiere decir que no solo debemos tener un entendimiento cada vez más profundo del amor de Dios por nosotros, sino que *también debemos decidir aceptar el amor que Dios tiene para nosotros en toda su plenitud.*

Esa mañana, a medida que seguía leyendo y volvía a leer esos versículos que describen lo que es el amor desde la perspectiva de Dios, Él llevó a mi mente con detalles claros la manera en que no había vivido de acuerdo a ese estándar en ninguno de ellos. Sabía que no era a manera de juicio que me revelara todo eso. No sentí condenación. Sentí su *convicción*.

Sentí su *amor*.

Dios le decía a mi corazón: «Quiero que sigas adelante en tu propia vida y que recibas todo lo que tengo para ti, pero hay ciertas decisiones que debes tomar».

Y yo decía: «Ah, ya lo veo». Y no: «¿Cómo pude haber sido tan tonta y ciega?».

Dios me reveló que yo detenía ciertas bendiciones para mi vida porque no reconocía los campos de oportunidades que me había puesto delante, no solo para que *recibiera su amor y le demostrara mi amor, sino también para que amara a los demás de una manera que le agradaba a Él.* Reconocí cómo al *no decidir* demostrar amor en ciertas situaciones en mi pasado me había producido daño. Me había perdido muchas bendiciones al no tomar las mejores decisiones.

Dios me hizo ver todo eso en apenas unos momentos. Me enseñó que cuando vacilo en demostrar amor a propósito en cierta situación, debo pedirle que me revele, por medio de su Espíritu que le habla a mi corazón, cuál es el acto amoroso que se tiene que hacer en ese momento. Le dijo a mi corazón que las decisiones se tienen que tomar, y que sin *su* revelación, no siempre es muy claro lo que esto significa en ese momento. Lo que podríamos *pensar* en la carne que es el acto amoroso, puede ser lo *indebido* en realidad. Por eso es de suma importancia no solo tener un conocimiento sólido de la Palabra de Dios, sino también tener la sabiduría de Dios, en especial cuando se requiere de una decisión que afecte la vida de otras personas. ¿Mi opción de hacer lo que yo creo que es un acto amoroso va a lastimar de veras a alguna persona? Eso puede ocurrir.

Todo esto me impactó de manera tan profunda que estuve a punto de caerme del sofá y dar de bruces ante Dios con dolor y arrepentimiento. Ese llegó a ser uno de esos momentos transformadores con Dios que nunca se olvida, y del que nunca das un paso atrás. Todo, o casi todo, en este libro es lo que Dios me hizo ver en esos momentos.

A medida que seguía contemplando lo sucedido, cada vez llegaba a ser más claro que ninguno de nosotros puede comenzar a demostrar amor de la manera que Dios quiere que lo hagamos sin que antes tomemos las siguientes decisiones.

Tres decisiones sencillas que cambiarán el curso de tu vida

Nuestra primera decisión es la de no solo comprender el amor de Dios hacia nosotros, sino que en realidad nos dispongamos y lo recibamos. Sí, recibir el amor de Dios es una decisión. Podemos *leer* acerca de él, *hablar* de él y *pensar* en él, pero no es lo mismo que *decidir* recibirlo. Decidir recibir el amor de Dios significa acercarse a Él, pasar tiempo en su presencia, abrirle el corazón, desear conocerlo, entender quién es y anhelar llegar a ser más *semejante* a Él.

La decisión de recibir el amor de Dios transforma tu vida.

Nuestra segunda decisión es decidir a propósito expresarle nuestro amor a Dios como respuesta a su amor por nosotros. Debemos entender cómo comunicarle nuestro amor además de solo «sentirlo». No podemos hacer nada como respuesta. Y en realidad no podemos amar a otros de una manera poderosa si no aprendemos primero a demostrarle nuestro amor a Dios. Eso se debe a que ese es el proceso real de demostrarle nuestro amor a Dios, que se convierte en el mismo medio por el que nos llena con *más* de su amor. La verdad es que Dios nos imparte su amor cuando le demostramos nuestro amor a Él. (Más sobre esto en el capítulo 10). *La decisión de expresarle tu amor a Dios transforma tu vida.*

Nuestra tercera decisión es amar a los demás de una manera que agrade a Dios. Eso significa que debemos buscar a Dios para entender lo que le agrada a Él y decidir hacerlo en lugar de esperar que nos motiven los sentimientos. El amor humano falla. Somos incapaces de amar de forma constante: siempre, de todas las maneras que Dios quiere que lo hagamos... de la manera en que *Él* lo hace. El amor genuino a los demás surge cuando decidimos amar a Dios y Él se derrama en nosotros. *La decisión de demostrar amor a los demás cambia el curso de tu vida.*

Estas tres decisiones conforman las tres secciones de este libro. Para decidir amar de la forma en que Dios quiere que lo hagamos, tenemos que tomar estas tres decisiones cada día.

La manera en que te ve Dios

No es natural que nos veamos de la manera en que nos ve Dios. Nosotros nos vemos a través de nuestro pasado. De nuestros fracasos. De nuestro trabajo. De nuestras capacidades. De nuestra apariencia. De nuestros amigos. De nuestros logros. O de la falta de los mismos.

Nos vemos a través del prisma de nuestros defectos.

Él nos ve a través de la luz de su resplandeciente perfección en nuestros corazones, mejorándonos hasta que nos vayamos a vivir con Él.

Sabemos de lo que estamos *hechos*, y no siempre vemos eso como algo bueno.

Él nos ve a la luz de lo que con amor quiso que *fuéramos* cuando nos creó. Y eso siempre es algo grandioso.

Quiero que te veas de la manera en que te ve Dios. Él te ve a través de su perspectiva de amor. Quiero que te veas desde la perspectiva de Dios, a fin de que puedas entender de mejor manera el amor que te tiene y el efecto de largo alcance que su amor tiene en tu vida cuando decides abrirte por completo a Él.

Cuando recibes el amor que siente Dios por ti, se aviva tu corazón, se estimula todo tu ser y se llenan de energía tu mente, alma y cuerpo.

Quiero que no solo conozcas mejor a Dios, sino que *experimentes* a Dios.

Dios no solo es amoroso; Él es amor. Y cuando experimentas su amor *en ti*, eso cambiará tu vida e influirá en todas las personas con las que te relacionas. Cuando decidas demostrarles el amor de Dios a otros, eso no solo influirá en *sus* vidas, sino que también cambiará el curso de la *tuya*.

Cuando ves tu vida con los ojos de amor de Dios, el bien se agranda y se ilumina. El mal no es tan fatídico porque el amor de Dios lo saca. Cada día que decidas *recibir* el amor de Dios, *expresarle* tu amor a Él y *amar a los demás* de la manera en que Él quiere que lo hagas, sabrás que Dios está formando en ti un sendero para que llegues a ser más semejante a Él.

No hay fuerza mayor en el mundo que el amor de Dios. Todas las armas del odio y de la crueldad no pueden permanecer en su contra. El que es ciego en lo espiritual y malo a sabiendas, trata de oponerse a Dios, pero no puede ganar a fin de cuentas. Eso se debe a que Dios formó toda la creación y la sustenta. Y Él nos da a cada uno un libre albedrío para que decidamos tener su amor en nuestra vida... o no.

Oración de *Amor*

SEÑOR:

Ayúdame a verme de la manera en que me ves tú. Gracias porque me ves con tus ojos de amor y a través de tu propósito para mí. Permíteme abrir mi corazón para recibir tu amor. Aunque es difícil comprender un amor tan grande, y no me siento digno de él, no quiero interrumpir el poder de tu asombroso amor que obra en mi corazón. Enséñame las maneras en que me amas y que yo no entiendo. Dame ojos para ver la forma en que me revelas tu amor por mí, alejando de mí las cosas que no son tu bien supremo para mi vida. Sé que todo lo que quieres hacer en mi vida no se puede lograr sin que tu amor fluya en mí.

Ayúdame a darle un giro a mi vista de mí hacia ti. Quiero verte con más claridad y entenderte por completo. Gracias porque no solo me amas, sino que me permitirás entender la profundidad de tu amor. Muéstrame las maneras en que no reconozco o no me abro a tu amor, ya sea por dudas serias o solo por una falta de entendimiento, y en las que he perdido muchas de tus bendiciones.

Permíteme ver mi vida desde tu perspectiva. En lugar de usar una lupa para ver las imperfecciones en mí, ayúdame a ver mediante la lupa de tu corazón amoroso para observar el bien, y el potencial de grandeza, que has puesto en mí. Permite que tu presencia aumente en mi vida más allá de lo que pueda imaginar ahora. Haz que tu perfección, belleza, amor y santidad se reflejen siempre en mí.

Te lo pido en el nombre de Jesús.

Palabras de *Amor*

¡Cuán preciosos también son para mí, oh Dios, tus
pensamientos! ¡Cuán inmensa es la suma de ellos!
Si los contara, serían más que la arena;
al despertar aún estoy contigo.

SALMO 139:17-18

Oh SEÑOR, ¿qué es el hombre para que tú lo tengas en
cuenta, o el hijo del hombre para que pienses en él?
El hombre es semejante a un soplo;
sus días son como una sombra que pasa.

SALMO 144:3-4

¿No ve Él mis caminos, y cuenta todos mis pasos?

JOB 31:4

Todas las cosas que pertenecen a la vida y a la piedad nos
han sido dadas por su divino poder [...] Por medio de ellas
nos ha dado preciosas y grandísimas promesas, para que por
ellas ustedes lleguen a ser partícipes de la naturaleza divina,
puesto que han huido de la corrupción que hay en el mundo
por causa de los malos deseos.

2 PEDRO 1:3-4, RVC

2

Entiende quién es
Dios en realidad

~~~~~~

Nada es más importante en nuestra vida que el amor. Todos *lo necesitamos*. Todos *lo queremos*. *No podemos vivir sin él*. Se *lo exigimos* a otros. Hacemos cosas desesperadas y locas por él. Rechazamos a quienes no lo quieren dar. Cuando el objeto de nuestro amor nos rechaza, nos toca un lugar profundo, oscuro, vacío y peligroso dentro de nosotros. Sin amor podemos hundirnos en el agujero más bajo de depresión, ira, amargura, autodesprecio y desesperanza.

Los que no crean en que necesitan amor de manera imperiosa, en realidad no conocen la vida sin él.

La palabra amor es la obsesión de cada autor de canciones y de cada poeta, de cada escritor de cartas románticas y novelista, de cada corazón joven e idealista y de cada chica o chico, mujer u hombre abandonado o rechazado.

Ni el sexo, ni la edad, ni el nivel de salud mental o física, ni las circunstancias financieras, ni la educación reprimen la necesidad de amor. No superamos nuestra necesidad de amor; solo aprendemos a cubrirla lo mejor posible a medida que avanzamos en la vida. No nos educamos a partir de nuestra necesidad de amor; solo aprendemos a expresarlo de la manera que sea menos aterrador para los demás. Y es probable que tengamos los mejores amigos que el dinero pueda comprar y que nos convenzamos de que su amor es el trato auténtico, pero si su amor se acaba cuando se acaba el dinero, a fin de cuentas no éramos el verdadero objeto de su amor.

A veces es posible que la gente nos ame, pero no lo demuestra de una manera perceptible, de ahí que no lo sintamos y, por lo tanto, no creamos que nos amen en absoluto. Y cuando no nos *sentimos* amados, quizá podamos encubrir la devastación interna de necesidades no suplidas, pero todavía sufrimos en silencio. A lo mejor nos aman en realidad, pero debido a que no creemos que nos amen, sentirse no querido es nuestra realidad.

El problema con el amor humano está en que es frágil, débil y cargado de fracaso. El amor humano es limitado. Es variable. Puede tener motivos egoístas y ser manipulador. Es condicional y poco confiable. Aun así, nos marchitamos y morimos sin él. Algunas personas preferirían cualquier cosa, sin importar lo míseras que sean las migajas emocionales que caigan debajo de la mesa de lo que parezca alguna clase de amor, a no tener nada. Todos nos extasiamos cuando sentimos amor y somos desdichados cuando no es así.

Muchos sufrimos porque pensamos que si la gente no nos ama en realidad, tendremos que vivir para siempre sin amor. Sin embargo, eso no es cierto. La mayor sensación de amor, la cual está siempre disponible para nosotros, es el amor de Dios. Su amor no es como el amor humano. El amor de Dios es inalterable e inagotable. Su amor es incondicional. Demasiados de nosotros no entendemos el banquete de su amor que nos espera en el salón de fiesta de su gracia.

No me refiero a que no necesitemos el amor humano. De seguro que lo necesitamos, pero el amor humano tiene límites. El amor de Dios no. Si pensamos que podemos poner toda nuestra esperanza en el amor humano, nos predisponemos a la decepción. Solo el amor de Dios es por completo sanador, restaurador, rejuvenecedor y dador de vida. El amor humano solo puede proporcionar una pequeña fracción de eso, y nada más que por algún tiempo antes de que vuelva a ser egoísta otra vez.

Solo el amor de Dios nos fortalece y fortifica como ninguna otra cosa. Solo el amor de Dios puede llenar por entero la necesidad de ser amado. Solo el amor de Dios *en* nosotros puede hacernos amar a otros sin fallar. No podemos vivir sin el amor de Dios, pero muchas veces la gente no sabe que el amor *de Dios* es lo que necesita. Y eso se debe a que no *lo* conocen. Aunque crean que existe, si no se han abierto a *recibir* todo lo que Él *tiene* para ellos, no empiezan a comprender la profundidad de su amor por ellos. La verdad es que Dios te ama más de lo que cualquier otro humano te pueda amar, más allá de lo que puedas imaginar siquiera. Y si no te has sentido amado en el pasado, si se te retuvo el amor en tu niñez o si te han rechazado de alguna manera, te costará más recibir el amor de Dios. Eso se debe a que has aprendido a no confiar en el amor, sin importar quién sea la fuente. Para conocer la profundidad del *amor* de Dios, debes conocer a *Dios*.

Y ese es el problema.

Mucha gente no conoce a Dios en realidad, por lo que no conoce su amor. Saben las cosas buenas, malas o erróneas que la gente les ha dicho *acerca de* Dios, pero no *lo* conocen. Y me refiero a algunos de los muchos que creen en Él, así como los que dudan de Él. Comprender el amor de Dios por nosotros es una búsqueda eterna que no se completará del todo hasta que estemos con Él en el cielo.

Para conocer a Dios y recibir su amor, tenemos que entender quién es Él y lo grande que es su amor por nosotros. Tenemos que comprender por lo menos algo antes de poder sentirlo. Lo que algunos creen que es el juicio de Dios para ellos, en realidad podría ser su amor demostrado de maneras que todavía no entienden. Muchos de nosotros no nos damos cuenta de la forma en que Él nos protege de peligros que ni siquiera sabemos que existen. A medida que crece tu conocimiento de Dios, también crecerá tu fe en Él. A medida que aumenta tu comprensión de la naturaleza de Dios, aumentará también tu amor por Él.

El conocimiento de la naturaleza eterna de Dios es importante, debido a que la profundidad de tu fe en Él se refleja en el tamaño que Dios tiene en tu corazón y en tu entendimiento.

Algunas cosas que debes saber de Dios

Para entender el amor de Dios tienes que entender quién es Él. A veces pensamos que sabemos quién es Dios, pero si alguna vez dudamos de su amor por nosotros, no lo conocemos de verdad. A continuación encontrarás algunas cosas básicas que debes saber acerca de Dios.

Dios no fue creado. Él siempre ha sido. Él siempre ha existido y siempre existirá (Salmo 90:1-2). Eso significa que todo en cuanto a Dios es para siempre. Es eterno. Eso significa que su amor por ti es para siempre y existirá siempre.

Dios es el Creador omnisciente de todas las cosas. Eso quiere decir que sabe todo acerca de ti. Sabía cuál sería el momento de tu concepción, y tenía un plan y un propósito para tu vida desde el principio. Dios no necesariamente determinó las circunstancias de tu concepción. Eso lo decidió el libre albedrío de por lo menos uno de tus padres. No obstante, si esas circunstancias eran menos que deseables, eso no te hace un error ni menos que deseable. Es posible que fueras una sorpresa para tus padres, pero nunca fuiste una sorpresa para Dios. Naciste con el plan de Dios para tu salvación, restauración, redención y futuro ya en su lugar. Eso no quiere decir que todo fuera predestinado. Todavía se requiere de una decisión tuya. Él te ha atraído a sí mismo desde que naciste, pero tú todavía tienes que aceptarlo. No importa lo que sucediera en tu pasado, Dios te ha extendido su mano y espera que tú le abras tu corazón.

Dios puede tocar y transformar a alguien con su amor. Nadie se ha ido tan lejos que Dios no pueda redimirlo, y puede llevar al triunfo a esa persona cuando el corazón está dispuesto a recibir su amor. No hay foso en el que podamos hundirnos al que Dios no pueda llegar y sacarnos cuando lo buscamos. Y cuando sometemos nuestra voluntad a la suya y buscamos su presencia y ayuda, Él nos abre nuestros ojos espirituales para que veamos más de lo que es Él en realidad.

También debes saber que Dios es un solo Dios. Aun así, hay tres personas distintas, eternas y coexistentes en la divinidad.

Está el Dios Padre, que no se creó, sino que siempre ha existido.

Está Jesús, que es el Hijo de Dios y también Dios. A Él tampoco lo crearon, sino que lo engendró su Padre Dios.

Está también el Espíritu Santo, que *procede de* Dios y es el Espíritu de Dios y también Dios. En el principio, el Padre, el Hijo y el Espíritu Santo estaban juntos en la creación. Y cuando crearon al hombre, Dios dijo: «*Hagamos* al hombre a *nuestra* imagen, conforme a *nuestra* semejanza» (Génesis 1:26).

¿Quién es el «nosotros» de la palabra «*hagamos*»?

«Hagamos» se refiere a los tres, Padre, Hijo y Espíritu Santo, que son individuales y distintos, pero que también son inseparables. Y se encuentran tan activos en tu vida como se los permitas que estén. A fin de conocer a Dios, tienes que conocer a cada una de estas tres personas de la Trinidad. Dejar fuera a una es tener una imagen incompleta de Dios: Dios el Padre, Dios el Hijo y Dios el Espíritu Santo. Cualquier punto de vista desproporcionado limitará todo lo que Dios puede hacer en tu vida.

Nuestra imagen de quién es Dios le da forma a la manera en que le respondemos. Para mucha gente, su imagen de Dios surge de su experiencia. Se forma de lo que ha visto en otros creyentes, o de lo que aprendió en la iglesia, o de lo que le enseñó la gente que influyó más en su vida. Si la gente que se suponía que era pueblo de Dios los decepcionó, culpan a Dios por esa decepción. Culpan a Dios por el abuso que recibieron de los que se suponía que debían amarlos y protegerlos y no lo hicieron.

La gente también tiende a ver a Dios de la manera en que veía a su padre o a la figura de su padre en su vida. Si no era una imagen positiva para ellos, es posible que también culpen a Dios por ese fracaso humano. Por ejemplo, si tu padre te abandonó de alguna manera, es posible que sientas que tu Padre celestial también te haya abandonado o te abandone y, por lo tanto, no puedes confiar en Él. Si tu padre terrenal nunca estuvo disponible para ti, es posible que sientas que tu Padre celestial tampoco lo esté para ti. Si tu padre humano fue distante, es posible que sientas que tu Padre celestial lo está también.

Si has rechazado a Dios por cualquier razón, o has vacilado en abrirte a Él y recibir su sanidad y amor restaurador, ten la seguridad de que Él no está enojado contigo. Sabe que se requiere que lo conozcas y que conozcas su amor incondicional por ti, antes de que puedas adquirir una confianza total en Él. Sin embargo, Dios quiere que lo hagas tan pronto como sea posible. Eso se debe a que mientras más pronto te abras para recibir por completo su amor, más pronto podrás recibir todo lo que Él tiene para ti, que es mucho más de lo que puedas imaginar. Incluso, si has conocido a Dios por años, siempre hay más que aprender de Él.

Algunas personas creen que se requiere de una fe sin discernimiento para creer en Dios, pero en realidad se requiere de una fe ciega y descuidada para ver este mundo bello y este universo sorprendente y creer que *no* hay Dios.

El rey David, un hombre conforme al corazón de Dios, dijo que solo un necio dice «no hay Dios». Dijo que esa clase de gente llega a ser corrupta y que «no hay quien haga el bien» (Salmo 14:1). Eso se debe a que si no hay Dios, no hay absolutos, no hay ley moral, ni hay una restricción final en el comportamiento. Pueden hacer su propia ley y cambiarla cuando quieran. De seguro que el amor no los motiva.

David dijo que en verdad «los cielos proclaman la gloria de Dios, y el firmamento despliega la destreza de sus manos» (Salmo 19:1, NTV). Eso quiere decir que Dios se ha revelado y que puede verse en su creación. «Los cielos proclaman su justicia, y todos los pueblos han visto su gloria» (Salmo 97:6). Una persona tiene que ser *ciega espiritualmente por elección* para no ver la bondad y la grandeza de Dios.

La evidencia de Dios está en todas partes.

Una de las formas en las que Dios nos muestra su amor es en todo lo que ha hecho, en su creación. Está allí para *nuestro* deleite y apreciación, así como para su propio placer. «Venid y ved las obras de Dios, admirable en sus hechos a favor de los hijos de los hombres» (Salmo 66:5).

Sus obras son evidencia de su amor por nosotros.

Algunas personas (teístas) creen que Dios es el Creador y quien da vida. Otros (naturalistas) creen que no hay Dios y que nada existe fuera de lo que hay en el mundo físico. Dicen que no hay mundo espiritual porque no lo pueden ver. Así que sus ojos espirituales no están abiertos; por lo tanto, no pueden ver las cosas espirituales. Influyen en otros para que crean que Dios no existe, aunque no puedan demostrarlo. Dicen que Dios es un mito, una ficción o imaginación. Dicen que está muerto, y ni siquiera se detienen a explicar el hecho de que si está muerto, tuvo que haber estado vivo, por consiguiente, tuvo que haber existido. Y si está muerto, ¿dónde está enterrado y que pasó en el funeral? No tienen respuestas.

Algunas personas *deciden* creer que Dios nunca existió. Señalan todo lo malo y dicen: «Si hay un Dios, ¿cómo puede permitir todo el mal en el mundo?». No obstante, la verdad es que todo el mal del mundo existe por los que *decidieron* separarse de Dios y sus caminos. Ahora optan por servir al mal antes que a Dios.

Dios es real. El mal también es real. Tenemos una decisión que tomar entre dos realidades. Y debemos tomar esa decisión en cuanto a quién serviremos.

Dios, el Creador de todo, no creó el mal

Dios es el Creador de todas las cosas, pero no creó el mal. Sí creó a los bellos seres angelicales para que moren en el cielo con Él. Sin embargo, el ser angélico más bello de todos los creados por Dios fue un arcángel llamado «Lucifer», entre otros nombres. Su nombre significa «estrella de la mañana», «brillante», «el que lleva luz», «sol de la mañana» y «portador de luz». Era el que daba luz, tan bella que llegó a estar fascinado con su propia hermosura. En su forma de ser enfocada y centrada en sí mismo, y llena de orgullo, optó por su propia voluntad antes que la de Dios. Quería *ser* Dios, en lugar de *servir* a Dios. Por lo que se rebeló en contra de Dios e influyó en un tercio de los ángeles para que se le aliaran. Como resultado, él y ellos cayeron a la tierra y llegaron a ser Satanás y sus demonios.

Isaías dijo de Lucifer: «Cómo has caído del cielo» (Isaías 14:12).

Jesús dijo de Lucifer: «Yo veía a Satanás caer del cielo como un rayo» (Lucas 10:18). Jesús quería asegurarles a sus discípulos que

Él fue testigo de la caída de Satanás y ahora les había dado «autoridad [...] sobre todo el poder del enemigo» (Lucas 10:19).

Antes de su caída, Lucifer/Satanás dio a conocer su orgullo y terquedad en cinco proclamaciones en contra de Dios en Isaías 14:13-14, y todo comienza con los verbos en primera persona. Dijo:

«Subiré al cielo».

«Por encima de las estrellas levantaré mi trono».

«Me sentaré en el monte de la asamblea».

«Subiré sobre las alturas de las nubes».

«Me haré semejante al Altísimo».

Estaba tan lleno de su propia persona que su orgullo lo motivó a tomar una decisión terrible. Como resultado, perdió su posición como líder de adoración en el reino de Dios, pues se adoró a sí mismo y no a Dios. Sin embargo, como siempre, Dios tenía la última palabra. Contrarrestó cada amenaza de Lucifer, y dijo que ya no podía reclamar ninguno de los nombres bellos que lo describían y que terminaría en el foso más bajo del infierno. El que alguna vez fuera un bello ser creado, por su propia terquedad llegó a ser independiente de Dios y cayó de todo lo que Dios tenía para él. (En Isaías 14, el profeta también se refiere al malvado rey de Babilonia que actuó como el diablo y anuncia que, debido al orgullo del rey, se reduciría de la misma manera que Satanás). Por decisión propia, Satanás se convirtió en enemigo de Dios, lo opuesto a Dios, y es la fuente del mal en el mundo.

Dios no es la fuente del mal en tu mundo ni en tu vida. Aun así, cuando el mal se manifiesta, mucha gente culpa a Dios por eso. Sin embargo, la realidad es que el enemigo de Dios, y el tuyo, es el que trata de destruirte a ti y a los demás. El mal no existe por falta del amor de Dios. El mal existe por una decisión de rebelarse en contra de Dios y de rechazar su amor.

El poder del mal es real, pero el poder de Dios es mucho mayor. El mal adquiere poder a través del engaño; es decir, hacer que la gente crea mentiras acerca de Dios y rechace la verdad de Dios.

El poder del mal lo sostienen los que lo eligen y lo apoyan. Cuando estás del lado de Dios, cuando decides abrirle tu corazón a Dios y recibir su amor, el enemigo tratará de influir en ti para que creas mentiras de Dios.

El enemigo de tu alma usará en tu contra todo lo que no sabes acerca de Dios.

Lee la oración anterior veinte veces más o hasta que quede grabada en tu mente.

Una de las razones por las que necesitas conocer bien a Dios (*quién* es él, *qué* hace y *todo* lo que Él puede hacer en tu vida) es que el enemigo tratará de engañarte en cuanto a cada una de esas cosas y te tentará para que pierdas la esperanza y la fe en Dios. A continuación encontrarás algunas de las cosas que tienes que saber de Dios y que el enemigo y la gente que hace lo que él quiere, no desean que sepas y te mentirán al respecto.

Debes conocer al Dios que te creó

Es importante entender que no te dieron vida al azar. Dios te hizo con un espíritu y un alma. No fuiste un accidente.

David dijo: «*Tú formaste mis entrañas; me hiciste en el seno de mi madre.* Te alabaré, porque *asombrosa y maravillosamente he sido hecho*; maravillosas son tus obras, y mi alma lo sabe muy bien [...] *Tus ojos vieron mi embrión, y en tu libro se escribieron todos los días que me fueron dados, cuando no existía ni uno solo de ellos*» (Salmo 139:13-16).

Lo mismo es cierto de ti. Dios te vio mientras crecías en el vientre de tu madre. Todos tus días están registrados en su libro de tu vida. Uno de tus padres o ambos pueden haberte fallado, pero Dios no lo ha hecho ni lo hará. Él te ha amado desde el principio, y espera que tú te dispongas a recibir su amor.

El enemigo puede venir a decirte que eres un accidente, no planificado, no querido y sin propósito, y nada bueno te pasará si no haces que ocurra o si no te le vendes para hacer que suceda. En cambio, todo lo opuesto es cierto. No permitas jamás que el enemigo de tu alma te diga algo distinto.

Debes saber que el amor de Dios es real

El amor de Dios es real porque *Él* es real. Y es amor. Recuerda, Dios no solo *tiene* amor; Él *es* amor. Eso es lo que es Él. Y su amor está allí para cualquiera que le abra su corazón.

El amor humano es como un vapor que no puedes ver a menos que otra persona decida demostrarlo en lo que diga o haga, pero el amor de Dios *se puede* ver. Cuando tus ojos espirituales se abren, puedes ver las manifestaciones de su amor en tu vida. Los que no perciben el amor de Dios no lo conocen en realidad. Jesús les dijo a algunos de los que no lo recibieron: «Yo los conozco a ustedes, y sé que *el amor de Dios no habita en ustedes*» (Juan 5:42, RVC). Reconoció que no tenían el amor de Dios en ellos y, por lo tanto, no conocían de veras a Dios. En realidad, mucha gente no cree que Dios la ame porque no lo conoce.

¿En verdad sabes que Dios te ama? ¿Lo crees de veras? ¿En realidad lo sientes o lo percibes? Si no es así, Dios tiene mucho más que espera que recibas de Él.

Si *crees* que Dios te ama, ¿es personal? ¿Lo dudas alguna vez? ¿Ves las manifestaciones de su amor por ti cada día?

Es fácil entender por qué las personas no reconocen el amor de Dios cuando han pasado por muchas cosas difíciles o trágicas y están lastimadas, golpeadas, dañadas y heridas. Piensan: *¿Dónde está Dios en todo esto? Él no debe estar disponible para mí.*

La verdad es que, Dios siempre está disponible donde se le pide que esté. Sí, Dios está en todas partes. En cambio, las grandes manifestaciones de su amor y poder solo se ven con claridad donde se le invita estar.

Demasiada gente no lo invita a su vida de ninguna manera, y después se pregunta por qué Él no hace lo que le piden. ¿Has invitado a Dios a que se manifieste en tu vida? Si no, nunca es demasiado tarde.

Si ya invitaste a Dios a tu vida, pídele que se te revele de una manera nueva y más profunda. No importa cuánto tiempo hayamos caminado con el Señor, todos necesitamos continuamente una revelación mayor de Él y de su amor por nosotros.

No dejes que el enemigo, ni cualquiera que sirva al enemigo de Dios, te diga que Dios y su amor eterno por ti no son reales.

Debes saber que Dios es bueno

Dios es siempre bueno, y puedes confiar en eso, incluso cuando pasan cosas malas. Todos sabemos que a la gente buena le pasan cosas malas, pero todos en realidad somos buenos al grado en que permitimos que la bondad de Dios fluya en nosotros. Evitamos que eso ocurra cuando nos resistimos al flujo de su bondad y su amor por nosotros de alguna manera.

Por eso es que es importante crecer cada día en nuestro conocimiento de Dios. No solo necesitamos aprender cosas nuevas acerca de Él, porque siempre hay más que aprender, sino que también tenemos que entender nuevas profundidades de las cosas que ya sabemos. Por ejemplo, podemos saber que Dios es bueno, pero saber *qué tan* bueno es Dios será una trayectoria de descubrimiento que no tiene fin. Es posible que ya sepamos que Dios nos ama, pero siempre nos daremos cuenta de que, sin importar cuánto *pensemos* que Él nos ama, es mucho más de lo que alguna vez podamos imaginar.

He oído demasiados comentarios de gente que dice algo así: «No sé si puedo creer en un dios que permitió que esto malo pasara», como si Dios existiera de acuerdo a la manera en que nosotros creemos. Nosotros no tenemos un dios de diseñador, a quien diseñamos de acuerdo a lo que queremos. Eso, por definición simple, no sería Dios. La verdad es que Dios *es* quien es Él. Y no podemos alterar ese hecho, sin importar lo que creamos.

El punto más alto de la arrogancia es pensar que *nosotros* podemos decidir quién es Dios. Él ya *es*. Lo que nosotros *sí* decidimos es si creemos en quién es Él.

«Dijo Dios a Moisés: YO SOY EL QUE SOY» (Éxodo 3:14).

Dios es quien es Él, y de nosotros depende decidir si aprendemos más de Él. Hacemos eso al pasar tiempo a su lado en su Palabra y en oración. Mientras más sepamos *acerca* de Él, mejor lo conoceremos y nuestro amor por Él crecerá de manera más profunda. El primer paso es el simple reconocimiento de que Él existe y que es el Dios que se puede conocer. No nos toca a nosotros hacer a Dios a nuestra imagen. Nosotros estamos hechos a la *suya*. *Dios es quien es Él, y nosotros no afectamos ni cambiamos eso de ninguna manera.*

Debemos aferrarnos con firmeza a esa verdad que el salmista dijo de Dios: «*Hubiera yo desmayado, si no hubiera creído que había de ver la bondad del Señor* en la tierra de los vivientes» (Salmo 27:13).

Muy a menudo nos desanimamos cuando las cosas no salen como queremos, porque no confiamos con firmeza en Dios y en su bondad hacia nosotros. La Palabra de Dios nos invita a lo siguiente: «*Gustad y ved que es bueno Jehová;* dichoso el hombre que confía en él» (Salmo 34:8, RV-60).

David instruía a menudo su propia alma a hacer lo bueno. Dijo: «Oh alma mía, dijiste a Jehová: *Tú eres mi Señor; no hay para mí bien fuera de ti*» (Salmo 16:2, RV-60). Aparte *de la bondad de Dios que se ha derramado en nuestra vida, nuestra bondad es limitada.*

No basta con solo recordar que Dios es bueno. También debemos alabarlo por su bondad. La Biblia dice: «Llena está la tierra de la misericordia del Señor» (Salmo 33:5). «Den gracias al Señor por su misericordia y por sus maravillas para con los hijos de los hombres» (Salmo 107:8).

Por cualquier cosa que alabemos a Dios, el enemigo no puede usarlo en nuestra contra.

Dios es bueno. No permitas que alguien te diga lo contrario. Cualquiera que trate de convencerte de que Dios no es bueno, no tiene lo mejor para ti en mente.

Debes saber que Dios es santo

La santidad es uno de los atributos principales de Dios. Es más, todo acerca de Él se puede ver a la luz de su amor y santidad.

Nos crearon a imagen de Dios, pero no tenemos ninguno de sus atributos si Él no nos capacita. Solo podemos vivir en santidad a medida que estemos dispuestos a separarnos de todo lo que es perverso o impío y buscarlo a Él para que nos llene de sí mismo.

Moisés dijo: «¿Quién como tú entre los dioses, oh SEÑOR? *¿Quién como tú, majestuoso en santidad,* temible en las alabanzas, haciendo maravillas?» (Éxodo 15:11).

Ana, una sierva devota del Señor, dijo: «*No hay santo como el SEÑOR*; en verdad, no hay otro fuera de ti, ni hay roca como nuestro Dios» (1 Samuel 2:2).

David dijo: «Dad a Jehová la gloria debida a su nombre; *adorad a Jehová en la hermosura de la santidad*» (Salmo 29:2, RV-60).

La santidad implica plenitud. La santidad de Dios en ti te hace pleno. Cuando te abres a su amor, llegas a ser una vasija en la que Él se derrama a sí mismo. Así que no creas la mentira de que nunca podrás obtener la santidad descrita en la Palabra de Dios. No puedes obtenerla por tu cuenta, pero de seguro que puedes hacerlo con Dios.

Debes saber que Dios es inmutable

«Cambiante» es nuestro segundo nombre sin el Espíritu de Dios en nosotros dándonos apoyo en el corazón, alma y espíritu. Somos capaces de cambiar en cada minuto. ¿Sabes cómo algunas personas pueden ser agradables en un momento y al siguiente son unos lunáticos violentos? Todos somos cambiantes, tal vez no hasta ese extremo en general, sin importar cuán sólidos podamos parecer al momento. He visto a la persona más estable que conozco en el Señor transformarse en alguien que actúa como si no conociera a Dios en absoluto. Y ocurrió porque pensó que no podía fallar. Gente que no conocía a Dios llegó a ejercer influencia sobre él porque no permaneció firme en las cosas que alguna vez supo acerca de Dios.

Dios nunca cambia. Puedes depender de eso. El salmista le dijo a Dios: «Tú eres el mismo, y tus años no tendrán fin» (Salmo 102:27).

Dios siempre ha sido y siempre será.

Para nosotros es difícil comprender el concepto de existir siempre. No podemos imaginar a alguien que no fuera creado y que no tuviera comienzo.

Nosotros no hemos existido siempre. Sin embargo, *existiremos para siempre.* La pregunta importante es: *¿dónde* existiremos para siempre? *¿Y con quién* existiremos para siempre?

Dios es eterno. Y se nos da la opción de pasar la eternidad *con* Él o *apartados* de Él. Cuando tomamos la decisión de caminar *con* Él, nuestro futuro eterno es seguro. Eso no cambia porque *Él* no cambia. Cuando caminas con Dios, siempre caminas hacia el futuro que tiene para ti.

Debes saber que Dios es todopoderoso y nada es imposible para Él

El poder de Dios es mayor que el del huracán, de la inundación, del tornado, del terremoto o del tsunami más grande. *«Más que el fragor de muchas aguas,* más que las poderosas olas del mar, *es poderoso el SEÑOR en las alturas»* (Salmo 93:4). *«Como cera se derritieron los montes ante la presencia del SEÑOR,* ante la presencia del Señor de toda la tierra» (Salmo 97:5).

Una de las cosas más grandes acerca de Dios es que Él comparte su ser contigo. Y eso quiere decir que comparte su poder. Aun así, tú recibirás poder solo a medida que permitas que el amor de Dios obre en tu vida.

No permitas que tu mente se predisponga para cuestionar eso. Dios es todopoderoso. Eso quiere decir que nada es imposible para Él en lo que a ti concierne. Es posible que enfrentes circunstancias imposibles y que no puedas ver una *salida.* No lo dudes. No creas que tienes que recurrir al lado oscuro en los tiempos difíciles. Esa es una de las mentiras más grandes que el enemigo usará en tu contra. Debes ser consciente de dónde se encuentra tu fuente de poder y no buscar otra. En Dios tienes acceso a todo el poder que alguna vez necesites para vivir la vida que Él tiene para ti.

Debes saber que Dios lo posee todo y que sabe lo que necesitas

Debido a que Dios lo creó todo, eso quiere decir que a Él le pertenece todo, lo cual es más que suficiente para lo que tú y yo necesitamos. Dios dijo: «Mío es todo animal del bosque, y *el ganado sobre mil colinas* [...] mío es el mundo y todo lo que en él hay» (Salmo 50:10, 12).

David dijo: «¡Del Señor son la tierra y su plenitud! ¡Del Señor es el mundo y sus habitantes!» (Salmo 24:1, RVC). Todo en nuestro mundo, y eso nos incluye a nosotros, le pertenece a Dios.

Dios muestra su amor al darnos la tierra. «Los cielos son los cielos del SEÑOR; *pero la tierra la ha dado a los hijos de los hombres*» (Salmo 115:16). Aun así, Él quiere que lo busquemos para ser nuestro Proveedor.

Jesús dijo: «*Su Padre ya sabe de lo que ustedes tienen necesidad, antes de que ustedes le pidan*» (Mateo 6:8, RVC). Dios sabe lo que necesitas y Él es muy capaz de proveer todo lo que necesitas, pero quiere que lo busques en oración y le pidas. Dios siempre se interesa en una relación contigo. A Él no le interesa ser Santa Claus ni tu papá rico personal. Dios escucha tus oraciones y las responde cuando oras con un corazón puro que lo ama.

Cuando no lo conocemos bien, o no lo conocemos en absoluto, es frecuente que no entendamos sus respuestas. Creemos que no oyó si no responde de la manera en que pedimos. La oración no es dictarle a Dios y decirle lo que queremos. Es participar con Dios en cada aspecto de tu vida.

Entiende que Dios renueva y vuelve a llenar la tierra, sin importar que otros digan lo contrario.

Eso puede ser un impacto para los que predicen un destino funesto. Si viviéramos como Dios quiere en lugar de pensar que sabemos más que Él, no nos quedaríamos sin las cosas que necesitamos. Cuando hacemos el mal, Dios esconde su rostro de nosotros (Salmo 104:29). En cambio, cuando vivimos como Él quiere, renueva la tierra (Salmo 104:30).

No permitas que el miedo de no tener suficiente haga que dudes de la provisión de Dios. Sigue buscándolo por provisión para tu vida. Él es tu Proveedor, y tiene todo lo que tú necesitas.

Debes saber que Dios lo ve todo

Dios lo ve siempre todo. Nada que pienses o hagas le es oculto. Él ve dónde estás y a dónde vas. También ve dónde se *supone* que debes ir y cómo llevarte allí. «Nada hay encubierto que no haya de ser revelado, ni oculto que no haya de saberse» (Mateo 10:26). «Dios, tú conoces mi insensatez, y mis pecados no te son ocultos» (Salmo 69:5, RV-60).

Dios no mantiene un récord de todo lo que haces para avergonzarte más adelante, ni para mantenerlo sobre tu cabeza como una amenaza, ni para tener un caso en tu contra para que te pueda castigar. Él lo hace porque te ama. Hasta ve las lágrimas que derramaste. David dijo: «Tú has tomado en cuenta mi vida errante; pon mis lágrimas en tu redoma; ¿acaso no están en tu libro?» (Salmo 56:8).

Dios te conoce mejor de lo que te conoces tú. Ve los planes del enemigo para tu destrucción, y cuando Él oye tus oraciones, ve su respuesta a ellas mucho antes que tú. No creas que Dios no ve tu dolor, tus batallas, tu temor y tus circunstancias. Sus ojos están sobre ti, y te cuida. Está contigo, siempre y cuando tú estés con Él.

Oración de *Amor*

SEÑOR:

Anhelo conocerte mejor. Enséñame todo acerca de ti. Sé que no puedo comenzar a comprender tu grandeza si tú no abres mis ojos, amplías mi corazón y mente y me das revelación. «SEÑOR, Dios mío, cuán grande eres; te has vestido de esplendor y de majestad, cubriéndote de luz como con un manto, extendiendo los cielos como una cortina» (Salmo 104:1-2). Ayúdame a entender todo lo que tú eres para que pueda crecer de manera más profunda en mi caminar contigo.

Permíteme comprender todo lo que haces. Ayúdame a recordar siempre que nunca cambias. Tú eres quien eres, y ninguna mentira del enemigo puede alterar eso de ninguna manera. «Desde la antigüedad está establecido tu trono; tú eres desde la eternidad» (Salmo 93:2). «Tú eres el SEÑOR, el Altísimo sobre toda la tierra, muy excelso sobre todos los dioses» (Salmo 97:9). Te ruego que la esencia y el carácter de quien eres me transformen y me guíen en lo que llegue a ser yo.

No puedo comprender tu *amor* por mí sin entender todo lo que has *hecho* por mí. Permíteme abrir por completo mi corazón y mente para recibir ese maravilloso conocimiento de ti. Gracias porque tu amor es incondicional, inmutable e infalible. Enséñame a entender y reconocer todas las formas en las que me demuestras tu amor por mí. Fortalece mi espíritu para que nunca lo dude. Ayúdame a confiar en todo momento que tu amor es real y verdadero, y que siempre está allí para mí con una existencia ilimitada. Gracias porque tu bondad y benevolencia hacia mí nunca fallan.

Te lo pido en el nombre de Jesús.

Palabras de *Amor*

Señor, tú has sido nuestro refugio generación tras generación.
Desde antes que nacieran los montes y que crearas la tierra
y el mundo, desde los tiempos antiguos y hasta los tiempos
postreros, tú eres Dios.

SALMO 90:1-2, NVI®

Mil años ante tus ojos son como el día de ayer que ya pasó, y
como una vigilia de la noche.

SALMO 90:4

Él es el que pone las vigas de sus altos aposentos en las aguas;
el que hace de las nubes su carroza; el que anda sobre las
alas del viento; que hace de los vientos sus mensajeros, y de
las llamas de fuego sus ministros.

SALMO 104:3-4

Así que no juzguen nada antes de tiempo, hasta que venga
el Señor, el cual sacará a la luz lo que está escondido y
pondrá al descubierto las intenciones de los corazones.
Entonces Dios le dará a cada uno la alabanza que merezca.

1 CORINTIOS 4:5, RVC

3

Recibe todo lo que
Dios tiene para ti

〜〜〜〜〜〜〜〜〜〜〜〜〜〜〜〜〜〜〜〜〜〜〜〜〜〜〜〜〜〜〜

El amor de Dios por nosotros existió mucho antes de que existiéramos *nosotros*. Eso significa que Él, por supuesto, nos amó mucho antes de que pensáramos siquiera en Él. «Con *amor eterno* te he amado», dijo, «por eso te he *atraído* con misericordia» (Jeremías 31:3).

Así es *Él*.

Eso quiere decir que, en todos esos días en los que no pensábamos en *Él*, vivíamos a nuestra manera y no vivíamos para *Él*, todavía nos extendía su mano de amor inagotable, para acercarnos a Él.

Eso es lo que *hace Él*.

Cada día de nuestra vida Dios nos extiende su amor. Nosotros somos los que no lo reconocemos. No respondemos. No creemos. Nosotros somos los que, a sabiendas o no, damos la vuelta y no recibimos el amor que tiene con nuestro nombre en él. Aun así, nuestro *reconocimiento* del amor eterno de Dios por nosotros, y el hecho de que lo *recibamos* en nuestro corazón, es lo que cambia de forma radical nuestra vida. Es lo que nos hace plenos y nos libera para que seamos todo para lo que nos creó.

Eso es lo que hace que nuestra vida tenga sentido al fin.

Sin el amor de Dios estamos perdidos. No tenemos esperanza. Estamos arruinados. En cambio, el día en que nos quedó claro de lo mucho que nos ama en realidad, ya no vemos la vida de la misma forma otra vez. Ahora la vemos desde la perspectiva de su amor y no de su juicio.

¡Ese es un gran día!

Entonces, ¿cómo *recibimos* el amor de Dios en realidad, más allá del simple reconocimiento de que nos ama? Dios estableció una forma específica. Dios no nos creó como un robot. Hizo gente pensante que toma decisiones y es capaz de escoger el bien y no el mal, la verdad y no las mentiras, y sus caminos y no los nuestros. Sin embargo, Él sabe de qué estamos hechos. Sabe que debido a que tenemos libertad de decisión, se nos puede atraer a *escoger* un camino *lejos de Él*. Por eso es que tenía un plan para tender un puente en esa brecha de separación.

Él nos dio un camino para volver. Un camino para empezar de nuevo. Una oportunidad para comenzar otra vez.

Nos dio el mayor regalo de todos: Su Hijo.

Mucha gente ya recibió ese regalo. Sin embargo, Él es un regalo constante. No importa cuánto tiempo lo hayamos conocido, todavía necesitamos seguir entendiendo y recibiendo todo por lo que pagó un gran precio para dárnoslo.

Dios escogió a una joven mujer de fe pura y humilde, una virgen llamada María, para que concibiera un hijo por el poder de su Espíritu Santo y diera a luz al Hijo de Dios. Debía ser una mujer que caminara con Dios y que supiera las Escrituras lo bastante bien como para entender lo que ocurría. Debía ser la clase de persona que no huiría del llamado de Dios en su vida. Debía tener la fortaleza y la sensibilidad de carácter para responder a Dios diciendo: «Hágase conmigo conforme a tu palabra» (Lucas 1:38). Y María fue todo eso.

El ángel que se le apareció a María con la abrumadora noticia le dijo que su nombre sería *Jesús*, que significa «salvación» (Lucas 1:31). También se le llamaría *Emmanuel*, que quiere decir *«Dios con nosotros»* (Mateo 1:23).

Cuando Él nació, su identidad se les reveló a algunos que anticiparon su nacimiento y sabían el porqué de su venida.

Jesús vino a salvarnos de las consecuencias de nuestras equivocaciones, errores, malas decisiones, pecados y fracasos, que es la muerte. Vino a salvarnos de nuestro enemigo que trata de destruirnos a cada momento. Vino a salvarnos de la desesperanza y la futilidad, de la que todos somos herederos sin Él. Vino a salvarnos de nosotros mismos. Jesús vino a sacrificarse y a entregar su vida por nosotros a fin de que podamos estar con Él para siempre. Todo porque nos ama. *Jesús vino para que pudiéramos tener buenas noticias todos los días de nuestra vida.*

Recibir el amor de Dios a través de Jesús cambió mi vida
Cuando recibí al Señor hace décadas, tuve un encuentro extraordinario con Dios. Fue una experiencia transformadora. Uno de los aspectos más sorprendentes de esa época no solo fue percibir el amor de Dios en la gente que me guio al Señor, sino también percibir el amor de Dios por *mí*.

Yo tenía veintiocho años y sentía que mi vida había terminado. Una madre muy abusiva y enferma mental me crio y me encerró en un clóset durante gran parte de mis primeros años de vida. Crecí con un miedo paralizante, con ansiedad, depresión y desesperanza. Probé todo lo que pude para arrancarme el dolor y encontrar una razón de vivir. Entré en prácticas ocultas, religiones orientales, alcohol y drogas, pero nada me daba más que un alivio temporal, después del cual siempre estaba peor que antes de que comenzara a descender por ese camino. Nada daba resultado.

Mi desesperanza aumentó a tal estado que pasaba días enteros acumulando suficientes pastillas para dormir, a fin de asegurarme de que nunca me despertaría a ese camino interminable otra vez. En esos días, no era fácil conseguir pastillas para dormir. Tenías que conocer a alguien y yo no lo conocía. Sin embargo, en medio de mi desesperación, una amiga y su pastor se interesaron lo suficiente por mí como para darse cuenta de mi sufrimiento, y se reunieron conmigo en un restaurante popular, cerca de donde vivía. El pastor me explicó el amor de Dios por mí y cómo podía recibirlo. Me habló de Jesús de la manera en que alguien habla de un mejor amigo. Dijo que Dios tenía un plan y un propósito supremo para mi vida, y que Él podía transformarme desde dentro. Nunca había soñado en algo así.

«¿Cómo es eso posible?», pregunté.

El pastor me dio tres libros para leer que dijo que responderían muchas de mis preguntas. Uno era sobre la realidad del mal, y Dios sabía que yo necesitaba ese libro porque mis prácticas ocultas me habían enseñado que el mal existía solo en nuestra mente. De modo que si nos deshacíamos del mal en nuestra mente, no existiría. En realidad, no había creído esa mentira porque aunque puedas deshacerte del mal en tu mente, ¿qué puedes hacer con el mal que está en la mente de otra persona y que quiere ocasionártelo a ti?

Había muchos detalles de esa índole en las prácticas ocultas y en las demás religiones que había experimentado que no tenían sentido, que no resultaban y que no producían ningún beneficio tangible en mi vida. Todas eran acerca de intentar de llegar a Dios, de ser aceptable a Él. En cambio, con cada nuevo esfuerzo que fracasaba, me hundía cada vez más bajo hasta que creí que ya no había otra forma de deshacerme del dolor emocional más que acabando con mi vida.

El segundo libro que me dieron ese día era acerca de la obra y del poder del Espíritu Santo en nuestra vida cuando recibimos a Jesús. El tercer libro era el Evangelio de Juan. Me fui a casa y leí los tres libros, y con cada uno mis ojos se abrieron a cosas nunca antes escuchadas.

A la semana siguiente, mi amiga y yo nos volvimos a reunir con su pastor, como nos pidió que lo hiciéramos.

—¿Leyó los libros? —me preguntó de inmediato.

—Sí, los leí.

—¿Qué pensó de ellos?

—Pensé que estaba leyendo la verdad.

Entonces, me preguntó si quería recibir a Jesús. En un vistazo de fracción de segundo a mi vida, vi que no tenía nada que perder. Había intentado todo lo que sabía hacer y no había alivio. No había respuestas. No podía vivir ni un día más con el dolor emocional que llevaba por dentro. Planifiqué acabar con mi dolor de una manera u otra. Si lo que sentí al leer esos libros y al oír al pastor decir eran ciertos, eso podría ser lo mejor que me había pasado.

Dije que sí.

Recibí al Señor ese día y me sentí distinta. Tuve una sensación extraña en mi corazón que no recuerdo haber experimentado nunca antes. Era esperanza. Por primera vez en mi vida sentí que en realidad tenía un futuro.

Desde ese entonces quise saber todo acerca de Jesús. Quise estar cerca de Él y experimentar la grandeza de su amor por mí.

A Jesús se le llama la Palabra, la Puerta y el Buen Pastor

Me enteré de que a *Jesús se le llama la Palabra.* Él no fue una idea tardía de Dios al crear todas las cosas. Jesús estuvo allí *con* Dios y su Espíritu Santo desde el *inicio* de la creación. La Biblia dice: «*En el principio ya existía la Palabra; y aquel que es la Palabra estaba con Dios* [...] *Por medio de él, Dios hizo todas las cosas*; nada de lo que existe fue hecho sin él» (Juan 1:1, 3, DHH). Jesús es la *Palabra viva.* Vino a la tierra como hombre para morar *con* nosotros y suplir nuestra mayor necesidad.

Jesús le dijo a la gente que Él estaba *con Dios* y *Dios lo envió* (Juan 7:28-29). Dijo que nadie había visto a Dios, excepto Él (Juan 6:46).

Jesús fue el único que Dios envió a la tierra.

Jesús era completamente Dios y completamente hombre, enviado como un regalo del amor de Dios por nosotros.

A Jesús se le llama la puerta. Eso se debe a que Él es la única puerta por la que entramos al reino de Dios en la tierra y en la eternidad. Dijo: «*Yo soy la puerta; si alguno entra por mí, será salvo; y entrará y saldrá y hallará pastos*» (Juan 10:9).

Jesús es la puerta abierta para todo lo que necesitamos en nuestra vida.

Debemos tener eso en mente en todo momento. *Cuando parece que todas las puertas se nos cierran, hemos olvidado quién es Él.*

A Jesús se le llama el buen pastor. Al referirse a sí mismo, dijo: «Yo soy *el buen pastor; conozco a mis ovejas [...]* y doy *mi vida por las ovejas»* (Juan 10:14-15, NVI®). Dijo que sus ovejas lo siguen porque «reconocen su voz» (Juan 10:4, NVI®). *Cuando recibimos el regalo de Jesús, nuestro espíritu se despierta y podemos oír su voz que le habla a nuestro corazón.*

Jesús les dijo a otros que iba a entregar su vida por las ovejas. Vino a la tierra con toda la intención de entregar su vida por ti y por mí.

No hay amor más grande que ese.

Aunque Jesús les habló a los judíos en ese entonces, porque nació entre ellos, también habló de «otras ovejas» que no eran «de este redil», y dijo que «escucharán mi voz; *y habrá un solo rebaño y un solo pastor»* (Juan 10:16, NVI®).

Eso quiere decir que *personas de todas las razas son suyas.* Y nadie puede eliminar el hecho de que cada una de las que decide seguirlo como su Salvador y Pastor no solo caminará a su lado todos los días de su vida, sino también hacia la eternidad para estar con Él para siempre.

A Jesús se le llama el Camino, la Verdad y la Vida

Jesús es el único camino para llegar a donde tenemos que ir.

Es más, no podemos llegar desde aquí sin Él.

Sé que no podría estar donde estoy ahora si no hubiera elegido su camino en lugar del mío. Estoy segura de que habría muerto hace años, cuando hubiera acopiado suficientes pastillas para dormir a fin de quitarme el dolor.

Jesús dijo: «*Yo soy el camino, y la verdad, y la vida; nadie viene al Padre, sino por mí»* (Juan 14:6, RVC). Él fue muy claro en cuanto a eso. Solo por medio de Jesús podemos llegar al punto de restaurar la relación íntima con Dios por la eternidad, y de encontrar la gran paz, el descanso, la esperanza y el amor que nos dan su presencia.

Aunque Dios ve a cada instante todo el bien que pone en nosotros, también ve todos nuestros tropiezos y errores, nuestras insensateces, rebeliones y adoración de ídolos. Ve nuestro rechazo a Él, sus caminos y leyes. Aun así, no importa lo que *hayamos* o *no hayamos* hecho, todavía nos ama lo suficiente como para continuar atrayéndonos a Él. Y nos da el *libre albedrío para que decidamos*, o no decidamos, recibir *su camino* para nuestra vida.

El camino de Dios es a través de Jesús.

Jesús nos dio un camino para liberarnos de las consecuencias de vivir lejos de Dios, que es muerte, y para comenzar de nuevo una relación íntima con Él para siempre.

No hay ni una persona que no necesite liberarse de las consecuencias del pecado. Eso no es un asunto insignificante.

Vivir en contra de los caminos de Dios de alguna manera produce muerte en nuestra vida cada día si seguimos así. Jesús, en cambio, nos dio un *camino* para *nacer de nuevo*. La primera vez que nacimos fue en la *carne*, pero nacer *de nuevo* quiere decir nacer en el *espíritu* (Juan 3:6).

Esos son dos acontecimientos separados. No tuviste opción en cuanto al primero, pero *sí* tienes opción en cuanto al segundo. *Cuando recibes a Jesús, tu espíritu cobra vida. Experimentas la vida de una nueva forma dinámica. Ves las cosas de manera distinta.*

Jesús dijo: «A menos que nazcas de nuevo, no puedes ver el reino de Dios» (Juan 3:3, NTV). Sin Él, hay mucho que no podemos ver y que existe en el reino espiritual. Cosas buenas. Cosas asombrosas. El reino de Dios es un reino de bendición al que no podemos penetrar si no hemos nacido en el espíritu, al decidir recibir a Jesús como Señor.

Aunque hayas recibido al Señor hace años, no creas que no tienes nada más que aprender de Él. Sí, somos salvos al instante de la muerte espiritual, pero su salvación requiere de toda una vida para obrar en nosotros una comprensión, cada vez mayor, de todo lo que hizo Jesús.

Tendemos a olvidar la magnitud de lo que Jesús logró debido a su amor por nosotros.

A Jesús lo crucificaron, lo torturaron de manera brutal y lo clavaron a una cruz hasta que murió. Luego, lo pusieron en una tumba semejante a una cueva con una enorme piedra que se le rodó delante y con guardias que evitaran que cualquiera se robara su cuerpo. Sin embargo, al cabo de tres días, retiraron la piedra de forma sobrenatural y Jesús ya no estaba en la tumba. Resucitó de los muertos para demostrar que Él era quien dijo que era, y que logró lo que dijo que vino a hacer.

Su resurrección fue real.

Más de quinientas personas lo vieron en su cuerpo resucitado, tal y como se le apareció a cada uno de ellos durante los días siguientes antes de ascender al cielo para estar con su Padre Dios.

Después que Jesús resucitó, entró a una habitación con las puertas bien cerradas y se les apareció a las personas que estaban dentro. No necesitó que alguien quitara el seguro para abrirle la puerta, porque Él *es* la puerta. Y es el camino para entrar. Es el Dios de verdad porque su Espíritu nos lleva a toda la verdad. Los que lo conocemos entendemos que está vivo y que es el camino a la vida eterna con Él.

A Jesús se le llama Salvador, Redentor y Restaurador

A Jesús se le llama Salvador porque nos salvó de las consecuencias de nuestro propio pecado, que es la muerte. Él no tenía pecado, aun así llevó las consecuencias de *nuestro* pecado en *sí mismo*. Y nos dio su pureza a cambio (2 Corintios 5:2). Eso no se acerca en lo más mínimo a ser un trato justo para Él, pero vio su sacrificio como lo que debía hacer, porque cuando amas a alguien, haces todo lo que puedes para salvarlo de la destrucción.

A Jesús se le llama Redentor porque Él «se dio a sí mismo por nosotros para redimirnos de toda iniquidad y purificar para sí un pueblo propio» (Tito 2:14, RVC). Nos redimió de nuestra condición de estar perdidos y nos llevó a una condición de ser su pueblo especial. A cada momento nos prepara para las cosas buenas que tiene para que las hagamos y las seamos.

A Jesús se le llama el Restaurador porque cuando lo recibimos, Dios ve la justicia, la bondad y la pureza de Jesús en nosotros.

Y como resultado, tenemos el derecho de que se nos llame hijos de Dios. Como hijos de Dios se nos restaura por completo para Él. No hay más separación entre nosotros. «A todos los que le recibieron, *les dio el derecho de llegar a ser hijos de Dios, es decir, a los que creen en su nombre*» (Juan 1:12).

¿Qué clase de amor es ese que se nos llama hijos de Dios? (1 Juan 3:1).

Ser hijos de Dios nos hace ser coherederos con Jesús. Eso quiere decir que también heredamos de todo lo que es heredero Jesús. Excepto, por supuesto, el derecho de sentarse a la diestra de Dios en el cielo. Solo Jesús pagó el precio de ese honor.

Jesús entregó su vida *de buen grado*. Debido a que es Dios, podría haberse bajado de la cruz en cualquier momento y decir: «Olvídenlo. No lo haré. Esa gente no lo merece».

En cambio, aunque le hubiera gustado no soportar lo que se avecinaba, oró a Dios y le dijo: «No se haga mi voluntad, sino la tuya» (Lucas 22:42).

El amor hizo que Jesús fuera a la cruz, amor por su Padre Dios y amor por nosotros.

Lo que sigue en este capítulo solo son *algunos* de los regalos que Jesús nos dio al morir. Cuando entendí de veras esas cosas, cambiaron mi vida.

Cuando recibes a Jesús, Él te da un nuevo fundamento

Piensa en recibir un regalo. Digamos que es una cruz valiosa enmarcada. Una vez me dieron un regalo de esos. Si nunca hubiera abierto el regalo, ¿en realidad habría recibido la cruz? Si después que hubieran pasado los años todavía estuviera dentro de la caja, empacada con papel bonito y un moño, ¿en realidad la recibí? Recibí algo, pero no se acercaba a lo que me dieron en realidad.

Dios nos da el regalo de Jesús, pero muy a menudo no lo abrimos para ver lo que nos regaló. Una de las cosas que nos da es todo un nuevo fundamento sobre el cual edificar nuestra vida.

Una vez que recibes a Jesús, *Él* se convierte en tu nuevo fundamento. La Biblia dice: «Nadie puede poner otro fundamento que el que ya está puesto, el cual es Jesucristo» (1 Corintios 3:11). Cada día que caminas con Él, edificas sobre ese fundamento. Lo grandioso de un regalo es que puedes abrirlo en cualquier momento. Y puedes comenzar a edificar sobre ese fundamento cada vez que lo hagas.

Cuando recibes a Jesús, obtienes el perdón por todas tus malas decisiones

Nuestra naturaleza no se parece en nada a la de Dios.

Todos nacimos con una naturaleza pecaminosa (Efesios 2:3, NTV). Si se nos deja a nuestro antojo, «no hay *quien busque a Dios* [...] No hay quien haga lo bueno, ¡no hay ni siquiera uno! [...] no conocen el camino de la paz. No hay temor de Dios delante de sus ojos» (Romanos 3:11-12, 17-18, RVC).

Así es que somos nosotros.

Sin embargo, una vez que aceptamos a Jesús, recibimos el perdón total por todos nuestros fracasos pasados para vivir como quiere Dios. De allí en adelante, cuando violamos las reglas, las leyes y los caminos de Dios, solo debemos buscarlo con un corazón arrepentido y confesarlo. Y Él nos perdona cada vez. Esa verdad no nos estimula a seguir pecando, porque sabemos que siempre y cuando no sintamos arrepentimiento, habrá un obstáculo para nuestra vida y nos excluirá de todo lo que Dios tiene para nosotros.

Mientras más tiempo caminemos en una relación adecuada con Dios, «*nuestra* forma de ser» llegará a ser más semejante a «*su* forma de ser».

No importa qué tan buenos pensemos que somos, cada humano es injusto para Dios. Si no sabemos lo malo que es el *pecado*, es porque no entendemos lo santo que es *Dios*. Y debido a que su santidad y nuestra pecaminosidad no se pueden reconciliar, pasaremos la eternidad separados de Él. La única forma en que podemos vivir por la eternidad con Dios es recibiendo a Jesús y teniendo un nuevo nacimiento espiritual. No es algo que podamos lograr solos. Jesús lo logró con su muerte y resurrección. *Él* lo hizo. Todo lo que nosotros hacemos es abrirnos para recibirlo.

Si no lo recibimos y si no nacemos de nuevo en el espíritu, no tenemos una relación con Dios y no podemos experimentar su reino, ni la plenitud de su amor, ni la vida venidera. Si no tenemos una relación con Dios, es por nuestra propia decisión.

Cuando recibes a Jesús, Dios comparte su ser contigo

Dios está en todas partes, pero su presencia y su poder solo se les revelan, y los ven, a los que creen en Él y deciden tener una relación íntima con Él de acuerdo a sus condiciones. Cuando lo hacemos, comparte su ser con nosotros.

Una de las grandes muestras del amor de Dios por nosotros es que cuando recibimos a Jesús, Él nos da su Espíritu Santo para que viva en nosotros y esté con nosotros para siempre. De esa manera, Dios comparte con nosotros otra parte de sí mismo, la misma esencia de lo que es Él.

Jesús prometió que después de ascender al cielo para estar con su Padre Dios, enviaría «el Defensor, el Espíritu Santo que el Padre va a enviar en mi nombre» (Juan 14:26, DHH). El Espíritu Santo se envió a morar en todos los que recibieron a Jesús como su Señor y Salvador.

Al Espíritu Santo también se le llama el Espíritu de Cristo, porque Dios el Padre, Jesús el Hijo y el Espíritu Santo son uno.

El Espíritu Santo en nosotros es la señal de que somos *suyos*. La Biblia dice: «Ustedes no viven según las intenciones de la carne, sino según el Espíritu, si es que el Espíritu de Dios habita en ustedes. *Y si alguno no tiene el Espíritu de Cristo, no es de él*» (Romanos 8:9, RVC).

El Espíritu Santo es el sello que dice que nosotros somos del Señor. Es un trato hecho y nada puede cambiarlo.

Una de las mayores tragedias es que mucha gente sabe aun menos del Espíritu Santo que lo que sabe de Dios y de Jesús. Sin embargo, *Dios, Jesús y el Espíritu Santo son uno y son inseparables.* La gente trata de dividirlos y dejan fuera a una o más de las personas de la Trinidad, pero Dios no puede dividirse en partes.

Si no reconocemos a su Espíritu en nosotros, no podemos recibir todo lo que Dios tiene para nosotros.

Jesús sufrió la muerte que debíamos tener nosotros, porque Él nos ama. Sin embargo, no se detuvo allí. Ahora está *con* nosotros por medio del Espíritu Santo que vive *en* nosotros. Se nos ha justificado al recibir a Jesús, y Dios ve la justicia de Jesús cuando nos mira. El Espíritu Santo no puede morar en un cuerpo no santificado, pero cuando recibimos a Jesús, llegamos a ser un templo santificado para el Espíritu Santo. Entonces Dios envía a su Espíritu a vivir en nosotros. No me refiero a los dones espirituales, ni a las manifestaciones, ni a los derramamientos específicos del Espíritu Santo. Solo me refiero a recibir a Jesús y a que Él te da a su Espíritu Santo para que viva en ti.

Demasiada gente ni siquiera menciona al Espíritu Santo, como si no existiera o no importara, pero Él es nuestra conexión eterna con Dios. «Nadie conoce los pensamientos de Dios, sino el Espíritu de Dios. *Y nosotros hemos recibido, no el espíritu del mundo, sino el Espíritu que viene de Dios*, para que conozcamos lo que Dios nos ha dado gratuitamente» (1 Corintios 2:11-12).

Recibimos su Espíritu para que podamos conocerlo en realidad.

Dios muestra su amor por ti al darte su presencia, su Espíritu Santo, parte de sí mismo, a fin de que viva en ti. Qué regalo de amor más precioso.

Cuando recibes a Jesús, obtienes todo lo que Dios tiene para ti

Cuando le *damos* a Jesús todo lo que tenemos, nos da todo lo que tiene Él. Aun así, Él requiere que lo busquemos para todo lo que necesitemos.

Como hijo de Dios, eso significa que eres parte del negocio familiar. En sí, recibes el poder del nombre de Jesús. «El que en mí cree, las obras que yo hago él las hará también; y aun mayores hará, porque yo voy al Padre. Y *todo lo que pidiereis al Padre en mi nombre, lo haré*, para que el Padre sea glorificado en el Hijo. *Si algo pidiereis en mi nombre, yo lo haré*» (Juan 14:12-14, RV-60).

Eso significa que cada cosa que necesites puede asegurarse orando en el nombre de Jesús.

Todos podemos ver lo poderoso que es el nombre de Jesús cuando la gente impía ni siquiera quiere que se mencione su nombre, a menos que se diga para maldecir. Eso no es cierto con cualquier otro nombre. ¿Por qué es el único nombre que se usa para maldecir? Es porque el reino de la oscuridad reconoce en su totalidad la luz del Señor y trata de apagarla. El mal trabaja para arruinar y destruir a los que tienen la luz del Señor en ellos. Es prueba de que los que conocen la verdad y la rechazan se alinean con el mal. Nuestro enemigo espiritual sabe con exactitud quién es Jesús. «Tú crees que Dios es uno. Haces bien; también los demonios creen, y tiemblan» (Santiago 2:19).

La gente que usa mal el nombre de Jesús nunca conocerá el poder para lograr cosas grandes cuando ora. Es una ofensa grave mencionar su nombre sin la reverencia que se le debe a Él. Lo triste es que quienes lo hacen nunca conocerán todo lo que Dios tiene para ellos.

Cuando recibes a Jesús, Él te da la victoria sobre el enemigo

Jesús vino a salvarnos del dominio de la oscuridad de nuestro enemigo espiritual. Dios *«nos ha librado del poder de la oscuridad y nos ha trasladado al reino de su amado Hijo»* (Colosenses 1:13, RVC). Al contrastarse con el enemigo, Jesús dijo: «El ladrón no viene sino para hurtar, matar y destruir; *yo he venido para que tengan vida, y para que la tengan en abundancia»* (Juan 10:10, RVC).

Una gran parte de la vida abundante que Jesús vino a darnos incluye nuestra autoridad en la guerra espiritual que se estableció en el fundamento de la muerte de Jesús en la cruz. Al dar *su* vida, obtuvo la victoria sobre la muerte y el infierno por *nosotros*. Ahora nos ha dado poder sobre el enemigo cuando oramos en su nombre.

Jesús dijo que Él no vino para juzgar ni para condenar a la gente, sino más bien para salvarla y liberarla. Jesús nos liberó de cualquier cosa que nos esclavice. Dijo: «Todo el que peca es esclavo del pecado» (Juan 8:34, nvi®). Y no podemos morar en la casa de Dios como esclavos del pecado.

Jesús dijo: «*Si el hijo los hace libres, ustedes serán verdaderamente libres*» (Juan 8:36, dhh). Eso quiere decir que su libertad es final. Su libertad se aseguró por completo para nosotros. Con su muerte y resurrección, no tenemos que volver a ser esclavos nunca más.

Durante los primeros dos años después de recibir a Jesús, recibí la liberación de la ansiedad, de la depresión, del temor y de la tristeza. Ocurrió mientras ayunaba y oraba, y los creyentes oraban por mí. Esta libertad es lo que Dios tiene para todos nosotros. Debido a que Jesús destruyó el poder del enemigo, yo no tenía que estar esclavizada por la oscuridad otra vez.

No tenemos que caminar jamás en la oscuridad. Incluso cuando entramos a épocas oscuras o situaciones oscuras, la luz de Dios siempre está allí para que la encontremos. Jesús dijo: «Yo soy la luz del mundo; *el que me sigue, no andará en tinieblas, sino que tendrá la luz de la vida*» (Juan 8:12, rv-60). Jesús vino como luz para evitar que vivamos en la oscuridad. Tenemos que confiar en que su luz en nosotros nunca se puede apagar.

Jesús vino como la luz del mundo, pero «los hombres amaron más las tinieblas que la luz, pues sus acciones eran malas» (Juan 3:19). Los que se sienten atraídos a la oscuridad no quieren renunciar a sus caminos egoístas. Los que amamos a Dios queremos que la luz de Cristo exponga cualquier cosa en nosotros que se siente atraída al lado oscuro de alguna manera, porque eso evitará que seamos todo lo que podemos ser.

Jesús vino a darte vida en todas las situaciones. El enemigo viene para robar y para destruirte. Jesús vino para darte su luz y vida eterna. El enemigo viene para darte oscuridad y muerte. Decide recibir el regalo de vida que *Dios* tiene para ti.

Cuando recibes a Jesús, te da vida para siempre con Él

Esta vida no es todo lo que hay. Tú vas a vivir para siempre. Nuestra alma existirá por la eternidad, ya sea en un área de separación de Dios o en vida eterna con Él. Estar separado de Dios es un infierno. Eso es lo que es el infierno. Nadie habló del infierno más que Jesús. Es donde la persona que rechazó a Dios entenderá lo que Dios quería evitar que experimentara. El cielo es estar con Dios para siempre. Si recibiste a Jesús, un día tendrás un cuerpo resucitado y vida eterna con Él. La resurrección de Jesús garantizó nuestra propia resurrección después que morimos. De muchas maneras, siempre se nos prepara para la eternidad. Por eso es que debemos escoger las recompensas celestiales y no las recompensas terrenales. Debemos decidir amar y servir a Dios por encima de cualquier otra cosa.

La Biblia dice que cuando mueras estarás al instante con el Señor. Jesús dijo que Él preparó un lugar eterno para ti. Es donde no te puede dañar nada, donde se suple cualquier necesidad, donde ya no hay sufrimiento, enfermedad, ni batallas. Dijo: «No se turbe su corazón. Ustedes creen en Dios; crean también en mí. *En la casa de mi Padre hay muchos aposentos.* Si así no fuera, ya les hubiera dicho. *Así que voy a preparar lugar para ustedes.* Y si me voy y les preparo lugar, vendré otra vez, y los llevaré conmigo, *para que donde yo esté, también ustedes estén*» (Juan 14:1-3, RVC).

Qué grandiosa promesa te hizo el Dios de amor.

La promesa es que en tu último día en la tierra, cuando des tu último suspiro, Dios te levantará y te llevará a tu hogar celestial con Él. «Dios, que es rico en misericordia, *por causa del gran amor con que nos amó*, aun cuando estábamos muertos en nuestros delitos, nos dio vida juntamente con Cristo (por gracia habéis sido salvados), y *con Él nos resucitó, y con Él nos sentó en los lugares celestiales* en Cristo Jesús» (Efesios 2:4-6).

En vista de todo eso, yo diría que lo mejor no ha llegado aún para todos los que recibimos a Jesús.

Cuando Jesús resucitó a Lázaro de los muertos, después de haber estado en la tumba tres días, dijo: «*Yo soy la resurrección y la vida; el que cree en mí, aunque muera, vivirá, y todo el que vive y cree en mí, no morirá jamás*» (Juan 11:25-26).

Después que dijo esto, le preguntó a la gente que observaba: «¿Crees esto?».

Él todavía nos hace la misma pregunta hoy.

¿Crees en Él? ¿Crees que Él es la resurrección y la vida, y que si lo recibes nunca morirás?

¿Estaba loco? ¿O es el Hijo de Dios?

Uno de los versículos más conocidos de la Biblia para los que creen en Él es algo que dijo Jesús. «*Porque de tal manera amó Dios al mundo, que ha dado a su Hijo unigénito, para que todo aquel que en él cree, no se pierda, mas tenga vida eterna*» (Juan 3:16, RV-60). La palabra «amó» aquí significa un amor que desea solo el bien supremo para nosotros. La promesa de vida para siempre con Jesús no puede minimizarse. Dios nos dio a Jesús porque Él nos amó. Nos dio a Jesús para que pudiéramos restaurar una relación con Él. El amor de Dios se nos expresa al darnos lo mejor de sí.

Cuando recibes a Jesús, obtienes más de lo que puedes imaginar

Se requiere de toda una vida de crecer en el Señor para entender de veras todo lo que Jesús hizo por ti. Yo lo sé porque he caminado con Él por décadas, y todavía me deja ver cada vez más de Él y el alcance de los regalos que me ha dado en su sacrificio de amor.

El asunto es que necesitamos ojos espirituales para verlo todo. La Biblia dice: «Cosas que ojo no vio, ni oído oyó, ni han entrado al corazón de *hombre, son las cosas que Dios ha preparado para los que le aman*» (1 Corintios 2:9-10).

Dios te da una fuente eterna de agua viva que brota dentro de ti. Procede del Espíritu Santo en el interior del alma que provee una fuente continua de vida.

Cuando Jesús le pidió un sorbo de agua a la mujer en el pozo de Samaria, ella le preguntó por qué, siendo judío, tendría algo que ver con una samaritana. Jesús le dijo que si ella supiera quién era Él en realidad, le habría pedido agua *viva* (Juan 4:7-10).

Le dijo: «Todo el que beba de esta agua, volverá a tener sed; pero el que beba del agua que yo le daré, no tendrá sed jamás. Más bien, *el agua que yo le daré será en él una fuente de agua que fluya para vida eterna*» (Juan 4:13-14, RVC). Poco sabía ella que esa fuente eterna de vida llegaría de su Espíritu morando en ella.

Esa fuente de vida mora en ti por el mismo Espíritu Santo.

Jesús se refirió a sí mismo como el «verdadero pan del cielo» o «el pan de vida». «Jesús les dijo: "De cierto, de cierto les digo, que no fue Moisés quien les dio el pan del cielo, sino que es mi Padre quien les da el verdadero pan del cielo. Y *el pan de Dios es aquel que descendió del cielo y da vida al mundo.*" Le dijeron: "Señor, danos siempre este pan." Jesús les dijo: *"Yo soy el pan de vida. El que a mí viene, nunca tendrá hambre; y el que en mí cree, no tendrá sed jamás"*» (Juan 6:32-35, RVC).

Sin Jesús ni el Espíritu Santo, aunque creas en Dios, solo tendrás «apariencia de piedad», pero negarás «su poder» (2 Timoteo 3:5). Tú no quieres una piedad falsa. Quieres lo genuino. Quieres que el poder verdadero y vivo de Dios penetre en tu vida.

Cuando llegamos a estar tan envueltos en nosotros mismos, en lugar de estar envueltos en Él, olvidamos la buena noticia de lo que Jesús vino a lograr a la tierra. Por eso es que, aunque hayamos caminado con el Señor por mucho tiempo, continuamente se nos tiene que recordar todo lo que se nos ha dado a través de Él.

El nacimiento de Jesús es uno de los mayores acontecimientos de toda la historia. Solo lo superan su muerte y resurrección. Su entrada al mundo tuvo un impacto espiritual que estremeció el reino de la oscuridad más de lo que cualquier cosa pudiera hacerlo. Él expuso las mentiras del enemigo con su verdad. Nos dio una manera de estar cerca de Dios para siempre. Aseguró nuestra esperanza. Él nos amó tanto así.

Oímos tantas noticias malas ahora, pero la verdad de Jesús siempre es una buena noticia. Y dentro de la buena noticia que tenemos en Él está la solución a todas las noticias malas que vemos y oímos.

Él es la solución a todas las malas noticias de nuestra vida.

¡Y eso es una buena noticia!

Oración de *Amor*

SEÑOR:

Me doy cuenta de que nunca podré recibir todo lo que *tienes* para mí si no entiendo todo lo que *hiciste* por mí. Gracias porque tú, «el soberano de los reyes de la tierra», me amaste lo suficiente como para lavarme y limpiarme de todos mis pecados con tu propia sangre (Apocalipsis 1:5). Gracias porque eres la Palabra viva. Tú eres mi Salvador. Tú me liberaste de las consecuencias de mis propios pecados, errores, equivocaciones e ignorancia. Y tú lograste que sea un hijo amado de Dios. Gracias porque en ti encuentro todo lo que necesito para la vida (1 Corintios 8:6).

Gracias porque eres «la luz que ha venido al mundo» para que yo nunca tuviera que vivir en la oscuridad (Juan 12:46, NVI®). Gracias por tu Espíritu Santo en mí, pues tu Palabra dice que «si alguno no tiene el Espíritu de Cristo, no es de él» (Romanos 8:9, RV-60). Sin embargo, me diste tu Espíritu cuando te recibí, y Él es el sello y la señal de que soy tuyo y que tú estás conmigo siempre. Debido a todo lo que has hecho por mí, viviré eternamente contigo y nadie puede cambiar eso.

Gracias, Señor, por estar conmigo. Tú me das tu amor, tu paz y tu poder. Tú me das tu Espíritu y tu plenitud. Tú eres el pan del cielo que me alimenta con vida. Tú eres la fuente de agua viva en mí que nunca se seca. Tú eres el camino, la verdad y la vida. Tú eres mi fundamento (1 Corintios 3:11). Tú eres la Palabra viva y la puerta para la vida eterna. Tú eres el buen pastor, y oigo la voz de tu Espíritu que me guía. Gracias porque eres inmutable y porque puedo depender de ti para siempre (Hebreos 13:8).

Te lo pido en el nombre de Jesús.

Palabras de *Amor*

En esto se manifestó el amor de Dios en nosotros: en que Dios ha enviado a su Hijo unigénito al mundo para que vivamos por medio de Él.

1 JUAN 4:9

Con Cristo estoy juntamente crucificado, y ya no vivo yo, sino que Cristo vive en mí; y lo que ahora vivo en la carne, lo vivo en la fe del Hijo de Dios, el cual me amó y se entregó a sí mismo por mí.

GÁLATAS 2:20, RVC

Dios demuestra su amor para con nosotros, en que siendo aún pecadores, Cristo murió por nosotros.

ROMANOS 5:8

En esto consiste el amor: no en que nosotros hayamos amado a Dios, sino en que él nos amó a nosotros, y envió a su Hijo en propiciación por nuestros pecados.

1 JUAN 4:10, RVC

Porque no envió Dios a su Hijo al mundo para condenar al mundo, sino para que el mundo sea salvo por él.

JUAN 3:17, RV-60

4

Lee la carta de amor
de Dios para ti

~~~~~~

La mayor historia de amor en la tierra está escrita en la Biblia. En realidad, *es* la Biblia. La Biblia entera es un registro del gran amor de Dios por nosotros. Una muestra importante de su amor es que Él nos dio su Palabra.

Después que recibí al Señor, comencé a ir a la iglesia a oír al pastor que enseñaba la Biblia, y las Escrituras cobraron vida para mí de inmediato. El pastor me animó a que fuera a comprar mi propia Biblia. Antes, había abierto la Biblia al azar en algunas ocasiones, pero no podía entender nada de lo que leía. En cambio, debido a que le había abierto mi corazón al Señor, mis ojos espirituales se abrieron también y percibía el amor de Dios en cada palabra.

Era mucho más que cualquier cosa que hubiera imaginado.

Por años había estado buscando en el reino espiritual alguna clase de significado para mi vida y un propósito para mi existencia. Entonces vi que me había estado hundiendo en el lado oscuro, en el lado equivocado de ese reino, y necesitaba salir a la luz. Cuando leí que Jesús era la luz del mundo y que no hay oscuridad en Él, me di cuenta de que otro espíritu habitaba en las prácticas ocultas y religiones falsas a las que me había arrojado. Un espíritu oscuro. El espíritu del enemigo de Dios. Lo opuesto a Dios. Poco sabía que había estado confraternizando con el enemigo de Dios.

Cuando me separé de todo eso y entré al reino del Dios de poder, paz y amor infinitos, fue como de la noche al día en comparación. No evoqué esto. No fue una ilusión. Fue inconfundible. Fue más real que cualquier cosa que hubiera conocido, incluso más que el temor y el dolor con los que había vivido toda una vida. La Palabra de Dios llegó a ser un mensaje de amor y esperanza para mí. Pensé en ella como un diamante precioso, y cada vez que la leía encontraba nuevas facetas resplandecientes. «Me alegro en tu palabra como alguien que descubre un gran tesoro» (Salmo 119:162, NTV). Cada vez que abría la Biblia, le pedía a Dios que abriera mis ojos a las nuevas profundidades de la verdad que no había visto antes. Y Él lo hizo.

La Biblia llegó a ser una fuente interminable de vida para mí. Podía oír a Dios que me hablaba con su Espíritu en cada página. Y sentía su amor en cada ocasión.

Cuando entras a una relación íntima con Dios, no solo *lo* amas a Él, también amas su *Palabra*. No puedes separarlos. Dios y su Palabra son uno. Eso se debe a que Jesús es la Palabra viva de Dios, y Dios y Jesús son uno. El Espíritu Santo de Dios fue quien inspiró a los escritores de la Biblia y los guio mientras la escribían. A medida que lees más la Palabra de Dios, más experimentas el amor de Dios.

Pídele a Dios que te ayude a ver, entender y percibir su amor por ti en su Palabra a medida que la lees. Se escribió como su carta de amor para *ti*. Y el Espíritu Santo hará que cada vez cobre vida para ti.

Hay innumerables maneras en las que Dios muestra su amor por ti en su Palabra. A continuación encontrarás algunas de ellas.

La Palabra de Dios te da un medio para lograr que la vida resulte

Las leyes y los mandamientos de Dios están allí porque Él nos ama y quiere lo mejor para nosotros. Él nos da reglas para nuestro beneficio.

Al igual que cualquier padre amoroso, Dios nos da límites para nuestro propio bien. Los padres indulgentes, que dejan que sus hijos hagan lo que quieran, crían hijos con serios problemas. Lo ves muy a menudo. Los hijos sin límites son inestables. Se descontrolan. Y se *sienten* fuera de control. Se portan mal sin consecuencias, por lo que creen que no hay consecuencias por quebrantar las reglas. Los padres que permiten que los hijos no sigan las reglas que existen para su protección, no les hacen ningún favor. Por lo general, a las personas no le agradan los niños que son así y no quieren estar a su alrededor. Y esos niños perciben que no son aceptados y eso afecta su personalidad. Desarrollan un pésimo comportamiento, lo cual conduce a más rechazo. Eso ocurre porque un padre no ama a su hijo lo suficiente como para darle reglas con el requisito de obedecerlas.

Todos los niños tienen que saber cuáles son los límites para sobrevivir y que les vaya bien en la vida. Nosotros somos los hijos de Dios, y nosotros también necesitamos límites para sobrevivir y para que nos vaya bien. Sin la Palabra de Dios, el *relativismo* del mundo formado en contra de Cristo influirá más en nosotros que la *revelación* del Espíritu Santo creada por Dios.

Tener absolutos en nuestra vida es liberador. Los padres que aman a sus hijos les dan reglas para su protección, y Dios hace lo mismo con *sus* hijos. Como hijo de Dios, sus leyes te liberan para que te desplaces hacia los planes y propósitos que Él tiene para ti. En su Palabra averiguas lo que da resultado y lo que *no* da resultado y nunca lo dará. No tienes que vagar por senderos que te lastimen, te roben, te arruinen la vida y te alejen de los logros y del propósito que Dios tiene para ti.

Por eso es que la Palabra de Dios es su carta de amor para ti.

La Palabra de Dios cambia tu corazón y tu mente

Cuando encuentras el amor genuino y duradero, eso te da vida. Cada vez que lees los mensajes de tu ser amado, te conmueven en lo profundo y ocasionan cambios notables en tu corazón y en tu alma. Valoras cada palabra y buscas entre líneas cualquier significado sutil. Lo mismo pasa con la carta de amor de Dios para ti. Mientras más la lees y buscas los significados más profundos, más entiendes su corazón de amor hacia ti.

Cada vez que lees la Palabra de Dios con la idea de que es viva y poderosa, Dios le habla a tu espíritu y a tu alma. Si lo invitas, Él te impactará y te cambiará. Abrirá tus ojos a su verdad y te dará la sabiduría que te llevará al reino del sabio de verdad. Con un espíritu tan mentiroso en el mundo actual, la Palabra de Dios te da verdad. Y todos necesitamos eso para combatir las mentiras del enemigo y permanecer en el buen camino.

«*La ley de Jehová es perfecta, que convierte el alma;* el testimonio de Jehová es fiel, *que hace sabio al sencillo.* Los mandamientos de Jehová son rectos, *que alegran el corazón;* el precepto de Jehová es puro, *que alumbra a los ojos*» (Salmo 19:7-8, RV-60). Te encantará el hecho de que su Palabra es verdadera y que sus leyes son rectas. Tu corazón se alegrará con su absoluta fiabilidad.

Jesús dijo: «Escrito está: "No sólo de pan vive el hombre, sino de toda palabra que sale de la boca de Dios"» (Mateo 4:4, NVI®). Debemos alimentarnos de continuo con la Palabra de Dios todos los días, porque es el sustento para nuestra alma. No podemos vivir bien sin ella. Nos edifica y nos cambia desde dentro.

La lectura de la Palabra de Dios te da claridad de mente y fortaleza de alma. *Desarrolla tu fe. Provee guía y dirección. Te estimula y te da esperanza. Te consuela* y *te habla de tu valor,* de tus *méritos* y de tu *propósito. Te da sabiduría, entendimiento* y *conocimiento. Te ayuda a encontrar la restauración* y *la plenitud* que Dios tiene para ti.

Dios te dio su Palabra porque te ama. Siempre léela con eso en mente.

La Palabra de Dios te protege y te guía hacia un lugar de seguridad

La Palabra de Dios es como una sombrilla de protección para nosotros, pero tenemos que saber lo que dice para entender cómo vivir bajo su protección. Cuando vivimos al contrario de lo que dice la Palabra de Dios, nos apartamos de esa cobertura protectora, podemos alejarnos de la vida que Dios tiene para nosotros y el fuego del enemigo nos puede derribar.

Cuando la *Palabra de Dios nos guía* todos los días, *buscamos el consejo de Dios* y no el del mundo, *llegamos a estar plantados con solidez* donde los ríos de agua viva de Dios fluyen de continuo en nosotros. La Biblia dice que la persona que se deleita en la ley de Dios «*es como el árbol plantado a la orilla de un río* que, cuando llega su tiempo, da fruto y sus hojas jamás se marchitan. *¡Todo cuanto hace prospera!*» (Salmo 1:3, NVI®).

Allí es donde quieres estar, en ese lugar de seguridad en el que no sufrirás las consecuencias de la desobediencia. Llevarás, en cambio, fruto que nutre y sustenta tu vida.

La Palabra de Dios es un arma de guerra

A la Palabra de Dios se le llama «la Espada del Espíritu» por una razón: *Su Palabra es un arma poderosa en contra de los poderes destructivos del mal.* Cuando confesamos la Palabra de Dios en presencia de todo lo que se nos opone, se destruyen cualquier fortaleza y amenaza. *La Palabra de Dios se convierte en un arma en contra del enemigo de nuestra alma* cuando permanecemos firmes en ella y la proclamamos. Nos ayuda a desactivar los planes del enemigo para *nuestra* destrucción y nos permite concentrarnos en los *suyos*.

Como guerreros de oración del ejército de Dios, debemos tener en mente que nuestra *arma* principal es la Palabra de Dios. No solo es parte de nuestra armadura *protectora*, la armadura de Dios, sino también es una poderosa *arma* ofensiva. Al enemigo le parece muy ofensiva. Es precisa en gran medida, y si eres experto en cuanto a la manera de manejarla como arma en contra del enemigo, es infalible. Si apuntas bien, siempre da con exactitud en el blanco. Mientras más hábil seas al usar esa arma poderosa, más ventajas tendrás. Es más, el enemigo no puede resistirla.

Ningún soldado *resiste* al enemigo sin su arma. Tampoco ningún soldado *ataca* a su enemigo sin el arma que sabe usar mejor. Entiende sus capacidades, está familiarizado por completo con su arma y ha practicado con ella innumerables veces. Las armas de un soldado siempre se mantienen en óptimas condiciones y están listas para usarlas.

Nosotros tenemos que hacer lo mismo con nuestras armas espirituales. No podemos esperar hasta que el enemigo ataque para familiarizarnos con ellas. Tenemos que conocer nuestras armas ahora para que estemos preparados para cualquier cosa. La Palabra de Dios es nuestra mejor arma porque siempre será justo lo que necesitemos para enfrentar cualquier amenaza.

Dios es inmutable. A eso se debe que no *necesite* cambiar. Él es perfecto y completo. Y su Palabra es igual. Nunca es irrelevante, sin importar cuánto trate el enemigo de hacerla parecer así. Es por eso que puedes reclamar las promesas de la Biblia como una verdad absoluta para tu vida.

Cuando el enemigo tentó a Jesús en el desierto, Él lo resistió con las Escrituras que combatieron de manera específica las tentaciones del enemigo. Hasta el enemigo sabe que la Palabra de Dios es poderosa e infalible y nunca puede prevalecer en su contra. De ahí que por fin dejara a Jesús en paz. No pudo *seducirlo* con mentiras de la manera en que puede hacerlo con demasiados de *nosotros*.

Nuestra fe es de suma importancia para la eficacia de esta arma principal. Y mientras más nos preparemos y practiquemos nuestro conocimiento y retención de la Palabra, más se desarrolla nuestra fe. Mientras más diligentemente *leamos* la Palabra, *citemos* la Palabra, *oremos* la Palabra y *practiquemos* la Palabra, nuestra fe será más fuerte. Nuestra arma más importante, la Palabra de Dios, mezclada con nuestra fe demostrará ser el arma invencible que necesitamos en cada situación.

Cuando los tiradores o francotiradores se entrenan con sus armas, lo hacen a tiempo completo. Hacen que la práctica con su arma sea una forma de vida, por lo que se convierte en parte de lo que son ellos. En las misiones a las que los envían, no pueden darse el lujo de fallar. Tienen que ser muy certeros cada vez. De la misma manera, nuestra arma más importante, la Palabra de Dios, debe llegar a ser parte de lo que *somos* y no solo algo que leemos u oímos. Debemos estudiarla en detalles, leerla *toda*, escucharla, entenderla, citarla y ser capaces de permanecer firmes en todo lo que sabemos de ella. Para eso se requiere de práctica.

De ahí la importancia de leer la Biblia todos los días. Así como necesitas pasar tiempo con la persona que amas, tienes que pasar tiempo con Aquel que te ama más que cualquiera. Pídele al

Espíritu Santo que haga que todo lo que leas ese día cobre vida de una manera nueva y más profunda. El Espíritu Santo se encontrará contigo allí en la página y hará justo eso. También es crucial grabar algunos versículos en tu memoria para que puedas usarlos cuando lo necesites. Si no has hecho eso antes, comienza solo con uno. Por ejemplo, lee: «*Porque no nos ha dado Dios espíritu de cobardía, sino de poder, de amor y de dominio propio*» (2 Timoteo 1:7, RV-60). Dilo una y otra vez hasta que sea parte de tu vida. Créelo. Cítalo cuando tengas miedo y te sientas impotente.

Teje las Escrituras en la tela de tu ser.

Las Escrituras que son parte de ti llegan a ser un instrumento de supervivencia y de guerra. Te impiden hacer lo malo. «*En mi corazón atesoro tus dichos*, para no pecar contra ti» (Salmo 119:11, NVI®). Y te dan una base firme cuando enfrentes situaciones difíciles. «Mucha paz tienen los que aman tu ley, *y nada los hace tropezar*» (Salmo 119:165).

Cuando Jesús nació, Satanás trató de destruirlo al inspirar al malvado rey Herodes para que matara a todos los bebés de Belén. Treinta años después, cuando Juan el Bautista bautizó a Jesús en agua, el Espíritu Santo lo llevó al desierto y Satanás lo atacó otra vez. Esta vez el arma de Jesús en contra de su enemigo fueron las Escrituras.

Ninguna batalla espiritual se puede luchar y ganar sin nuestra arma principal: la Palabra de Dios.

La Palabra es inspirada por Dios. El Espíritu impactó a cada escritor de la Biblia, a medida que Dios usaba sus dones e intelecto para hablar *a través* de él. La Palabra de Dios es tan poderosa que *es una espada de dos filos en nuestras manos* (Hebreos 4:12). Eso quiere decir que es un arma tanto *defensiva* como *ofensiva*. Todos los guerreros de oración necesitan las dos.

Algunas personas dicen: «Esta parte de la Biblia fue solo para la gente del Antiguo Testamento, y esa parte fue solo para los discípulos, y aquella otra parte fue solo para los efesios, y esta otra solo para los filipenses...» y así siguen hasta que toda la Biblia se justifica como un libro de historia. *Ten cuidado con cualquiera que desee hacer de la Biblia un simple libro histórico. La Biblia es viva y tiene poder para hoy.*

«*Toda la Escritura es inspirada por Dios,* y útil para enseñar, para redargüir, para corregir, para instruir en justicia, *a fin de que el hombre de Dios sea perfecto, enteramente preparado para toda buena obra*» (2 Timoteo 3:16-17, RVC).

Si eres mujer, sé consciente, por favor, de que cuando la Biblia dice algo como «hombre de Dios», como lo hace en el versículo antes citado, no excluye a la mujer. Es como decir «humanidad». Y todos sabemos que «humanidad» incluye a las mujeres también. Así que no te inquietes por eso. He oído muchas inquietudes de hombres que tienen dificultades cuando se les llama «la novia de Cristo», una forma en que se les llama a todos los cristianos en la Biblia mientras Jesús los prepara para su regreso.

Cada vez que leas la Palabra de Dios, llegará a estar plantada con más firmeza en tu mente y corazón. Mientras más firme estés en la Palabra, más poderosa será para protegerte. Así que ponte la Palabra de Dios como una prenda protectora cada mañana. Deja que el amor de Dios en ella *viva en ti.*

La Palabra de Dios es como un espejo gigante de aumento. Cuando nos vemos en él cada día, no solo vemos quién es Dios, quién es Jesús y quién es el Espíritu Santo, también vemos la verdad de quiénes somos *nosotros.* Y también vemos quiénes se supone que debemos llegar a ser.

¿Te acuerdas de las maravillosas promesas que mencioné antes y que Dios nos ha dado para que seamos «*partícipes de la naturaleza divina*» (2 Pedro 1:4, RVC)? Están en la carta de amor de Dios para nosotros. Esas promesas, cuando nos aferramos a ellas, nos apartan de nuestras tendencias hacia la lujuria, el pecado, la corrupción y a una vida sin salida, y nos permiten disfrutar de la naturaleza santa de Dios.

Dios se entrega a sí mismo a nosotros porque nos ama tanto que quiere que lleguemos a ser más semejantes a Él.

Cuanto más leo la Biblia, veo algo con mayor claridad. En otras palabras, Dios quiere decir lo que dice. La Palabra de Dios nunca es ineficaz ni irrelevante. De su Palabra dice que cumplirá lo que Él quiere que cumpla, y que «será prosperada en aquello para que la envié» (Isaías 55:11, RV-60).

Dios promete que su carta de amor para ti producirá grandes cosas en ti, más allá de lo que soñaste que fuera posible.

Oración de *Amor*

Señor:

Te doy gracias por tu Palabra. Sé que es tu carta de amor para mí porque cada vez que la leo o la expreso, experimento tu presencia y amor de una manera más profunda. Alimenta mi alma y enriquece mi vida. Ayúdame a entenderla mejor cada día. «Abre mis ojos, y miraré las maravillas de tu ley» (Salmo 119:18, RV-60). Ayúdame a conocerte de manera más profunda a través de ella. Gracias porque tu Palabra me da verdad y dirección para mi vida.

Gracias porque tu Palabra es perfecta y me transforma cada vez que la leo. Todas tus leyes y mandamientos son rectos y están allí para mi beneficio, como límites, a fin de que esté protegido y a salvo. Gracias por las bendiciones que recibo cuando las obedezco. Tu Palabra me da paz y una sensación de bienestar. «Tus testimonios son mis delicias y mis consejeros» (Salmo 119:24, RV-60). Ayúdame a escucharte que me hablas con claridad a medida que leo tu Palabra.

Señor, te doy gracias porque siempre cumples tu Palabra. Sé que puedo tomarte la Palabra y ella nunca me fallará. Tú eres la Palabra viva, Jesús, y tú has engrandecido tu Palabra y por encima de todo tu Nombre (Salmo 138:2). Grábala en mi corazón de una manera duradera y transformadora. Téjela en la tela de mis ser para que llegue a ser parte de mí. Ayúdame a ver tu amor por mí en cada página.

Te lo pido en el nombre de Jesús.

Palabras de *Amor*

La palabra de Dios es viva y poderosa, y más cortante que cualquier espada de dos filos. Penetra hasta lo más profundo del alma y del espíritu, hasta la médula de los huesos, y juzga los pensamientos y las intenciones del corazón.

HEBREOS 4:12, NVI®

Como desciende de los cielos la lluvia y la nieve, y no vuelve allá, sino que riega la tierra, y la hace germinar y producir, y da semilla al que siembra, y pan al que come, así será mi palabra que sale de mi boca; no volverá a mí vacía, sino que hará lo que yo quiero, y será prosperada en aquello para que la envié.

ISAÍAS 55:10-11, RV-60

Dichoso el hombre que no sigue el consejo de los malvados, ni se detiene en la senda de los pecadores ni cultiva la amistad de los blasfemos, sino que en la ley del SEÑOR se deleita, y día y noche medita en ella.

SALMO 1:1-2, NVI®

Este libro de la ley no se apartará de tu boca, sino que meditarás en él día y noche, para que cuides de hacer todo lo que en él está escrito; porque entonces harás prosperar tu camino y tendrás éxito.

JOSUÉ 1:8

Los preceptos del SEÑOR son rectos: traen alegría al corazón.
El mandamiento del SEÑOR es claro:
da luz a los ojos.

SALMO 19:8, NVI®

5

Acepta la gracia y
la misericordia de Dios

Muchas personas no reciben por completo el amor de Dios porque creen que Dios está enojado con ellas. No entienden su gracia y misericordia ni la magnitud de su perdón total. Antes de que aprendiera a recibir el amor de Dios, no creía que Él estuviera enojado conmigo. Pensaba que ni siquiera le interesaba como para *estar* enojado conmigo. Sabía que había hecho muchas cosas malas de las que no me enorgullecía y que nunca podría regresar y cambiar todo eso. Me sentía distante de Dios, aunque intenté todo lo que pude para encontrar una forma de comunicarme con Él de alguna manera.

Las diversas prácticas ocultas y religiones orientales a las que fui mientras buscaba a Dios, sostenían la promesa de acercarse a *un* dios. Al menos, eso es lo que había leído, pero nunca fue evidente. El reino espiritual en el que buscaba llegó a ser cada vez más aterrador a medida que pasaba el tiempo. Demostró ser cualquier cosa menos consolador. Es más, fue todo lo opuesto. Con cada nuevo experimento en ese mundo espiritual, me quedaba sintiéndome más distante que nunca de *un* dios y cada vez más decepcionada, desesperanzada y con miedo.

No fue hasta que llegué a conocer el amor del único Dios verdadero al recibir su regalo insondable, el sacrificio de Jesús de sí mismo, que comencé a entender cómo Dios no solo sabía *quién era yo*, sino que también le interesaba *quién llegaría a ser*. Él me amaba y nunca me dejaría para que me valiera por mí misma, como siempre lo hice en el pasado. Había estado buscando las migajas más pequeñas debajo de la mesa de Dios, y Él me había preparado un banquete espléndido en su sala real de banquetes. Solo entonces comencé a comprender la gracia y la misericordia asombrosas de Dios, y me sentí sobrecogida por el amor de Dios que ponía en marcha a las dos.

Cómo entender la gracia de Dios

Gracia es la ayuda divina que no se merece, que se nos da para que podamos ser restaurados a una buena relación con Dios. Es un indulto o exoneración de tener que pagar el precio por cualquier cosa que hagamos que no esté de acuerdo a los caminos de Dios. Es un regalo para nosotros, porque Jesús ya pagó ese precio y nosotros lo recibimos por fe (Romanos 3:24).

Por la gracia de Dios somos salvos de las consecuencias de escoger nuestro propio camino y no el de Dios. Eso no es un asunto insignificante porque no es algo que podamos hacer solos (Efesios 2:8). Y no se trata de evocar cualquier cosa con pensamiento positivo. No digo que los pensamientos felices y esperanzadores no logren nada. Son buenos, pero solo puedes llegar hasta cierto punto con ellos. Nuestros buenos pensamientos no nos salvan de las consecuencias eternas de nuestros actos. No nos llevan a una relación apropiada e íntima con Dios. No nos llevan a la eternidad en la presencia de Dios. No pueden hacerlo.

No somos salvos por hacerlo todo a la perfección. No somos capaces de hacer eso de ninguna manera, sin importar cuánto lo intentemos (Gálatas 5:4-5). Somos salvos porque *Jesús* lo hizo todo de manera perfecta y nosotros decidimos recibirlo por fe.

La gracia nunca se da basada en lo que hayamos hecho. Es el regalo de amor de Dios para nosotros.

Imagina que estás encerrado en la cárcel y has estado sentado en el corredor de la muerte durante años, esperando morir por un crimen que cometiste. Y hay testigos oculares que te vieron y testificaron en tu contra. Sin embargo, un día alguien importante se te aparece y dice: «Si confías en mí, veré que te perdonen de forma tan completa que será como si nunca hubiera ocurrido. Serás totalmente libre de todas tus transgresiones pasadas para siempre». ¿Qué tan aliviado y gozoso estarías? ¿Qué tan endeudado te sentirías con esa persona?

Eso es lo que te pasa cuando pones tu confianza en Jesús. Jesús vino por el amor de Dios. Gracia significa que no tenemos que abrirnos paso hacia Dios. No tenemos que batallar para ser lo bastante buenos para estar con Él.

Él vino a *nosotros*.

Para estar con *nosotros*.

Todavía viene a nosotros, y a cualquiera que no lo conoce, para atraernos a Él por su amor y gracia.

El «trono de la gracia» de Dios es adonde podemos ir en oración en cualquier momento para encontrar la ayuda que necesitamos (Hebreos 4:16).

Cómo entender la misericordia de Dios

La misericordia de Dios es un favor inmerecido, un acto de compasión divina que no da el castigo que está garantizado. En otras palabras, Dios no nos da lo que merecemos. Podría juzgarnos, pero no lo hace. En su lugar, muestra misericordia cuando vamos a Él con un corazón humilde y arrepentido.

Dios es misericordioso porque es «clemente y compasivo» (Salmo 111:4, NVI®). Su misericordia se te muestra porque te ama y te tiene compasión. Las señales de su misericordia están en todas partes cuando lo conoces y lo amas. «Llena está la tierra de la misericordia del SEÑOR» (Salmo 33:5).

Dios nos promete muchas cosas en las Escrituras que nos aseguran su misericordia. Por ejemplo, prometió que el diluvio de la época de Noé no volvería a ocurrir. Prometió que «podrán moverse los montes, podrán temblar las colinas, pero *mi misericordia jamás se apartará de ti*, ni se romperá mi pacto de paz contigo. Lo digo yo, el Señor, quien tiene de ti misericordia» (Isaías 54:10, RVC).

Prometió un arco iris para recordárnoslo.

En el mismo capítulo, Dios dijo esa hermosa promesa para los que lo aman y lo sirven. «*Ninguna arma forjada contra ti prosperará*»

(Isaías 54:17, RV-60). Esa promesa es una señal de la compasión y la misericordia de Dios.

Con tanta evidencia en la Palabra de que Dios es misericordioso con nosotros, ¿por qué tantos lo dudamos? ¿Es porque no leemos su Palabra? O si lo hacemos, ¿por qué no la creemos? ¿O vemos la Palabra de Dios solo como una historia en lugar de su carta de amor para nosotros? ¿O nos identificamos más con ser culpables que con ser perdonados? ¿O vemos las cosas que están mal en nuestra vida y culpamos a Dios por ellas en lugar de buscarlo para la solución y agradecerle por todo lo que es bueno? O cuando leemos la Palabra de Dios, ¿buscamos su juicio más que su amor?

Cualquiera que sea la razón, tenemos que pedirle a Dios que nos ayude a reconocer su misericordia que nos muestra cada día, pues esa es la evidencia de su gran amor por nosotros.

La misericordia de Dios es una señal de su bondad y amor por nosotros

La misericordia de Dios es una señal de su amor constante, profundo e infalible por nosotros. Tenemos que dar «gracias al SEÑOR, porque él es bueno; su gran amor perdura para siempre» (Salmo 136:1, NVI®).

Hace algunos años tuve un pastor que no solo era un gran maestro y predicador de la Palabra, sino que también demostraba con claridad el amor de Dios. Se le conocía por eso. Era un gran regalo.

El pastor Tim fue un jugador profesional de fútbol y hasta ganó un Supertazón con su equipo. Tenía el anillo del Supertazón para demostrarlo. Era un hombre muy grande, y estoy segura de que se veía muy amenazador para el equipo oponente en el campo. Solo digamos que nadie quería estar en su camino después que la pelota se le lanzara al mariscal de campo.

Cuando más tarde llegó a ser nuestro pastor, pensábamos en él como un gran oso de peluche, pues de modo constante y abundante irradiaba el amor de Dios para cualquiera de una manera alegre, dulce y sin prejuicios.

Recuerdo una enseñanza específica del pastor Tim sobre la bondad y la misericordia de Dios. La basó en el último versículo del Salmo 23 que dice: «Ciertamente *el bien y la misericordia me seguirán todos los días de mi vida*, y en la casa del Señor moraré por largos días». El pastor Tim tenía una forma grandiosa de demostrar los puntos de su enseñanza para que no los olvidáramos. Y nunca he olvidado ese en particular.

El pastor Tim demostró ese versículo al pedirles a dos hombres de la congregación que se pusieran de pie justo detrás de él, uno a cada lado, y que lo siguieran a cualquier lugar donde caminara y hablara. Nos pidió que imagináramos que conducía su auto y que podía verlos por los espejos laterales y el retrovisor. A uno lo llamó «Bondad» y al otro «Misericordia». Nos dijo que mientras caminábamos cada día, deberíamos imaginar que miramos por el espejo retrovisor de nuestra vida y vemos que la «Bondad» de Dios a un lado y la «Misericordia» de Dios al otro nos siguen a dondequiera que vayamos. Y que podíamos confiar en que siempre estarían allí hasta que nos fuéramos con el Señor.

Hay que volver a lo del espejo. Solo que no nos vemos a *nosotros mismos*. Tampoco vemos nuestro *pasado*. En esos espejos vemos reflejadas la *bondad* y la *misericordia* de Dios.

No hace mucho tiempo conducía a casa después del anochecer, y me di cuenta de que el auto que salió detrás de mí del estacionamiento todavía estaba atrás, y que daba cada uno de los giros que daba yo. Comencé a preocuparme, pero siempre que miraba por el espejo retrovisor, decía: «Gracias, Señor, porque tu bondad y tu misericordia me seguirán todos los días de mi vida». El automóvil me siguió hasta mi vecindario, pero cuando giré a la derecha para mi calle, el auto giró a la izquierda. Es probable que el conductor solo fuera un vecino, pero me dio gran paz esa imagen mental de la bondad y la misericordia.

La bondad y la misericordia de Dios son señales de su amor profundo e infalible por nosotros que nos dicen que podemos contar con Él.

Ahora bien, cada vez que enfrento dificultades, recuerdo esa imagen. Qué consuelo es esto. Espero que tú, también, imagines un espejo retrovisor y veas la bondad y la misericordia de Dios que te siguen cada día de tu vida, todo porque Él te ama.

Dios muestra su misericordia al perdonarnos

Una vez que recibimos a Jesús, por la gracia de Dios se nos perdona todo lo malo que hicimos alguna vez en el pasado. Es más, Dios nos perdona de manera tan completa que no lo recuerda. «Como está de lejos el oriente del occidente, así alejó de nosotros nuestras transgresiones» (Salmo 103:12). «Seré misericordioso con sus injusticias, y nunca más me acordaré de sus pecados ni de sus iniquidades» (Hebreos 8:12, RVC). Dios quiere que nosotros también olvidemos nuestros fracasos, y que dejemos de revivirlos, de discutirlos de nuevo y de mortificarnos por ellos.

Cuando perdonamos a alguien que nos lastimó, *decidimos* dejar eso atrás, pero casi nunca lo olvidamos. *Optamos* por no permitir que el recuerdo del agravio nos haga estar amargados, enojados o con falta de perdón, pero todavía lo recordamos.

Cuando Dios nos perdona, nuestro pecado en su contra se borra por completo de los registros.

David dijo: «*Dichoso aquel a quien se le perdonan sus transgresiones, a quien se le borran sus pecados. Dichoso aquel a quien el Señor no toma en cuenta su maldad y en cuyo espíritu no hay engaño*» (Salmo 32:1-2, NVI®).

Lo que significa que cuando el «Señor no toma en cuenta su maldad» es que nuestro pecado ni siquiera es parte de nuestro historial.

Pecado es un término de arquería que significa no dar en el blanco.

Iniquidad significa ser depravado en lo moral.

Transgresión significa rebelión. *No vivir como Dios quiere es rebelión en su contra.*

Rebelión es lo mismo que hechicería, que significa vivir en oposición a los caminos de Dios (1 Samuel 15:23, NTV).

Liberarse de las consecuencias de nuestras transgresiones y nuestra oposición a los caminos de Dios es uno de los mayores actos de misericordia que Dios hace por nosotros.

Sin embargo, cuando recibimos a Jesús y cometemos *de nuevo* transgresiones en contra del Señor, por su misericordia Él nos permite arrepentirnos. Dios nos pide que vayamos a Él con un corazón arrepentido y que le confesemos nuestra transgresión. Él ya sabe lo que hicimos, pero quiere oírlo de nosotros y ver que nuestro corazón está arrepentido en realidad.

La misericordia de Dios significa que cuando confiesas y te arre-pientes de cualquier transgresión en su contra y decides abandonarla y nunca intentar hacerla otra vez, Él te perdona.

Si no nos arrepentimos ante Dios, llegamos a ser desdichados y eso nos envejece. Pone una carga en nuestra mente, nuestras emociones y nuestros hombros para la que no fuimos diseñados para cargarla. En cambio, cuando confesamos nuestros pecados, Él nos perdona y nos libera de sus consecuencias.

Las consecuencias físicas, mentales y emocionales del pecado no confesado hacen un impacto grave en nosotros. David, que no era ajeno al pecado impenitente, dijo: «Mientras callé, *mis huesos envejecieron*, pues todo el día me quejaba. De día y de noche me hiciste padecer; *mi lozanía se volvió aridez de verano. Te confesé mi pecado*; no oculté mi maldad. Me dije: "Confesaré al Señor mi rebeldía", y *tú perdonaste la maldad de mi pecado*» (Salmo 32:3-5, RVC). Incluso a los que son más rebeldes y rechazan los caminos de Dios se les perdona cuando se arrepienten ante Él.

Dios no nos perdona porque lo merezcamos; Él nos perdona porque nos ama y es misericordioso para con nosotros.

Todos reconocemos los lugares de nuestro corazón que albergan pensamientos, ideas, sentimientos y actitudes que no le agradan a Dios. Nos conocemos demasiado bien en ese sentido. Y suponemos que Dios no está complacido con nosotros y, por lo tanto, no merecemos respuestas a nuestras oraciones.

Sin embargo, nunca hemos *merecido* sus bendiciones. De eso es que se trata su misericordia.

Por su gracia se nos perdonan todos los pecados pasados (Efesios 1:7). Después que recibimos a Jesús, se nos perdona cualquier pecado subsiguiente por su misericordia.

Dios podría decir: «Te perdoné todos tus pecados pasados, pero *eso es todo*. Nada más. Ya no volveré a hacerlo otra vez. Espero que seas perfecto de ahora en adelante».

No obstante, parece que nos conoce demasiado bien.

Dios ha establecido que la única manera en que haya distancia entre nosotros y Él es si no damos en el blanco que tiene para nosotros, lo cual todos lo hacemos una que otra vez, y luego no lo confesamos ni nos arrepentimos de eso. Nuestro pecado no confesado pone en marcha las consecuencias, y Dios, que no recompensa el mal comportamiento, espera para bendecirnos hasta que nos arrepintamos lo suficiente como para buscarlo a fin de que nos perdone.

El rey David confesó y se arrepintió de su aventura pecaminosa con Betsabé, y del posterior asesinato del esposo de ella para esconder su pecado cuando esta quedó embarazada. Aun así, David esperó demasiado para confesar y arrepentirse. Natán, un profeta de Dios, tuvo que enfrentarlo en cuanto a sus decisiones. Una vez hecho esto, David fue ante Dios y dijo: «*Dios mío, por tu gran misericordia, ¡ten piedad de mí!; por tu infinita bondad, ¡borra mis rebeliones! Lávame más y más de mi maldad; ¡límpiame de mi pecado!*» (Salmo 51:1-2, RVC).

Aunque David se arrepintió por fin, ya había permitido que las consecuencias de sus pecados no confesados se pusieran en marcha, lo cual fue la muerte del hijo que tuvo con Betsabé.

No permitas que la desobediencia a los caminos de Dios ponga una pared entre tú y Él. Díselo de inmediato con un corazón arrepentido, lo cual significa que estás arrepentido por eso y que no intentarás hacerlo otra vez. Dios espera para responder nuestras oraciones hasta que hayamos corregido nuestro corazón.

El pecado tiene consecuencias. Así es. Nadie se sale con la suya sin que las consecuencias se lleven a cabo tarde o temprano. El perdón de Dios como respuesta a nuestro arrepentimiento nos libera de las consecuencias de nuestros errores.

Eso es misericordia.

La misericordia de Dios no se le extiende a los que hacen el mal

¿Alguna vez has tenido miedo por el mal que te rodea? Sé que yo sí. El mal que me rodea me hizo abandonar un vecindario peligroso para ir a uno más seguro. ¿Alguna vez has llorado fervientemente ante el Señor para que te proteja a ti y a tu familia, y le has pedido que te quite del camino de maldad? Yo lo he hecho innumerables veces. «En mi angustia invoqué al Señor; clamé a mi Dios, y él me escuchó desde su templo; ¡mi clamor llegó a sus oídos!» (Salmo 18:6, NVI®).

David dijo: «Me rodearon ligaduras de muerte, y torrentes de perversidad me atemorizaron» (Salmo 18:4, RV-60). Después de la respuesta a su oración, dijo de Dios: «Desde lo alto el Señor me tendió la mano y *me rescató de las aguas tumultuosas, ¡me libró de los poderosos enemigos* que me odiaban y eran más fuertes que yo! Me atacaron en el día de mi desgracia, pero *el Señor me dio su apoyo: me llevó a un terreno espacioso, y me salvó, porque se agradó de mí*» (Salmo 18:16-19, RVC).

¿No es eso misericordia de Dios?

Eso es lo que creo que Dios hizo por mí y mi familia después que le oré para que nos trasladara a un lugar más seguro.

La gente mala no teme a Dios. Están llenos de engaño y no tienen sabiduría. Piensan en planificar y hacer cosas malas día y noche. Nunca los aterroriza el mal. Es más, tienen una alta estima de sí mismos cuando hacen cosas malas.

David dijo de los malvados: «*No hay temor de Dios delante de sus ojos.* Porque *en sus propios ojos la transgresión le engaña* en cuanto a descubrir su iniquidad y aborrecerla. Las palabras de su boca son iniquidad y engaño; *ha dejado de ser sabio* y de hacer el bien. Planea la iniquidad en su cama; se obstina en un camino que no es bueno; no aborrece el mal» (Salmo 36:1-4).

Dios nos protege cuando hacemos que Él sea el lugar seguro que buscamos.

Cuando David huía de Saúl, oró: «¡Ten misericordia de mí, Dios mío; ten misericordia de mí! *Yo he puesto en ti mi confianza, y bajo la sombra de tus alas me refugiaré hasta que haya pasado el peligro»* (Salmo 57:1, RVC).

David puso su esperanza en la misericordia de Dios, y Él lo protegió.

David le dijo a Dios: *«Tú has librado mi alma de la muerte, y mis pies de tropiezo, para que yo pueda andar delante de Dios en la luz de la vida»* (Salmo 56:13).

Si no es nuestra hora de irnos, Dios nos guarda de la muerte. El salmista dijo con fe en el amor y la misericordia de Dios: «No moriré; sino que viviré para contar lo que hizo el SEÑOR. El SEÑOR me castigó severamente, pero no me dejó morir» (Salmo 118:17-18, NTV).

La misericordia de Dios nos ayuda a hacer lo que no podemos hacer por nuestra cuenta

Cuando mis hijos eran pequeños, sabían que tendrían ciertos privilegios si obedecían estrictamente las reglas de la familia. Una de esas recompensas era ir a un restaurante bonito con nosotros. Mi esposo y yo no teníamos niñeras ni familiares cerca para que los cuidaran por algunas horas, y yo no los dejaba con nadie más, a menos que conociera bien y confiara por completo en esas personas.

Por supuesto, no los llevábamos a restaurantes bonitos si tenían menos de tres años, cuando todavía eran *solo entusiasmo y nada de sabiduría*. Sin embargo, a los tres años de edad, ya conocían los buenos modales, en especial con la gente que nos servía y con otras personas que los rodeaban en el restaurante. No íbamos a imponerles niños malcriados a los demás, y nuestros hijos eran lo bastante sabios como para saber eso.

Los dos niños sabían con anticipación que esa noche habría *solo juicio y nada de misericordia* si se portaban mal, al menos durante esos noventa minutos. Como resultado de saber eso, eran perfectos en sus modales, hablaban con suavidad y eran maduros en su comportamiento. Se portaban bien porque querían el privilegio de ir con nosotros y comer la buena comida que tanto les encantaba.

Muchas veces, alguna persona o una pareja en el restaurante se acercaba a nuestra mesa para comentar lo bien educados que eran y lo agradablemente sorprendidos que estaban cuando nuestros hijos se comportaban de manera más tranquila y cortés que cualquiera de los demás adultos que había allí. Sentían que tenían que dar las gracias.

La misericordia de Dios hacia nosotros, por otro lado, no requiere que seamos perfectos en nuestro comportamiento. Por eso es que se llama misericordia. Es su compasión hacia nosotros. Debido a que nos ama, nos ayuda a hacer lo bueno. Nos ayuda a hacer más de lo que podemos hacer por nuestra cuenta.

La misericordia de Dios no es una tarjeta para «sacarnos de la cárcel gratuitamente» que nos permite seguir desobedeciendo sus leyes. Hay consecuencias por violar las leyes de Dios, así como hay consecuencias por quebrantar las leyes de un país. Si no hay consecuencias, hay corrupción en el sistema o en realidad no hay leyes. En cambio, si se cumplen las leyes, el sistema es bueno.

Dios espera que cumplamos sus leyes, y hay consecuencias si no lo hacemos. A pesar de eso, nos ayudará con misericordia a vivir a su manera cuando le pedimos que lo haga.

David dijo que los *rostros de los que buscan al Señor están radiantes y nada los avergüenza* (Salmo 34:5, NTV). Lo mismo pasa con los rostros de los niños educados con dirección, disciplina piadosa y con el amor y la misericordia del Señor. Siempre puedes identificar a los niños cuyos padres los aman lo suficiente como para enseñarles lo que tienen que saber. Sus rostros lo revelan.

Dios muestra su gran amor y misericordia en tiempos de problemas. No tenemos idea de cuántas veces nos ha salvado del peligro o de la muerte. «*Los ojos del SEÑOR están sobre los que le temen, sobre los que esperan en su misericordia*, para librar su alma de la muerte, y conservarlos con vida en tiempos de hambre» (Salmo 33:18-19).

La mejor parte de su bondad y misericordia es que te permite morar con Él para siempre. Jesús ha preparado un lugar para ti en la eternidad con Él donde no hay enfermedad, ni crimen, ni dolor, ni temor, ni lágrimas, una vez que Él limpia los tuyos, por supuesto. En el libro de Apocalipsis, Juan habla de lo que vio acerca de los últimos tiempos. Dijo: «Vi debajo del altar las almas de los que habían sido muertos a causa de la palabra de Dios y del testimonio que habían mantenido» (Apocalipsis 6:9). Nos preguntamos: *¿Por qué Dios permite que asesinen a los que lo aman y lo sirven?* Sin embargo, no vemos el gran premio que les espera en el cielo.

Esas son personas que asesinaron por ser cristianas y mantenerse firmes en Dios, su Palabra y su fe. Ellos, los mártires, le preguntaban en Dios cuánto tiempo pasaría para que vengara su sangre. Querían que prevaleciera la justicia de Dios.

Dios les dijo que descansaran por un tiempo hasta que se completara el número de los que asesinarían también por su fe. Iba a haber más martirizados y, al parecer, Dios les daba tiempo a los culpables de arrepentirse.

No sé tú, pero si dependiera de mí, mataría de inmediato a la gente que hubiera matado a mis hijos y que, por supuesto, no tendrían futuro en el cielo. Dios, por el contrario, no. Él es demasiado misericordioso y amoroso para eso. Nos ama aun cuando pecamos en su contra, incluso hasta el punto de permitirles que destruyan a sus siervos más leales y creyentes más fervientes, a sus hijos que lo sirvieron con fidelidad hasta el final.

Dios nos ama lo suficiente como para esperar a que nos volvamos a Él, a fin de que por su misericordia nos permita hacer lo que no podemos hacer por nuestra cuenta. Es decir, pasar la eternidad con Él en el cielo.

Su gracia y misericordia son muy profundas.

Así nos ama Él.

Oración de *Amor*

SEÑOR:

Gracias por tu gracia y misericordia, que sé que son señales eternas de tu amor infalible por mí. Son regalos que superan la comprensión, pues tú eres el que redime mi vida de la destrucción y me corona «de amor y tiernas misericordias» (Salmo 103:4, NTV). Gracias, Señor, porque tú «cumplirás en mí tus planes; tu misericordia, Señor, permanece para siempre» (Salmo 138:8, RVC). Gracias porque te interesan las cosas que me interesan a mí.

Gracias por tu perdón. No puedo imaginar la condición de mi vida y el estado de mi alma sin ti. Sé que la culpa es una asesina y que la condenación destruye. Estaré agradecido por siempre porque cuando reconozco mis errores y malas decisiones que me han llevado a desviarme de tus caminos, vengo a ti con un corazón humilde y arrepentido, y tú no solo me perdonas, sino que alejas mis transgresiones tan lejos como está el oriente del occidente (Salmo 103:12). «No te acuerdes de los pecados de mi juventud ni de mis transgresiones; acuérdate de mí conforme a tu misericordia, por tu bondad, oh SEÑOR» (Salmo 25:7).

Gracias por tu gracia que me hizo poner mi fe en ti y me permitió ser salvo de la muerte y de la eternidad sin ti. Gracias porque tu gracia es la gran manifestación de tu amor por mí, y tu misericordia evita que me castiguen como merezco. Ayúdame a mantenerme en tu amor, a morar en el raudal de tu misericordia, incluso en el cielo contigo, después que deje esta tierra (Judas 1:21).

Te lo pido en el nombre de Jesús.

Palabras de *Amor*

*Porque por gracia ustedes han sido salvados mediante la fe;
esto no procede de ustedes, sino que es el regalo de Dios.*

EFESIOS 2:8, NVI®

*Así que acerquémonos confiadamente al trono de la gracia
para recibir misericordia y hallar la gracia que nos ayude en
el momento que más la necesitemos.*

HEBREOS 4:16, NVI®

*Se complace Jehová en los que le temen, y en los que esperan
en su misericordia.*

SALMO 147:11, RV-60

*Como están de altos los cielos sobre la tierra, así es de
grande su misericordia para los que le temen. Como está de
lejos el oriente del occidente, así alejó de nosotros nuestras
transgresiones.*

SALMO 103:11-12

*Dios, que es rico en misericordia, por su gran amor por
nosotros, nos dio vida con Cristo, aun cuando estábamos
muertos en pecados. ¡Por gracia ustedes han sido salvados!
Y en unión con Cristo Jesús, Dios nos resucitó y nos hizo
sentar con él en las regiones celestiales.*

EFESIOS 2:4-6, NVI®

6

Reconoce las maneras en
que te ama Dios

E l amor es como el vapor.
No podemos ver el vapor, pero a veces podemos percibir sus
efectos. Por ejemplo, no podemos ver el vapor de la gasolina hasta
que comienza a arder por una chispa. Luego, de seguro que podemos observar sus efectos. No vemos las ondas radiofónicas, pero
reconocemos sus manifestaciones cuando suena nuestro teléfono
celular o encendemos la radio. Mientras más aprendemos de los
vapores y de las ondas radiofónicas, más reconocemos que están a
nuestro alrededor.

Lo mismo es cierto acerca del amor de Dios. Nos rodea, y
Él nos muestra su amor por nosotros de maneras innumerables,
pero muchas veces no vemos las manifestaciones de su amor hasta
que nos abre los ojos a ellas. Todo comienza cuando recibimos al
Señor. Eso enciende los receptores de nuestro cerebro, corazón y
espíritu. Luego, con cada nuevo reconocimiento, llega un desplie-
gue de alegría en nosotros que se activa con nuestra comprensión
de lo que ha estado allí siempre, pero que no podíamos ver hasta
ese momento.

Cuando por fin entendemos las cosas del amor de Dios que
nunca antes imaginamos, es como una explosión en nuestro corazón, detonada por sus señales que vemos en todas partes. Las vemos en su bella creación que nos rodea. Las sentimos en su gracia
y misericordia que se nos extiende. Las reconocemos en las cosas

que ocurren para bien en nuestra vida. Su presencia amorosa no puede pasarse por alto.

Incluso después que se activa nuestra comprensión del amor de Dios para nosotros, continuarán explotando en nuestro corazón como un estallido en nuestros sentidos cada día, y siempre nos tocarán de manera más profunda que el día anterior.

Si nunca lo has sentido, pídele a Dios que te revele las maneras en que Él te muestra su amor. Aunque *hayas* sentido su amor en el pasado, pídele que te lo muestre de nuevas maneras ahora. Siempre hay más que aprender y experimentar en cuanto al amor de Dios por ti. ¿Te ha dado familia, amigos, relaciones, sanidad, salud, trabajo, sol y lluvia? Antes no solía apreciar la lluvia hasta que estuve en una sequía. Ahora, cada vez que llueve alabo a Dios. No soy insensible con los que han estado en inundaciones dañinas, pero incluso entonces, durante los tiempos aterradores donde las fuerzas de la naturaleza nos recuerdan los pequeños e impotentes que somos en realidad, el amor de Dios todavía puede verse en la manera en la que Él nos protege o provee para nosotros. *Hay muchas cosas que no apreciamos en nuestra vida hasta que reconocemos el amor de Dios por nosotros en ellas.*

¿Ha restaurado Dios algo en tu vida o ha quitado algo que era necesario eliminar? ¿Te ha protegido de maneras que no reconociste en ese entonces? Pídele que te muestre lo que todavía no has reconocido y agradécele cuando lo haga.

Una de las formas principales en las que podemos identificar el amor de Dios por nosotros es reconociendo sus promesas para nosotros en su Palabra y cómo las cumple. Qué consuelo es saber que todo lo que nos dice es cierto y que lo que promete ocurrirá.

Cuando un padre le promete a su hijo que hará por él alguna cosa en particular, ese niño no lo olvida. La *aguarda*. La *espera*. En cambio, si el padre lo olvida, o no cumple en llevarla a cabo, el niño se siente herido porque lo percibe como falta de amor. Muchas veces, esa desilusión es tan profunda que es muy fácil que la recuerde décadas más tarde en la edad adulta y el dolor siga ahí.

Cumplirle una promesa a alguien es una señal de amor.
Dios siempre cumple sus promesas. Y cada una de las promesas es una señal de su amor por nosotros. A Él no le podemos imponer *cuándo* ni *cómo* se cumplirán estas promesas. Es suficiente saber que se cumplirán.

A continuación encontrarás algunas de las promesas de Dios que evidencian su gran amor por ti.

Dios promete que nada te separará de su amor

El amor de Dios siempre está activo y presente. Su amor no solo ocurrió una vez. Siempre se mueve *en* ti y *en tu vida*. Nunca estás separado de su amor. No puedes estarlo. Su amor está en todas partes porque Dios es amor y Él está en todas partes. No importa lo difícil que llegue a ser la vida para ti, confía en que su amor está contigo en todo tiempo. Solo tú puedes poner un límite a cuánto recibes de Él.

Pablo dijo: «Estoy convencido de que ni *la muerte*, ni *la vida*, ni *ángeles*, ni *principados*, ni lo presente, ni *lo por venir*, ni los *poderes*, ni lo *alto*, ni lo *profundo*, ni *ninguna otra cosa creada nos podrá separar del amor de Dios que es en Cristo Jesús Señor nuestro*» (Romanos 8:38-39). Esta promesa no es algo pequeño.

No importa lo que pase en tu vida, nada puede separarte del amor de Dios.

No hay ninguna persona que pueda separarnos del amor de Dios. «¿Quién nos separará del amor de Cristo? ¿*Tribulación*, o *angustia*, o *persecución*, o *hambre*, o *desnudez*, o *peligro*, o *espada*?» (Romanos 8:35, rv-60). Dios nos bendice aun cuando nos atacan nuestros enemigos. Nuestra vida siempre rebosa de su favor (Salmo 23:5).

Eso quiere decir que por el amor de Dios revelado a ti por medio de Jesús, puedes conquistar los obstáculos de tu vida. Él restaurará tu alma atribulada y te guiará en el camino que debes ir (Salmo 23:3). Aunque tengas que caminar por un lugar de gran peligro, no debes temer porque Dios está contigo. Incluso su corrección para ti cuando te apartas del camino es una señal de su amor. Su vara de pastor te hará volver cuando te desvíes. Esa es una señal reconfortante de cuánto te ama Él (Salmo 23:4).

Su amor por nosotros le puso fin al poder del pecado y del infierno y nos dio su Espíritu Santo para que estuviera con nosotros incluso en el cielo. Eso significa que Dios siempre está de nuestro lado. «Si Dios *está* por nosotros, ¿quién *estará* contra nosotros?» (Romanos 8:31).

Dios te ama por completo, y no hay nada que puedas hacer para cambiar eso.

Dios promete proveer para ti

Confiar en que Dios proveerá para ti no siempre es fácil, en especial cuando no puedes comenzar a ver siquiera cómo es posible que lo que necesitas llegue a materializarse. He estado en ese lugar muchas veces en mi vida, y Dios se ha manifestado de maneras que nunca habría llegado a entender ni había soñado.

Cuando estás convencido de que Dios te ama, confías en Él con amor y reverencia en tu corazón, no te faltará nada. La Biblia dice: «Prueben y vean que el SEÑOR es bueno; ¡qué alegría para los que se refugian en él! Teman al SEÑOR, ustedes los de su pueblo santo, *pues los que le temen tendrán todo lo que necesitan* [...] *a los que confían en el SEÑOR no les faltará ningún bien*» (Salmo 34:8-10, NTV). Qué promesa más extraordinaria para nosotros. ¿Cómo podemos *dejar* de reconocer el amor de Dios por nosotros en esas palabras?

Dios es un dador. A Él le *agrada* darnos lo que necesitamos.

¿Has intentado darle a alguien algo que sabes que necesita con urgencia pero no lo acepta? Es muy frustrante y se parece mucho a una bofetada. *Dar* no es la única señal del amor; *recibir* también lo es. Jesús dijo: «Al *Padre le da mucha felicidad entregarles el reino*» (Lucas 12:32, NTV). Es una afrenta a Dios negarse a recibir todo lo que tiene para ti. Es como decir: «Yo no quiero, o no necesito, lo que tienes para mí».

Jesús nos instruyó a que busquemos «primeramente el reino de Dios y su justicia, y todas estas cosas les serán añadidas»

(Mateo 6:33, RVC). Eso quiere decir que cuando buscamos a Dios, Él nos da todo lo que necesitamos. Cuando no aceptamos todo lo que Dios tiene para nosotros, es como decir: «Yo conseguiré lo que quiero. En realidad, no te necesito». Sin embargo, la Palabra de Dios dice: «*Sin fe es imposible agradar a Dios*. Todo el que desee acercarse a Dios debe creer que él existe y que *él recompensa a los que lo buscan con sinceridad*» (Hebreos 11:6, NTV). Me encanta ese pasaje bíblico. Lo he mencionado a menudo en épocas de necesidad, y siempre le da un gran consuelo a mi corazón. Tenemos que creer que debido a que Dios nos ama, Él nos recompensa cuando lo buscamos con sinceridad.

Dios promete transformarte a su imagen

Cuando caminamos con Dios, Él promete llevarnos de gloria en gloria a medida que somos transformados a su imagen. ¿No te encanta eso? Dios no solo quiere que llegues a ser más semejante a Él, sino que te ayudará a hacerlo. «Todos nosotros, que *miramos la gloria del Señor a cara descubierta, como en un espejo, somos transformados de gloria en gloria en la misma imagen, como por el Espíritu del Señor*» (2 Corintios 3:18, RVC). Él dice que si lo miramos a cada momento, como en un espejo, comenzaremos a ver su imagen reflejada en nosotros. Mientras más lo miremos, más llegaremos a ser *semejantes* a Él.

Dios también promete llevarnos de poder en poder cuando lo miramos para que sea fuerte en nosotros. «Bienaventurado el hombre que tiene en ti sus fuerzas [...] irán de poder en poder» (Salmo 84:5, 7, RV-60). Cuando decidimos caminar con Dios, encontramos nuestra fuerza en Él (Salmo 29:11). Cuando lo miramos, Él nos da de sí mismo.

Eso es amor verdadero.

Dios promete protegerte

Cuando ponemos nuestra confianza en Dios, Él nos protege del daño más de lo que somos conscientes. La clave es poner *siempre* nuestra confianza en Él y no esperar que ocurra el desastre. Incluso, cuando ponemos nuestra confianza en Dios y pasan cosas difíciles, no debemos dejar que nuestra confianza vacile, porque en medio de los problemas Él hará cosas grandes en nosotros y a través de nosotros.

Dios es un lugar seguro al que siempre puedes acudir cuando estás en peligro. David dijo que el Señor «es refugio de los oprimidos; es su baluarte en momentos de angustia» (Salmo 9:9, NVI®). Y Él nunca abandona a nadie que lo busque (Salmo 9:10). «Porque él librará al necesitado cuando clame, también al afligido y al que no tiene quien le auxilie» (Salmo 72:12). Cuando entendemos la condición de nuestra alma sin la presencia de Dios en nuestra vida, vemos que somos pobres y necesitados todo el tiempo.

Eso no quiere decir que jamás ocurrirá nada preocupante, sino que no *seguirá* ocurriendo. Y Dios hará grandes cosas en medio de ello. «*El Señor rescata al pobre de su miseria*, y multiplica sus hijos como rebaños de ovejas [...] Si hay alguien sabio, que cumpla con esto, y que entienda que el Señor es misericordioso» (Salmo 107:41, 43, RVC).

La promesa de Dios de protegernos no significa que podemos probarlo al tomar decisiones insensatas. Satanás trató de tentar a Jesús para probar el amor de Dios por Él. Llevó a Jesús al pináculo del templo y le dijo: «Si eres Hijo de Dios, échate abajo; porque escrito está: A sus ángeles mandará acerca de ti, y, en sus manos te sostendrán, para que no tropieces con tu pie en piedra» (Mateo 4:6, RV-60). Hasta Satanás conoce la Palabra de Dios lo suficiente como para usar lo que *no sabemos* en nuestra contra. Jesús le respondió citándole la Palabra, y le dijo que nosotros no debemos poner a Dios a prueba (Mateo 4:7, NVI®).

Cuando vivía en una «ciudad fortificada» con peligro por todos lados, Dios me protegió junto con mi familia. Solía declarar a menudo el siguiente versículo: «¡Bendito seas, Señor! ¡Grande ha sido tu misericordia por mí! ¡Me pusiste en una ciudad fortificada!» (Salmo 31:21, RVC). Sin embargo, nunca probé a Dios con eso. Yo no salía a caminar sola en la noche. No enviaba a mis hijos a jugar en el jardín de enfrente, cerca de la calle. No le abría mi puerta a extraños y también les enseñé a mis hijos a no hacerlo nunca.

Dios sabe lo que pasa a nuestro alrededor, incluso cuando nosotros *no*. Él conoce los planes del enemigo para nuestra vida. Tenemos que *confiar* en Dios y no *poner a prueba* a Dios en esas cosas. Cuando buscamos al Señor para que nos proteja, Él se asegura de que *sus* planes para nosotros tengan éxito y no los del enemigo. Sin embargo, nosotros no andamos con el enemigo ni tenemos en cuenta sus sugerencias solo para ver qué tan bien nos protege Dios.

Dios no dijo que nunca caeríamos. Dijo que cuando tropecemos, Él nos sostendrá. «Por el SEÑOR son ordenados los pasos del hombre, y el SEÑOR se deleita en su camino. *Cuando caiga, no quedará derribado, porque el SEÑOR sostiene su mano*» (Salmo 37:23-24). Eso quiere decir que podría haber sido mucho peor sin Dios.

El ángel del Señor «acampa» alrededor de los que le temen y los defiende (Salmo 34:7). ¿No te encanta esa promesa? ¿No te gustaría ver el reino espiritual aunque sea por un momento a fin de ver al ángel del Señor que acampa a tu alrededor? Aun así, Dios quiere que vivamos por fe y no por vista, una fe que protege a los que ama y que también lo aman a Él.

Disfrutar la presencia de Dios durante el día, vivir en la seguridad y paz que Él nos da, nos permite dormir mejor en la noche.

Dios promete escuchar nuestras oraciones y responderlas

Piensa en cuánto amas a tu hijo o tus hijos, o a cualquier persona que ames más en este mundo. Bueno, Dios te ama mucho más, porque Él tiene una capacidad mayor de hacerlo. Dios no tiene la capacidad de no amar porque Él *es* amor. No puede ser lo que no es. Jesús dijo: «Si ustedes, que son malos, saben dar cosas buenas a sus hijos, ¡cuánto más su Padre que está en los cielos dará buenas cosas a los que le pidan!» (Mateo 7:11, RVC). Él responde nuestras oraciones porque nos ama.

Sin embargo, ten en mente que no promete responder nuestras oraciones justo de la manera en que las pedimos, sino que lo hace de acuerdo a su voluntad (1 Juan 5:14-15). Cada promesa de Dios tiene una condición que se debe cumplir. Las condiciones más comunes son que debemos tener fe en Él, vivir a su manera y creer en su Palabra.

Siempre que estemos abrumados, tenemos que recordar que Dios no lo está. Tenemos que esperar en Él en esos tiempos y dejar de enfocarnos en nuestra situación. Eso no quiere decir que vivamos en negación en cuanto a eso. «La religión de la negación» no es fe. No tenemos que fingir que nuestra circunstancia no ocurrió, como lo hacen algunos. Tenemos que ser sinceros con Dios en cuanto a nuestros temores. David oró: «Oye, oh Dios, mi clamor; atiende a mi oración. Desde los confines de la tierra te invoco, *cuando mi corazón desmaya. Condúceme a la roca que es más alta que yo*» (Salmo 61:1-2).

Jesucristo dijo: «Ustedes pueden orar por cualquier cosa, y *si tienen fe la recibirán*» (Mateo 21:22, NTV). Todo lo que tenemos que hacer es creer en Él, que es el Hijo de Dios y que nos ama y quiere responder nuestras oraciones. No es nuestra fe lo que lo hace. No tenemos fe en nuestra fe, como si tuviéramos algo que ver en eso. Tenemos fe en que Él nos oye y que responderá nuestras oraciones de acuerdo a su voluntad, y que somos los beneficiados de su amor cuando oramos.

Dios promete librarnos del temor

La Biblia nos habla de la alegría, la bendición y la felicidad de todos los que temen a Dios. *Temer a Dios significa reverenciarlo y temer lo que la vida sería sin Él.*

«Cuán grande es tu bondad, que atesoras para los que te temen [...] *Al amparo de tu presencia los proteges de las intrigas humanas*» (Salmo 31:19-20, NVI®). Él bendice a los que lo reverencian.

Ese es temor *piadoso*.

La otra clase de temor no es del Señor. Es un espíritu que puede torturarnos si permitimos que crezca en nuestro corazón. «Dios no nos ha dado un espíritu de temor, sino un espíritu de *poder*, de *amor* y de *buen juicio*» (2 Timoteo 1:7, DHH).

El *poder* es poder de Dios, el cual comparte con nosotros.

Su *amor* nos consuela y se lleva nuestro temor.

El *buen juicio* significa tener claridad de pensamiento, sentido común y la capacidad de tomar decisiones y elecciones sabias. Significa tener dominio propio y no estar descontrolados en nuestras acciones y comportamiento. Significa tener la mente de Cristo.

Aparte de ese poderoso versículo anterior de 2 Timoteo, el Salmo 34 siempre ha sido mi lugar a cual acudir en la Biblia cuando necesito que la Palabra de Dios se lleve en seguida el temor y la inseguridad. Todo el salmo es un estímulo. Un reparador del corazón. Un reajuste de la actitud.

En esos versículos, David promete adorar a Dios siempre e invita a otros a que hagan lo mismo. Dijo: *«Busqué al Señor, y él me escuchó, y me libró de todos mis temores»* (Salmo 34:4, RVC). David decidió buscar a Dios, y Él respondió y lo libró de cualquier temor que tuviera.

Solo la lectura de ese salmo pone paz en mi corazón. Sé que hará lo mismo por ti también.

Dios nos promete la corona de la vida cuando resistimos la tentación

Dios sabe que no podemos ser perfectos, por lo que nos pide que lo busquemos por fortaleza para permanecer firmes en contra de cualquier tentación a violar sus caminos para nuestra vida.

Dios promete capacitarnos para hacer cosas que no podemos hacer sin su ayuda, pero nosotros tenemos que declarar nuestra dependencia de Él. Cuando lo hacemos, hay recompensas por vivir a su manera.

Santiago, el hermano de Jesús, dijo: *«Dios bendice a los que soportan con paciencia las pruebas y las tentaciones, porque después de superarlas, recibirán la corona de vida que Dios ha prometido a quienes lo aman»* (Santiago 1:12, NTV).

La corona de vida no es algo pequeño. Ese versículo habla de cuando estemos en el cielo con el Señor. Hay recompensas en la eternidad a las que renunciaremos si seguimos permitiéndonos caer en la tentación en lugar de resistirla. Todos tenemos acceso al poder y a la fortaleza para resistir la tentación cuando llega, si buscamos a Dios en el primer indicio de ella, y dependemos de *su* fortaleza y poder para hacerlo.

Eso quiere decir que cuando pasamos por tiempos difíciles, y no perdemos la fe ni terminamos haciendo algo tonto, infiel o egoísta, la experiencia hará que dependamos de Dios de manera tan completa que veremos que no necesitamos nada más que a Él. Santiago dijo: «*Considérense muy dichosos cuando estén pasando por diversas pruebas*. Bien saben que, *cuando su fe es puesta a prueba, produce paciencia*. Pero procuren que la paciencia complete su obra, *para que sean perfectos y cabales, sin que les falta nada*» (Santiago 1:2-4, RVC).

Si reconocemos la prueba de nuestra fe cuando se presenta la tentación y buscamos a Dios, podemos tener gozo en el proceso de resistir al enemigo de nuestra alma. Si dependemos de Dios para que obre en nosotros y nos perfeccione, se asegurará de que todo lo que necesitemos se encuentre en Él.

Mientras más rápido aprendamos eso, estaremos mejor.

Dios promete que tú tienes un buen futuro por delante

Debido a que Dios te ama, te promete esperanza y un buen futuro. Escucha lo que dice de ti en su Palabra.

Porque yo sé muy bien los planes que tengo para ustedes —afirma el SEÑOR—, planes de bienestar y no de calamidad, *a fin de darles un futuro y una esperanza*. Entonces ustedes me invocarán, y vendrán a suplicarme, y yo los escucharé. *Me buscarán y me encontrarán, cuando me busquen de todo corazón*. (Jeremías 29:11-13, NVI®)

Dios nos promete un gran futuro con Él, pero nosotros tenemos que buscarlo y desearlo con todo nuestro corazón. Cuando no lo hacemos, nos muestra su amor por nosotros con disciplina y corrección. Significa que nos ama lo suficiente como para interesarse en cómo vamos a salir. «El Señor disciplina a los que ama» (Hebreos 12:6, NVI®). Él dijo: «Yo reprendo y disciplino a todos los que amo» (Apocalipsis 3:19).

Además de las promesas que nos revelan siempre su amor, pídele a Dios que te demuestre las maneras en las que Él te demuestra su amor en lo personal. ¿Te ha salvado de algo? ¿Te ha conectado con gente que necesitas conocer? ¿Ha puesto belleza en tu camino de maneras sorprendentes? ¿Ha respondido tus oraciones? ¿Ha obrado algo para bien? ¿Te ha permitido recuperarte? ¿Te ha ayudado a través de un tiempo difícil? ¿Le ha hablado a tu corazón? ¿Te ha dado un significado de su presencia? ¿Te ha dotado con una paz inesperada en medio de la crisis? ¿Te ha sorprendido con alegría? ¿Te ha librado de algo malo? ¿Se ha manifestado contigo en tu punto más alto de necesidad? ¿Te ha provisto de buenas a primeras? ¿Te ha mostrado cosas en su creación que te han deleitado?

Cualquier cosa que sea, dale gracias a Dios por su amor cuando lo veas o lo recuerdes. Dile cuánto significa su amor para ti. Pídele que te permita reconocer y recibir su amor por ti de cualquier manera. En efecto, es el amor de Dios que recibes lo que afecta la manera en que expresas tu amor por Él, y cómo les muestras amor a otros con regularidad.

Oración de *Amor*

Señor:

Gracias porque tu Palabra les promete a los necesitados que «en días de hambre se saciarán» (Salmo 37:19). No tengo que temer por no tener suficiente, y puedo confiar en eso porque tú eres mi Señor, nada me hará falta (Salmo 23:1). Gracias por tener un lugar de descanso para mí donde hay frutos en abundancia (Salmo 23:2). Gracias porque no les niegas nada bueno a los que viven a tu manera (Salmo 84:11).

Muchas de las promesas de tu Palabra me aseguran que proveerás para mí, y todo porque me amas. Sé que tus caminos son perfectos y que tú has confirmado tu Palabra una vez tras otra. Sé que siempre serás un escudo para mí, porque confío en ti (Salmo 18:30, RVC). Gracias porque «*tú eres mi refugio, ¡eres torre fuerte que me protege del enemigo!* Yo habitaré en tu templo para siempre; bajo la sombra de tus alas estaré seguro» (Salmo 61:3-4, RVC). «En paz me acostaré y así también dormiré; porque sólo tú, Señor, me haces habitar seguro» (Salmo 4:8).

Gracias, Señor, porque tú eres «Dios de cerca» y «no un Dios de lejos» (Jeremías 23:23). «Tú me has dado también el escudo de tu salvación; tu diestra me sostiene, y tu benevolencia me engrandece» (Salmo 18:35). «Tú, oh Dios, has escuchado mis votos; tú *me* has dado la heredad de los que temen tu nombre» (Salmo 61:5). «Tú pusiste en mi corazón más alegría» (Salmo 4:7, RVC). Ayúdame a reconocer tu amor por mí en tu Palabra y en todas las formas en las que revelas tu amor por mí todos los días.

Te lo pido en el nombre de Jesús.

Palabras de *Amor*

Muestra tus maravillosas misericordias, tú que salvas a los que se refugian a tu diestra, de los que se levantan contra ellos.

SALMO 17:7, RV-60

En el amor no hay temor, sino que el perfecto amor echa fuera el temor, porque el temor involucra castigo, y el que teme no es hecho perfecto en el amor.

1 JUAN 4:18

Sabemos que para los que aman a Dios, todas las cosas cooperan para bien, esto es, para los que son llamados conforme a su propósito.

ROMANOS 8:28

De día mandará el SEÑOR su misericordia, y de noche su cántico estará conmigo; elevaré una oración al Dios de mi vida.

SALMO 42:8

Delante de mis ojos está tu misericordia, y en tu verdad he andado.

SALMO 26:3

7

Conoce todo lo que el amor
de Dios hará en tu vida

~~~~~~

Si Dios es amor y está en todas partes, eso quiere decir que estamos rodeados de su amor en todo momento. ¿Por qué, entonces, no lo sentimos siempre? Porque el grado en el que percibimos el amor de Dios por nosotros depende de nuestras *expectativas de* Él y de nuestra *respuesta a* Él.

Algunas personas aceptan el amor de Dios de todo corazón en el momento que comprenden quién es Él y lo que ha hecho. Otros son más lentos para confiar en Él. No *esperan* que los ame de la manera en que los ama, así que no responden a la protección sobre su vida con plena confianza.

Por ejemplo, una amiga que he tenido por décadas se dio por entero a Dios en cuanto le entregó su vida a Jesús y nunca ha vuelto al pasado. Recibió su amor por completo y no lo dudó ni un instante. Lo vi con mis propios ojos y siempre estuve asombrada. En cambio, tengo otra buena amiga que recibió al Señor, pero nunca pudo aceptar en su totalidad que Él la amaba.

Desde hace años las conozco a ambas, y no eran casos extremos de fe muy grande o pequeña, ¿pero cuál era la diferencia entre ellas? Después de hablar con innumerables mujeres de ese mismo tema a lo largo de los años, creo que estas dos amigas representan en realidad a mucha más gente de lo que nos damos cuenta.

La primera amiga, que amó al Señor y recibió su amor de inmediato, venía de una familia amorosa. Su cuidado y afecto de los unos por los otros eran claros e inequívocos. Lo lamentable es que experimentó una gran tragedia en su vida cuando sus dos padres murieron en un accidente de tránsito. Sin embargo, aunque apenas era una joven en ese entonces y tuvo que asumir el papel de sus padres con su hermana y su hermano menores, nunca he visto a alguien tan comprometido con el Señor y que recibiera su amor de manera tan total como lo hizo ella. Creo que debido a que había *sido* amada y se *sentía* amada, sabía cómo recibir amor.

A la segunda amiga la crio una madre muy alcohólica y un padre que lo negaba. Sus heridas eran profundas y nunca se sintió amada. Yo la guie al Señor un año después que lo recibí yo, y aunque ella amaba a Dios, le resultaba difícil creer que Él *la* amara. Leía la Biblia. Oraba e iba a la iglesia, pero no podía recibir por completo su amor sanador. Se casó con un hombre que no era cariñoso ni afectuoso debido a su propia niñez sin amor. Ella murió no muchos años después, y creo que su corazón quebrantado y no sanado la debilitó tanto que no tuvo la fortaleza de recuperarse cuando se enfermó. No se amaba y tampoco pudo creer en su totalidad que Dios la amaba. No encontró la sanidad ni la plenitud que Él ponía a su disposición, porque no tenía expectativas en cuanto al amor restaurador de Dios por ella. Por lo tanto, su respuesta a Él fue, en el mejor de los casos, débil.

En cuanto a mí, estaba en alguna parte en medio de las dos. No me sentí amada en mi niñez. Ni me sentí amada en mi adultez. Entonces, cuando recibí al Señor, sentí su amor en la iglesia, en mi amiga en la oficina del pastor donde lo recibí y en los creyentes que me rodeaban. Creía que Dios era el Dios de amor, pero no entendía por completo que Él *me* amaba en realidad. Percibía su amor a través de otras personas, pero pensaba en eso como más que un desbordamiento de los que, en sí, eran amados de veras.

Aunque tardé un poco para creer que en realidad Dios *me* amaba, con el tiempo llegué a ese punto. Se requirió que confiara en que su Palabra era una carta de amor para mí. Y se requirió de mucha oración, sola con Dios así como con otros. (En los capítulos siguientes veremos más acerca de esta clase de sanidad).

Hay mucho que Dios quiere hacer en cada una de nuestras vidas, pero todo eso se dificulta siempre y cuando no confiemos

CONOCE TODO LO QUE EL AMOR DE DIOS HARÁ EN TU VIDA

en su amor por nosotros. Nunca veremos su amor como es debido hasta que lo entendamos a Él. Si no entendemos que Dios es amor y no buscamos manifestaciones de su amor en su Palabra y en nuestra vida, no las reconoceremos como tales, y entonces no descansaremos en su amor como deberíamos hacerlo.

Es importante saber lo que el amor de Dios puede lograr, y logrará, en ti. Hay cosas maravillosas que Él hace, *puede* hacer y *hará* en todos nosotros. Si confiamos en su amor que obra en nosotros y lo recibimos por completo, si nos comunicamos a menudo con Él en oración, lo recibimos a diario en su Palabra y le pedimos que nos revele su amor y que nos ayude a decidir creer en Él, creceremos en su amor todos los días y seremos capaces de recibir todo lo que tiene para nosotros.

Debes estar al tanto de la sanidad y la obra restauradora del amor de Dios en ti. Su amor está allí para ti porque *Él* está allí para ti.

A continuación, encontrarás unos cuantos ejemplos de la manera en que el amor de Dios va a obrar en ti y que debes tener en mente.

Dios calmará las tormentas en ti y en tu vida

Las tormentas en mí fueron interminables hasta que me rendí al Señor en lo que fue, y estoy segura de que siempre será, el punto más bajo de mi vida. Cuando recibí al Señor, no tenía idea de cuánto había recibido en realidad. Fue un proceso de aprender y entenderlo todo.

Cuando fui a consejería cristiana y la consejera, Mary Anne, oró por mí, me liberé de la depresión, la ansiedad y la tristeza profunda con la que había vivido desde que tenía memoria. Sentí que la manifestación física de esas cosas se levantaba de mis hombros y es innegable que fui distinta después de eso.

En esa época le pregunté a Mary Anne si debía cambiar mi nombre de Stormie* a otro normal; porque durante mi crecimiento

[* Nota de la traductora: El nombre *Stormie* se deriva de la palabra *storm* en inglés, que significa tormenta; así que la traducción de *Stormie* sería tempestuoso, tormentoso, turbulento]

nunca me gustó que me molestaran por eso. Siempre quise un nombre normal como todos los demás, del que nadie se burlaría ni cuestionaría.

Recuerdo una vez en la iglesia cuando el pastor nos pidió que hiciéramos un círculo de tres a cinco con las personas a nuestro alrededor y que nos presentáramos y que oráramos los unos por los otros. Cuando me presenté a los demás del círculo, la única otra mujer del grupo dijo en voz alta de manera insensible: «¿Qué clase de padre le pondría a su hija un nombre tan horrible como ese?». Yo acababa de conocer al Señor y todavía no tenía mucha sanidad emocional. Como resultado, su aparente explosión de enojo me lastimó y me avergonzó, y no supe cómo responder. Me quedé callada, esperando no llorar y que fuera otra persona la que hablara.

Mi nombre siempre me ocasionó atención indeseada y no creía que eso fuera algo positivo. Entonces, cuando le pregunté a Mary Anne si debía cambiar mi nombre, me dijo de inmediato: *«No, tu nombre será un testimonio de cómo Dios calma las tormentas en nuestra vida».*

Y así ha sido. Yo no había soñado jamás cuántas tormentas calmaría Dios. Es más, Él las calmó todas.

Lo cierto es que su amor puede hacer grandes cosas en cada uno de nosotros. No tenemos idea. Es más allá de lo que podemos imaginar alguna vez. Nunca soñé todo lo que Dios ha hecho en mí. Todavía me asombro cada día. Mucha gente le pone fin a su vida porque no puede imaginar un futuro por el que valga la pena vivir. No pueden ver una salida de su dolor ni de sus problemas. No son capaces de imaginar un amor tan grande como el que Dios bajaría y los tocaría con transformación.

Por experiencia, sé que la gente en realidad no quiere morir; solo que no puede ver otra salida de su desdicha. Conozco ese dolor. Y creo que esa parte del plan del enemigo para nuestra destrucción es cegarnos a la verdad de cuánto nos ama Dios y todo lo que Él tiene para nosotros en nuestro futuro.

La Biblia dice de los que están en una tormenta en su vida que «sus almas se consumían por el mal [...] en su angustia clamaron al Señor, y Él los sacó de sus aflicciones. *Cambió la tempestad en calma y las olas del mar callaron.* Entonces se alegraron porque las olas se habían aquietado, y Él los guio al puerto anhelado» (Salmo 107:26, 28-30).

Dios no solo calma la tormenta, sino que nos lleva a donde tenemos que ir.

Jesús calmó la tormenta de sus discípulos cuando estaban en una barca en medio del mar enfurecido. Temían zozobrar, pero Él caminó sobre las aguas hacia ellos, y cuando lo vieron, tuvieron miedo. Él calmó la tormenta. No silenció la tormenta porque Él, también, tuviera miedo, sino porque los amaba a ellos.

Dios te ama tanto que no solo te salvará de la destrucción, sino que no te dejará en la condición que estás. Él comienza el proceso de transformación en ti de inmediato cuando lo invitas a que lo haga.

Sea cual sea la tormenta que se libra en tu vida, pídele a Dios que la calme por ti. Él lo hará.

Tanto así te ama Él.

Dios sacará algo bueno de las situaciones malas

Todos podemos encontrarnos en tiempos de tribulación por alguna mala decisión que hayamos tomado, o por falta de buen juicio por parte de otros, o por algo malo que nos haya ocurrido aunque no fuera nuestra culpa, pero se nos ha dejado con las consecuencias. Durante los muchos años que he caminado con Dios, he aprendido que no importa lo imposible que me parezca una situación, aunque no vea cómo puede superarse, no es imposible para Él. Sé confiar en Él, sin importar lo que pase.

No olvides nunca que *nada es imposible con Dios.* Eso se debe a que es el Dios de lo imposible para los que creen en Él. El mismo Jesús dijo: «Para Dios todo es posible» (Mateo 19:26, DHH).

No puede ser más claro que eso.

Dios puede convertir el desierto de nuestra alma en una existencia fructífera cuando vivimos a su manera. La Biblia dice de Dios: «*Convirtió el desierto en fuentes de agua,* la tierra seca en manantiales» (Salmo 107:35, NVI®).

Una de las mayores afirmaciones del amor de Dios es que Él obra todo para nuestro bien cuando lo amamos y vivimos dentro de los planes y los propósitos que tiene para nosotros (Romanos 8:28). Los versículos anteriores a este hablan de orar. Me parece que no podemos esperar a ver que todo en nuestra vida obre para nuestro bien si no amamos a Dios lo suficiente como para orar y buscar su ayuda y su voluntad.

Dios siempre está contigo cuando estás con Él

Dios te conoce mejor de lo que te conoces tú. Siempre sabe dónde estás, ve lo que haces y todo lo que te ocurre, y responde a tus oraciones. Él se queda lejos de tu vida si no lo invitas a ella. Otra vez se trata de ese asunto del «libre albedrío». Si tu voluntad es excluirlo de tu vida, pierdes el derecho de las bendiciones y los beneficios que Él tiene para ti.

David dijo: «Oh Señor, *tú me has escudriñado y conocido*. Tú conoces mi sentarme y mi levantarme; *desde lejos comprendes mis pensamientos*. Tú *escudriñas mi senda* y mi descanso, y *conoces bien todos mis caminos* [...] Por detrás y por delante me has cercado, *y tu mano pusiste sobre mí*» (Salmo 139:1-5).

Dios cuida de ti.

Su mano siempre está en ti, ya sea que lo sientas en este momento o no. Si lo reconoces todos los días, con amor te guiará por el camino en el que debes andar. Aunque parezca que tus oraciones no reciben respuesta, no dudes de que Dios te escuche y vea tus circunstancias. Sigue orando y confiando en Él.

Al inicio de mi caminar con Dios, antes de que encontrara la liberación de la depresión, de la ansiedad y del dolor emocional, valoraba estar en la iglesia y percibir su presencia en la adoración y en la enseñanza de la Biblia. Sobre todo esperaba con ansias el tiempo de oración cuando la congregación se dividía en pequeños círculos y oraban los unos por los otros. Aunque me intimidaba orar en voz alta por los demás, necesitaba la oración con tanta urgencia que estaba dispuesta a hacer lo que se requiriera, aunque significara que pareciera o me viera como una tonta, porque era el único tiempo en el que alguien oraba por mí.

Un domingo por la mañana, cuando estaba en la iglesia, toda la gente que me rodeaba dio la vuelta, se separó en grupos de oración y yo me quedé ahí parada sola. Comencé a llorar porque tenía tanto dolor emocional que ni siquiera podía hablar para pedirle a alguien que me dejara entrar a su círculo. Entonces, Dios envió a un hombre que extendió su mano enfrente del pasillo para orar conmigo. No sé quién era y nunca lo volví a ver. Ni siquiera sé cómo me vio porque yo estaba rodeada de gente y ninguno de *ellos* me vio. Me sentí invisible. *Era* invisible. Sin embargo, para Dios no lo era. *Él* me vio y envió a alguien a orar conmigo.

Cuando sientes que vas a tener una crisis emocional con solo tratar de hablar de tus problemas con alguien, no permitas quedarte aislado. Pídele a Dios que te ayude. Sé que hará contigo lo mismo que hizo conmigo si clamas a Él.

David dijo: «¿Dónde puedo esconderme de tu espíritu? *¿Cómo podría huir de tu presencia?* Si subiera yo a los cielos, allí estás tú; si me tendiera en el sepulcro, también estás allí. Si levantara el vuelo hacia el sol naciente, o si habitara en los confines del mar, *aun allí tu mano me sostendría*; ¡tu mano derecha no me soltaría!» (Salmo 139:7-10, rvc). Dios nunca nos deja, una vez que lo recibamos. Tenemos que creer eso todos los días.

Aunque otros te abandonen, Dios nunca te desamparará. David dijo: «*Aunque mi padre y mi madre me abandonen, el Señor me recibirá en sus brazos*» (Salmo 27:10, nvi®). Si tu familia te ha rechazado o abandonado, Dios es tu familia ahora y nunca te dejará. Siempre está allí para ti, a menos que lo excluyas de tu vida. Incluso entonces no es que te deje, pero su poder en tu vida se manifiesta solo cuando confías en Él.

El Espíritu de Dios vino sobre el profeta Azarías y le dijo al rey Asa: «*El Señor estará con ustedes, siempre y cuando ustedes estén con él. Si lo buscan, él dejará que ustedes lo hallen; pero si lo abandonan, él los abandonará*» (2 Crónicas 15:2, nvi®). Esa es una verdad formal. Dios siempre está con nosotros, pero no interviene en nuestra vida si no lo invitamos a que lo haga.

El problema es que *nosotros* no estamos siempre con *Él.*

Muy a menudo permitimos que las diversiones, las tentaciones, los ídolos secretos, las preocupaciones y los intereses entren a nuestra vida. Algunas personas que descuidan estar *con Él* son las primeras en culparlo por no hacer lo que ellas quieren. Lo culpan por cosas que ocurren cuando tenían que haberlas llevado a Él en oración. Tenían que haber confiado en su amor por ellas y en su obra en sus vidas.

No permitas que te ocurra eso.

Dile a Dios que estás con Él todos los días, y dale gracias porque siempre está contigo.

Dios será tu refugio en los problemas

Jesús no dijo que nunca tendríamos problemas. Dijo que estaría con nosotros. La Biblia nos asegura que «muchas son las angustias del justo, pero *el Señor lo librará de todas ellas*» (Salmo 34:19, nvi®).

Cuando hacemos el bien y no el mal, Dios nos libera de los problemas. Cuando nuestros corazones están quebrantados, Dios está especialmente cerca de nosotros. Cuando somos humildes, Dios nos salva. «Los justos claman, y el Señor los oye; los libra de todas sus angustias. *El Señor está cerca de los quebrantados de corazón*, y salva a los de espíritu abatido» (Salmo 34:17-18, nvi®).

El amor de Dios por ti te da seguridad. David dijo: «[Dios] escuchó mi clamor. *Me sacó de la fosa de la muerte*, del lodo y del pantano; puso mis pies sobre una roca, y me plantó en terreno firme [...] Dichoso el que pone su confianza en el Señor» (Salmo 40:1-2, 4, nvi®).

Cuando haces que Dios sea tu refugio, te rodeará y estarás escondido en Él. «*Tú eres mi refugio; tú me protegerás del peligro y me rodearás con cánticos de liberación*» (Salmo 32:7, nvi®). No importa lo que venga a tu vida como una inundación, Dios te protegerá sacándote o guiándote a través de ello. «Ciertamente en la inundación de muchas aguas no llegarán éstas a él» (Salmo 32:6, rv-60). Por eso es importante escuchar la suave voz del Espíritu de Dios que le habla a tu corazón y te dice qué hacer.

Cuando estás abrumado por los problemas, clama al Señor y di: «Escucha, SEÑOR, mi oración; llegue a ti mi clamor [...] Inclina a mí tu oído; respóndeme pronto cuando te llame [...] Mis días son como sombras nocturnas; me voy marchitando como la hierba» (Salmo 102:1-2, 11, NVI®). Dios siempre escucha las oraciones de alguien cuyo corazón es humilde, sincero y recto ante sus ojos.

Nunca lamentarás haber puesto tu confianza en Dios. David dijo del Señor que *no serán condenados los que en él confían* (Salmo 34:22, NVI®). Poner tu confianza en Dios no quiere decir exigir que Él haga lo que le pides. Es decirle el deseo de tu corazón y esperar en Él la respuesta. Me he dado cuenta de que mientras más tiempo pasas con Dios en oración, más seguro es que te responda una oración rápida cuando algo repentino ocurre y hay poco tiempo para alguna otra cosa.

Dios no te abandonará en tu vejez

Dios nunca te obligará a jubilarte. ¿No es bueno saber eso? Solo el mundo hace eso. Solo el mundo se atreve a decir: *Ya no vales después de cierta edad o de cierta fortaleza de cuerpo.* A los ojos de Dios, nunca eres de edad muy avanzada. Siempre eres valioso para Él. Nunca deja de tener un propósito para tu vida y se encargará de que lleves fruto hasta que te llame al hogar para estar con Él.

El salmista oró: *«No me rechaces cuando llegue a viejo; no me abandones cuando me falten las fuerzas»* (Salmo 71:9, NVI®). También oró: «Ahora que estoy viejo y canoso, no me abandones, oh Dios. Permíteme proclamar tu poder a esta nueva generación, tus milagros poderosos a todos los que vienen después de mí» (Salmo 71:18, NTV).

Si todavía estás respirando, Dios tiene un propósito para tu vida. Y hay gente que pondrá en tu vida que necesita escuchar la verdad y la buena noticia que le tiene Él. Y tú serás el escogido por Él a fin de llevar su mensaje y su amor.

Dios te facultará para vivir la vida que tiene para ti

Otro asunto maravilloso en cuanto a Dios es que no nos deja aquí en la tierra para que nos defendamos por nuestra cuenta.

Él no dice: «No me llames, yo te llamaré». No nos dice: «Buena suerte. Llámame si no puedes encontrar ninguna otra solución en absoluto».

En realidad, es todo lo contrario.

Una señal del gran amor de Dios por nosotros es que nos faculta para hacer lo que no podemos hacer por nuestra cuenta. Saber esa verdad nos da confianza para enfrentar las situaciones al parecer imposibles de nuestra vida.

No dejes que el mundo, el gobierno, la prensa o la gente impía te diga lo que es o no es tu futuro. *Dios* te ha dado un futuro y una esperanza. *Dios* dice que bendecirá a los que se vuelven a Él. A pesar de los problemas que vemos a nuestro alrededor, este puede ser el mejor momento de nuestra vida si visualizamos como es debido a lo que está haciendo Dios. Él le dio a José y a Egipto siete años de abundancia *antes* de siete años de hambruna. Proveyó para su pueblo en ambas épocas.

Dios proveerá para ti en cada época de tu vida también. En los tiempos difíciles, así como en los tiempos buenos. No tienes que temerle al futuro porque en la presencia del amor de Dios todo temor se evapora. Su perfecto amor por ti echará fuera todo temor en tu vida (1 Juan 4:18).

Dios dice: «Yo soy el SEÑOR y no cambio» (Malaquías 3:6, NTV). Eso quiere decir que no cambia de parecer contigo. El apóstol Pablo dijo: «Jesucristo es el mismo ayer, hoy y siempre» (Hebreos 13:8, NTV). Nada en las Escrituras dice que lo que Jesús hizo solo fue para cuando estuvo aquí. Jesús dijo: «Ciertamente les aseguro que *el que cree en mí las obras que yo hago también él las hará*, y aun las hará mayores, porque yo vuelvo al Padre» (Juan 14:12, NVI).

El mismo Espíritu Santo que obra en nuestra vida y en el mundo ahora obró en la vida milagrosa de Jesús. El Espíritu Santo es el mismo también.

Pablo oró por los efesios para que fueran «fortalecidos con poder por su Espíritu en el hombre interior» (Efesios 3:16). Quería que recibieran a Cristo en su corazón, a fin de que su Espíritu Santo viviera en ellos, y fueran «arraigados y cimentados en amor» para que pudieran comprender «*cuál sea la anchura, la longitud, la profundidad y la altura*» del amor de Dios (Efesios 3:17-18, RV-60). Quería que conocieran «el amor de Cristo que sobrepasa el conocimiento» y que fueran llenos de la plenitud de Dios (Efesios 3:19). Pablo oró para que edificaran sobre una base del amor de Dios, no solo del *conocimiento* del amor de Dios, sino de la *experiencia* de Él. Tenemos que pedir lo mismo para nosotros también.

Debido a que Dios te ama, puedes tener la paz que sobrepasa todo entendimiento. La paz de Dios siempre puede ser tuya. Jesús dijo: «La paz les dejo [...] *No dejen que su corazón se turbe y tenga miedo*» (Juan 14:27, RVC). Dijo: «Estas cosas les he hablado para que en mí tengan paz. *En el mundo tendrán aflicción; pero confíen, yo he vencido al mundo*» (Juan 16:33, RVC).

Jesús venció al mundo y ahora te faculta para que hagas lo mismo.

La vida que Dios tiene para ti es una vida fructífera.

Jesús se describió a sí mismo como la vid verdadera. Dijo que cuando lo recibimos, llegamos a ser ramas injertadas en Él. Nos advirtió que no podemos llevar fruto si no estamos muy relacionados con Él como nuestra cuerda de salvamento. Dijo: «*El que permanece en mí, y yo en él, éste lleva mucho fruto; porque separados de mí ustedes nada pueden hacer*» (Juan 15:5, RVC). Si no llevamos buen fruto en nuestra vida, es porque no estamos conectados a la vid verdadera.

Jesús también dijo: «Mi Padre es el labrador. *Toda rama que en mí no da fruto, la corta; pero toda rama que da fruto la poda para que dé más fruto todavía*» (Juan 15:1-2, NVI®). Para que una rama dé fruto, tienen que podarla. Eso significa que tienen que cortarla para que le quiten las partes muertas o improductivas y pueda llegar a ser más fuerte. Nosotros no podemos podarnos a nosotros mismos tan bien como lo puede hacer *Él*. Lo necesitamos a Él para que vea todo lo que está muerto en nosotros y que debe cortarse. Él se deshará de todo lo que impida que demos más fruto.

Si decidimos no caminar con Dios y seguir en ese camino, Él nos corta de nuestra fuente de vida. En cambio, si permanecemos conectados a Él, o si regresamos a Él arrepentidos, nuestras oraciones reciben respuesta. Jesús dijo: *«Si ustedes permanecen en mí y mis palabras permanecen en ustedes, pueden pedir lo que quieran, ¡y les será concedido!»* (Juan 15:7, NTV).

Permanecer en el Señor es la clave para la respuesta a nuestras oraciones.

Jesús te salva *de mucho*, contra *mucho*, por un propósito. Quiere que des buen fruto. Y debido a que te ama, te permitirá hacerlo.

Dios te ama más de lo que sabes. Puedes decidir abrirle tu corazón y recibirlo. Cuando lo hagas, tu vida nunca será la misma. Y te aseguro que no vas a querer que lo sea.

Oración de *Amor*

SEÑOR:

Estoy asombrado por lo que *puedes* hacer y *harás* en mí porque me amas. Ayúdame a entender la magnitud de tu alcance en mi vida. Permíteme recordar eso cuando esté en medio de una tormenta y te necesite para que traigas la calma (Salmo 107:28-29). Gracias porque puedes transformar el desierto en un estanque de aguas frescas (Salmo 107:35). Gracias porque siempre me ves y sabes dónde me encuentro. Estoy agradecido porque al invitarte a que seas el Señor de mi vida, tu mano siempre está en mí. Gracias porque como estoy contigo, tú siempre estás conmigo.

Te he hecho mi refugio en los peligros y sé que me rodearás «con cánticos de liberación» (Salmo 32:7, NVI®). Gracias porque cuando tengo miedo, puedo correr a ti y tú me libras de todos mis temores (Salmo 34:4). Solo tú puedes sacar algo bueno de las situaciones malas cuando las someto a ti. Te pido que traigas grandes cosas de todo lo que es difícil e inquietante en mi vida.

Estoy agradecido porque como tú me amas, no hay lugar en el que pueda estar y que tu Espíritu no esté conmigo (Salmo 139:8-10). Gracias porque nunca me dejarás ni me desampararás, e incluso en la vejez siempre tendré un gran propósito. Ayúdame a permanecer en ti para que siempre dé buen fruto en mi vida. Sé que sin ti no puedo hacer nada bueno ni duradero. Gracias porque debido a que me amas, me darás todo lo que necesito para vivir la vida que tienes para mí.

Te lo pido en el nombre de Jesús.

Palabras de *Amor*

*En el amor no hay temor, sino que el perfecto amor echa
fuera el temor, porque el temor lleva en sí castigo. Por lo
tanto, el que teme, no ha sido perfeccionado en el amor.*

1 Juan 4:18, rvc

*En la transgresión de sus labios se enreda el malvado, pero el
justo escapará del apuro.*

Proverbios 12:13

*De la misma manera, también el Espíritu nos ayuda
en nuestra debilidad; porque no sabemos orar como
debiéramos, pero el Espíritu mismo intercede por nosotros
con gemidos indecibles; y aquel que escudriña los corazones
sabe cuál es el sentir del Espíritu, porque Él intercede por los
santos conforme a la voluntad de Dios.*

Romanos 8:26-27

*La bendición del Señor es la que enriquece,
y Él no añade tristeza con ella.*

Proverbios 10:22

*Si lloramos por la noche,
por la mañana tendremos alegría.*

Salmo 30:5, dhh

Segunda decisión

~~~~~~

Decide
expresar tu
amor
por Dios

Ámalo sin reservas
por lo que es Él

~~~~~~

La segunda decisión importante que debes tomar, después de la primera decisión importante de *recibir* el amor de Dios, es *amar a Dios*. De manera constante. Sin dudas. Con todo lo que hay en ti. Sin cruzar los dedos. Sin meter primero la punta de los dedos de los pies en el extremo poco profundo, sino más bien entrando de lleno a la parte más profunda del mar del amor de Dios por ti.

Cuando entiendes quién es Dios y cuánto te ama, y le abres tu corazón para recibir su amor, no puedes evitar crecer en tu amor por Él. Solo sucede. Lo asombroso es que mientras más crece tu amor, más te olvidas de quién *crees* que eres y comienzas a entender quién *quiere* Él que seas. Dios quiere que lo ames tanto que camines lo bastante cerca de Él para permitir que el conocimiento de quién *es Él en realidad* defina *quién eres tú en realidad*.

Expresar tu amor por Dios implica más que solo sentirlo. Más que solo agradecérselo cuando piensas en eso. No hay nada malo con ninguna de esas cosas, pero también hay decisiones específicas que debemos tomar en cuanto a cómo vivimos y nos relacionamos con Dios.

La Biblia no solo dice cuánto nos ama Dios y lo lejos que Él ha ido para asegurarnos su amor, sino también nos dice cómo debemos *expresarle* nuestro amor y de las maneras que más le agradan.

Jesús nos instruyó para amarlo con todo nuestro ser.
Dijo: «Ama al Señor tu Dios con *todo tu corazón*, con *toda tu alma*, con *toda tu mente* y con *todas tus fuerzas*» (Marcos 12:30, DHH).

Eso quiere decir sin reservas, con todo lo que tenemos, con todos los medios posibles, sin retener nada porque nuestro jurado interno todavía no se ha pronunciado en cuanto al veredicto acerca de Él.

Jesús nos instruyó que lo amemos más que a cualquier persona o cosa.
Dijo: «El que ama a su padre o a su madre más que a mí, no es digno de mí. El que ama a su hijo o hija más que a mí, no es digno de mí» (Mateo 10:37, RVC).

Eso no significa que no amemos a nuestros familiares. Significa que nos neguemos a permitir que nuestro amor por otra persona reduzca, de alguna manera, nuestro amor a Dios. En otras palabras, no nos quedamos tan atrapados en otras personas que estamos demasiado preocupados para quedar atrapados en *Él*. Buscamos primero su reino, como Él nos pide que lo hagamos, creyendo que proveerá para los que amamos así como para nosotros, porque oramos por ellos. Eso muestra que confiamos en que Dios los cuidará, sabiendo que Él los ama más que nosotros.

Jesús nos instruyó a que lo amemos más que a las riquezas.
Dijo: «Nadie puede servir a dos señores, pues menospreciará a uno y amará al otro, o querrá mucho a uno y despreciará al otro. No se puede servir a la vez a Dios y a las riquezas» (Mateo 6:24, NVI®).

Eso significa que si amamos el dinero y las posesiones más de lo que amamos a Dios, en realidad no lo amamos a Él, porque no podemos hacer ambas cosas. Si nuestra vida solo se trata de obtener riquezas, no se trata de servir a Dios. Si se trata de amar las riquezas, no se trata de ser rico en las cosas del Señor.

Querer ganar suficiente dinero para pagar tus cuentas no significa que no ames a Dios. En cambio, entender de dónde viene en realidad el dinero para pagar las cuentas significa que reconoces la fuente de todo lo que tienes. Cuando sometes todo lo que tienes a Dios y te propones que tus posesiones lo glorifiquen a Él, el que te guía es el Espíritu de Dios y no el amor al dinero. *Él* te guía y no cualquier otra cosa.

Cómo enamorarse de alguien especial

Tenemos que conocer a Dios íntimamente para amarlo de todo corazón. Se requiere de un gran entendimiento y conocimiento de quién es Él y qué es lo que piensa de ti.

Se requiere que te enamores de Él.

Participé como oradora en una gran conferencia de mujeres una semana después del Día de las Madres y hablé acerca del amor de Dios. Les pedí a las mujeres que recordaran la manera en que se enamoraron de alguien. Cómo se sentían. Dónde querían estar. Cómo actuaban en torno al objeto de su afecto.

Yo se los describí de esta manera. Mira si te parece acertado a ti.

Cuando te enamoras, esa persona especial que amas ocupa todo tu pensamiento, tanto es así que resulta difícil enfocarte en otra cosa. Anhelas a esa persona cuando no estás a su lado, y ansías estar en su presencia otra vez. Te emocionas con todo lo que ves respecto a ella. No hay nada que no ames de ella, ¿verdad? Quieres saber todo lo que se pueda saber de esa persona, por lo que la ves a menudo con amor, buscando pistas de quién *es* y quién *llegará a ser*. Quieres rodearla con tus brazos fuertemente y no soltarla jamás. Y cada vez que abrazas a esa persona, sientes nuevas fuerzas, realización, alegría y vida fluyendo en tu ser. Estás conectada en gran medida a esa persona, a una profundidad que siempre soñaste, y tu corazón ha encontrado su hogar.

Mientras describía todo eso, me di cuenta de que cada frase describía a la perfección cómo me sentía en cuanto al regalo del Día de las Madres que acababa de recibir una semana antes. Cuando mi hijo y mi nuera me entregaron un pequeño regalo envuelto en color rosado y una moña rosada encima, quedé cautivada. Pesaba tres kilos, y en el momento que la vi, fue amor a primera vista. Mi primera nieta, con apenas unos minutos de edad, aun así tenía una manera de producir tal alegría y felicidad en mi corazón que sabía que era alguien que amaría por siempre.

¿Cómo no amarla?

Cada palabra que les dije a las mujeres en la conferencia para describir la forma en que se siente al enamorarse a la perfección describía la forma en que me sentía yo en cuanto a mi nieta. Y sabía que como estaba en mi vida, nunca volvería a ser la misma. Les dije a mi hijo y a mi nuera que no deberían pensar jamás en volverme a dar otro regalo del Día de las Madres. Ese regalo único cubriría de manera perfecta cada Día de las Madres a partir de ese momento. A menos que, por supuesto, estuvieran pensando en darme algo similar en el futuro. Cuando dije eso, con ojos vidriosos hicieron un pequeñísimo intento de esbozar una sonrisa. Fue demasiado difícil traerla al mundo como para pensar en eso. Quizá lo reconsideren en unos cuantos años, pero aunque no lo hagan, estoy bien para siempre con la manera en que están las cosas.

Los sentimientos en esa clase de amor profundo y comprometido es una manera gloriosa de sentirse. Y así es que Dios quiere que nos sintamos en cuanto a *Él*.

¡Siempre!

Por favor lee el párrafo anterior otra vez, el que describe la forma en que se siente enamorarse. Solo que esta vez piensa en las palabras en cuanto a cómo Dios quiere que *tú* te sientas en cuanto a Él.

¡Todo el tiempo!

Cómo identificas tu mayor tesoro

Jesús dijo: «*Donde esté tu tesoro, allí estará también tu corazón*» (Mateo 6:21, RVC).

No dice que no podamos tener ninguna posesión terrenal, ni que no podamos disfrutar lo que tenemos. Dice que esto no nos debe motivar de forma egoísta ni materialista. Nuestro tesoro no debe estar en lo que poseemos de manera que estemos atados a eso de una forma que nos mantenga aferrados a lo que perece, en lugar de acumular riquezas eternas en el cielo. Nuestro corazón no debe estar en nuestras posesiones, sino en lo que es la fuente de todo lo que poseemos. *Debemos identificar a Dios en nuestro corazón como nuestro mayor tesoro.*

Jesús le habló a una multitud respecto a un rico insensato que tuvo riquezas en su vida, pero que no almacenó tesoros en el cielo. Este hombre se dijo: «"¿Qué voy a hacer? No tengo dónde almacenar mi cosecha." Por fin dijo: "Ya sé lo que voy a hacer: derribaré mis graneros y construiré otros más grandes, donde pueda almacenar todo mi grano y mis bienes. Y diré: Alma mía, ya tienes bastantes cosas buenas guardadas para muchos años. Descansa, come, bebe y goza de la vida." Pero Dios le dijo: "¡Necio! Esta misma noche te van a reclamar la vida. ¿Y quién se quedará con lo que has acumulado?"» (Lucas 12:17-20, NVI®).

Jesús respondió esa pregunta y dijo: «Así es el que acumula tesoro para sí, y no es rico para con Dios» (Lucas 12:21). Él se refería a personas que estaban más preocupadas de sus posesiones que de Dios. Cuando murieran, sus posesiones no les serían útiles, pero los que usaron las que tenían para glorificar a Dios tendrían una recompensa en el cielo por la eternidad.

Jesús habló con un joven rico que le dijo que había guardado todos los mandamientos, pero que ahora se preguntaba qué más podía hacer. Jesús le respondió: «Si quieres ser perfecto, anda, vende lo que tienes y dáselo a los pobres, y tendrás un tesoro en el cielo. Después de eso, ven y sígueme» (Mateo 19:21, RVC). El joven rico se entristeció con esa respuesta porque tenía muchas posesiones y no quería renunciar a ellas.

Aunque la Biblia habla de la riqueza adquirida de una manera honesta como parte de la bendición de Dios, nuestro corazón no debe servir al dinero, sino a Él. Eso no significa que nunca tengamos nada. Significa que no ponemos nuestra seguridad en lo que tenemos. La ponemos en el Señor.

La pregunta importante: *¿Dónde está tu mayor tesoro?*

La respuesta a eso: *Donde está tu corazón.*

No podemos amar a Dios con todo nuestro corazón si nuestro corazón ama el dinero, las posesiones, la riqueza y la fortuna más que a Él.

Pídele a Dios que te muestre dónde está tu corazón. Mientras más conozcas a Dios, más estará tu corazón con *Él*. Y la evidencia de tu gran amor por Dios será que Él es tu mayor tesoro.

Tenemos que darle espacio en nuestra vida a lo que más importa. Cuando encontramos nuestro mayor tesoro y lo identificamos como tal, todo lo demás es insignificante en comparación.

Cuando supe que iba a tener una nieta, tomé la antigua habitación de mi hija (ella ya está casada ahora) y la convertí en una habitación de bebé. Cuando amas a alguien, haces lugar en tu vida para esa persona especial. Haces lo que sea necesario para agradarla y hacerle ver que la valoras, la quieres y que no es una carga. Es más, te das cuenta de que tienes energía y tiempo para tu persona especial que no pensaste que tuvieras antes de darte cuenta de quién era a quien amabas de veras.

Dios quiere que le des lugar en tu vida a *Él*. Quiere que le expreses tu amor de cualquier manera agradable a sus ojos. Él te dará la energía y el tiempo que no sabías que podías tener. Y no solo eso, te ayudará a demostrarle tu amor de maneras que no solo le agradan a Él, sino que también serán una gran bendición para ti.

Oración de *Amor*

SEÑOR:

Amo a la persona que eres y todo lo que has hecho por mí. Amo todas tus promesas para mí y todo lo que has planificado para mi futuro. Estoy eternamente agradecido por ser un heredero del reino que le has dado a todos los que te aman (Santiago 2:5). Pero más que todo eso, solo quiero amarte con todo mi *corazón, alma, mente y fuerzas*, como lo deseas tú (Marcos 12:30). Ayúdame a amarte con todo mi ser, sin obligación. Enséñame a lograrlo de cualquier manera que te agrade a ti.

No quiero ser como los fariseos que trataban de hacerlo todo a la perfección, y de manera legalista, pero que pasaban por alto la parte de amarte (Lucas 11:42). Sé que tú ves quién tiene un amor genuino por ti en su corazón y quién no (Juan 5:42). Cuando se trata de ti, no quiero que me veas jamás ofrecerte amor tibio o indiferente. Quiero ser capaz de mostrarte mi adoración y de expresar a menudo mi amor por ti de las maneras más sinceras.

Señor, tu Palabra dice que si alguien te ama, tú conoces a esa persona (1 Corintios 8:3). Quiero que me conozcas de manera muy profunda, y que yo te conozca de la misma manera también. Ayúdame para que «el amor sea la raíz y el fundamento» en mi vida, a fin de que todo lo que haga refleje mi amor por ti (Efesios 3:17, DHH). Gracias porque me amaste mucho antes de que yo aprendiera a amarte (1 Juan 4:19). Ahora amo todo acerca de ti. Permíteme caminar más cerca de ti todos los días, a fin de que pueda conocerte más.

Te lo pido en el nombre de Jesús.

Palabras de *Amor*

Dios ve no como el hombre ve, pues el hombre mira la apariencia exterior, pero el SEÑOR mira el corazón.

1 SAMUEL 16:7

Nosotros hemos llegado a saber y creer que Dios nos ama. Dios es amor. El que permanece en amor, permanece en Dios, y Dios en él.

1 JUAN 4:16, NVI®

La esperanza no desilusiona, porque el amor de Dios ha sido derramado en nuestros corazones por medio del Espíritu Santo que nos fue dado.

ROMANOS 5:5

Nosotros amamos a Dios porque él nos amó primero.

1 JUAN 4:19, NVI®

El que no ama no conoce a Dios, porque Dios es amor.

1 JUAN 4:8

9

Vive a su manera
con firmeza

En el Antiguo Testamento, una y otra vez el pueblo de Dios, los israelitas, sufrían porque no amaban a Dios lo suficiente como para hacer lo que les decía que hicieran. Perdían la visión de cómo vivir a su manera. Eso se debía a que no amaban a Dios con todo el corazón, y no buscaban su presencia. Se negaban a evitar las cosas que comprometerían su relación con Él y se permitían llegar a separarse de Él.

Lo mismo pasa con nosotros ahora. No llegamos a separarnos de Dios a menos que *decidamos* hacerlo.

Él nunca *nos* deja.

Nosotros lo dejamos a *Él.*

Lo hacemos al vivir en desobediencia a sus caminos. Nuestra indiferencia a sus leyes coloca una barrera entre nosotros y Él hasta que ya no podemos oír que le habla a nuestro corazón. Y Dios no oirá nuestras oraciones hasta que nos volvamos a Él y derribemos la barrera. «La mano del Señor no es corta para salvar, ni es sordo su oído para oír. *Son las iniquidades de ustedes las que los separan de su Dios. Son estos pecados los que lo llevan a ocultar su rostro para no escuchar*» (Isaías 59:1-2, nvi®).

No es que Él no pueda escuchar; es que *no escuchará.*

Dios no se niega a escuchar nuestras oraciones porque ya no nos ame. Lo hace porque Él nos *ama.* Si queremos que nuestras oraciones tengan respuesta, debemos sacar el pecado de nuestra vida y arrepentirnos. Esa es la situación.

El pecado es de origen demoníaco. El enemigo llega para destruirnos al guiarnos en oposición a los caminos de Dios. Es más, la rebelión está al acecho en la puerta de nuestro corazón y espera que caigamos en el engaño para que la separación de Dios pueda entrar a hurtadillas en nosotros. Al principio es sutil. A menudo, el pecado comienza como una simple semilla de un pensamiento en la mente, que es una mentira del enemigo de nuestra alma. Está diseñada para destruirnos. A medida que nuestros deseos mantienen ese pensamiento, crece hasta que guía nuestras acciones.

Muy a menudo nos enteramos de que algún líder cristiano tiene una aventura fuera de su matrimonio. Sin duda, esa persona escogió su profesión porque sintió el llamado de Dios y quería servirlo; entonces, ¿dónde se descarrió todo? En algún momento dejó entrar un pensamiento en su mente que encontró lugar para morar en su corazón, hasta que se convirtió en una acción. Y debido a la distancia que todo el pecado pone entre una persona y Dios, ya no se pudo oír el silbo apacible y delicado del Espíritu Santo a su corazón. O si se oyó, no había suficiente amor a Dios en su corazón para prestarle atención, así que lo pasó por alto.

Eso puede ocurrirle a cualquiera cuando está cegado por el orgullo, hasta el punto de que cree que sus necesidades están por encima de las leyes de Dios. No ama a Dios por encima de todo lo demás. O más o menos lo ama, pero no lo suficiente.

La Biblia dice que nuestros pecados testifican *contra nosotros* hasta que los confesamos ante Dios.

Nos separamos *nosotros mismos* de Dios por nuestros pecados, y cuando nos mentimos en cuanto a eso, también le mentimos al Señor. Nos convencemos a nosotros mismos para que creamos una mentira como: «Lo que hago no es malo». «Lo merezco». «Eso no le hace daño a nadie». «Nadie se enterará nunca». Todo comienza con un pensamiento que no surgió del amor hacia Dios y sus caminos, y termina con un corazón que no puede reconocer quién es Dios en realidad.

La manera de evitar que todo eso ocurra es amar a Dios y amar de igual manera cada parte de su Palabra.

Recuerda, Jesús es la Palabra viva.

He oído a la gente que dice que se relaciona con Jesús, pero no con Dios. O con Dios, pero no con el Espíritu Santo. Como sea, ese pensamiento no es apropiado porque Dios, Jesús y el Espíritu Santo son uno. Son inseparables. No los dividimos ni escogemos un lado. Son las tres personas del único Dios verdadero. Cuando no lo entendemos en realidad, no podemos recibir la plenitud del *amor de Dios* por nosotros, pues no comprendemos todo lo que es Dios y todo lo que hace Él. Tampoco podemos demostrar en su totalidad *nuestro amor* por Dios.

Debido a mi pasado, no me enseñaron mucho acerca de la Palabra de Dios. A decir verdad, nunca oí ese término hasta que fui adulta. Y tampoco recibí mucha instrucción acerca de la vida. Por lo que tuve que aprender muchas cosas a la fuerza.

Observé rasgos buenos y piadosos en mi papá. Por ejemplo, era amable y no malo, en contraste total con mi madre. Trabajaba duro para mantener a la familia, a pesar de una dificultad tras otra. Solo en un año, una tormenta de nieve sin precedentes mató su ganado en el invierno y una tormenta de granizo nunca antes vista destruyó sus cosechas en la primavera, y nos vimos obligados a dejar nuestro hogar, pero yo nunca lo oí quejarse. Nunca usó un lenguaje soez. No era un alcohólico violento ni usó drogas. No fue un mujeriego, ni tampoco se desvió de su hogar nunca. Me enseñó cosas buenas con su ejemplo.

Por otro lado, mi madre era irracional y violenta de manera imprevisible. Durante sus episodios de locura usaba un lenguaje tan soez que nunca he oído algo tan malo hasta el día de hoy. Por lo general, lo dirigía a mí. Ahora entiendo que eso era parte de sus enfermedades mentales, pero entonces no. Solo pensaba que de alguna manera era mi culpa, que mi existencia la provocaba a esos extremos. Y tal vez fuera así.

En lo que recuerdo, nunca fuimos a la iglesia como familia. Mi padre lo evitaba, de la misma manera que uno evitaría una enfermedad muy contagiosa y mortal. Me dijo que una vez que se fue del hogar de sus padres juró que nunca más entraría a una iglesia mientras estuviera vivo. Por lo que sé, no lo hizo.

En mi casa había una Biblia grande que, hasta donde sé, no se abrió por años. Cuando tenía unos catorce años de edad, nos mudamos a otra ciudad y mi madre se esforzó más por ser normal. Era como si hubiera intentado comenzar de nuevo. Ella y yo asistimos a una pequeña iglesia episcopal donde incluso cantamos en el coro. La vi abrir esa Biblia unas cuantas veces y leerla, aunque yo nunca me sentí tentada a hacerlo por mi cuenta. Parecía una experiencia algo positiva, hasta el día en que ella irrumpió en la sala, abrió la puerta de atrás y lanzó la Biblia en la tierra del patio. Y ese fue el fin de la Biblia y de la iglesia. Para ella todo estuvo bien hasta que se enojó con Dios. Entonces volvió a descender a su mundo oscuro y violento. Lo triste es que nunca supo que el amor y el poder de Dios pueden sanar y transformar. Eso es lo que ocurre cuando al Espíritu Santo se le deja fuera por completo de la ecuación y a Dios se le malinterpreta.

Aparte de esa breve experiencia, en realidad nunca supe lo que decía la Biblia. Si me hubieran instruido de manera específica en los caminos de Dios, podía haber evitado los terribles errores que cometí. Aunque mucho se puede aprender tanto de la observación como de la experiencia, tener aunque sea el fundamento más básico en la Palabra de Dios habría marcado toda la diferencia en mi capacidad de evitar las cosas insensatas y peligrosas que hice.

Hay muchas cosas importantes que nunca aprenderemos en ninguna otra parte más que en la Palabra de Dios. A eso se debe que cada vez que leemos o escuchamos la Palabra de Dios con un corazón dispuesto y los ojos abiertos en lo espiritual, una dinámica transformacional ocurre en el proceso.

La verdad es que nos convertimos en esclavos de quienquiera que obedezcamos. Podemos llegar a ser esclavos ya sea de nuestro propio pecado o siervos del Señor y sus caminos. Si no conocemos los caminos del Señor, ¿cuál es el resultado final?

Algunas personas creen por error que son «libres» y, por lo tanto, no están restringidas por las reglas y leyes de Dios, pero en realidad son esclavas de su propia avaricia, lujuria, obsesiones, indulgencia, egoísmo, amargura, falta de perdón, malos hábitos, apatía, ira o cualquier cosa que no sea la voluntad de Dios para su vida. La Biblia dice que éramos «*esclavos del pecado*», pero cuando recibimos al Señor, nos liberaron para llegar a ser «*siervos de la justicia*» (Romanos 6:17-18).

Nuestro amor por Dios, y la expresión de ese amor por Él, establecen un fundamento en Cristo y nos permiten llegar a ser esclavos de su justicia.

Esa es la *verdadera libertad*.

Muéstrale amor al Señor al vivir a su manera

La lectura de la Biblia es como ver en el espejo de aumento que describí en el primer capítulo. Esa es con exactitud la manera en que una lectura de la Palabra de Dios a profundidad expone las imperfecciones en nosotros. Mientras más busquemos a Dios en su Palabra, más nos muestra dónde tenemos que llegar a ser más semejantes a *Él*. Cada vez que examinamos su Palabra, no solo nos revela más de quién *es* Él, sino también nos muestra más de quiénes *somos nosotros*. Entonces, nos hace crecer para que reflejemos su naturaleza y carácter.

Si vivimos de acuerdo a su Palabra, obtenemos su favor por nuestra obediencia. «*El* SEÑOR *me ha premiado conforme a mi justicia*; conforme a la pureza de mis manos me ha recompensado. Porque *he guardado los caminos del* SEÑOR, y no me he apartado impíamente de mi Dios» (Salmo 18:20-21).

Jesús dejó claro que vivir a su manera demuestra nuestro amor por Él.

Dijo: «*El que tiene mis mandamientos, y los guarda, ése es el que me ama*; y el que me ama, será amado por mi Padre, y yo le amaré, y me manifestaré a él [...] El que me ama, mi palabra guardará; y mi Padre le amará, y *vendremos a él, y haremos morada con él*» (Juan 14:21, 23, RV-60).

Hay una clara conexión entre nuestra obediencia a la Palabra de Dios y la presencia de Él en nuestra vida. Dios el Padre, Hijo y Espíritu Santo harán su morada en nosotros cuando demostremos nuestro amor por Dios al guardar sus mandamientos.

No puede ser más claro que eso. Leemos la Biblia no solo por información, sino por revelación de Dios. Cada vez que leemos su Palabra podemos percibir su presencia. Y cuando llegamos a estar familiarizados con la voz de Dios que nos habla desde su Palabra, seremos capaces de reconocer su voz que le habla a nuestro corazón cuando *no* leemos su Palabra en algún momento.

Juan, uno de los apóstoles, dijo: «*Este es el amor de Dios: que guardemos sus mandamientos*, y sus mandamientos no son gravosos» (1 Juan 5:3). Sus mandamientos no son demasiado difíciles porque Él nos ayuda a cumplirlos cuando se lo pedimos.

Muéstrale amor a Dios al pedirle que te ayude a ser *hacedor* de su Palabra

Otro asunto grandioso que Dios hace por nosotros es que no solo nos da su guía para una vida *buena* (sus mandamientos, reglas, preceptos y leyes), sino que también nos *ayuda* a obedecerlos.

Dios nos permite vivir a su manera cuando le pedimos que lo haga.

Conoce nuestras debilidades y sabe que terminaremos haciendo las cosas que no queremos debido a ellas. Sin embargo, cuando logramos que nuestro *deseo* y nuestra *delicia* sean ser hacedores de su Palabra, Dios se agrada porque eso demuestra nuestro amor por Él.

«*Sean hacedores de la palabra y no solamente oidores* que se engañan a sí mismos. Porque *si alguien es oidor de la palabra, y no hacedor, es semejante a un hombre que mira su rostro natural en un espejo*; pues después de mirarse a sí mismo e irse, inmediatamente se olvida de qué clase de persona es» (Santiago 1:22-24, NBLH).

Hay que volver a la ilustración del espejo.

Si solo oímos la Palabra y no somos sus *hacedores*, no solo no podemos ver nuestro verdadero ser reflejado con claridad, ni podemos entender de veras quién quiso Dios que fuéramos cuando nos creó. En cambio, si miramos *a la perfecta ley, la de la libertad*» sin ser «*oidor olvidadizo, sino hacedor de la obra*», seremos bendecidos en todo lo que hagamos (Santiago 1:25, RV-60). Eso significa que podemos olvidar quiénes somos cuando solo oímos o leemos las leyes de Dios. Al cumplirlas es que nuestro conocimiento de la Palabra de Dios echa raíces y llegamos a entender cómo Él quiso que fuéramos cuando nos creó.

Las leyes de Dios despiertan nuestra conciencia. Tenemos una batalla en marcha entre nuestra nueva naturaleza y nuestra vieja naturaleza (Romanos 7:19-25). Nuestra carne quiere hacer lo que quiere, aunque nuestra mente quiera obedecer a Dios.

Jesús preguntó por qué la gente lo llamaba «Señor» y no hacía lo que les pedía que hicieran (Lucas 6:46). Es obvio que no tenemos el derecho de llamarle Señor si no vivimos a *su* manera. Nuestra rebeldía en contra de sus leyes quiere decir que en realidad Él no tiene un lugar prominente en nuestro corazón ni en nuestra vida.

Le mostramos nuestro amor a Dios al negarnos a vivir en desobediencia a Él, y también al reconocer que *no podemos* vivir a su manera sin que nos *ayude* a hacerlo.

Pablo advierte que no podemos resistirnos a la lujuria ni a la idolatría sin el poder de Dios que nos da fortaleza. Cuando se lo pedimos, Él nos permite hacer lo bueno. Pablo dijo: «*El que cree que está firme, tenga cuidado, no sea que caiga.* No les ha sobrevenido ninguna tentación que no sea común a los hombres. Fiel es Dios, que no permitirá que ustedes sean tentados más allá de lo que pueden soportar, sino que *con la tentación proveerá también la vía de escape*, a fin de que puedan resistirla» (1 Corintios 10:12-13, NBLH).

Nosotros podemos decidir obedecer, pero el poder del Espíritu Santo en nosotros es lo que nos permite hacerlo. Con su poder que obra en nosotros podemos resistir cualquier cosa.

Muéstrale amor a Dios al negarte a crear tu propio sufrimiento

En este libro, muchas veces he citado los ejemplos de la vida del rey David porque fue un verdadero ser humano falible que tenía un corazón amoroso hacia Dios y quería hacer lo debido, pero caía en la tentación de no vivir a la manera de Dios, y experimentó sufrimiento innecesario por eso. En la Biblia, hay otras personas similares también, pero no escribieron acerca de sus sentimientos ni de sus experiencias de maneras claras, profundas y narrables como lo hizo David. Cuando se arrepentía de lo que había hecho, era de manera muy sentida, y a menudo desgarradora también, y Dios lo perdonaba.

Se parecía mucho a nosotros. También nos ocasionamos sufrimiento innecesario.

Aunque quizá nunca hayamos hecho algo tan malo como David, de seguro que hemos tenido la necesidad de arrepentirnos en nuestra vida.

David reconoció que su sufrimiento era por su propia desobediencia y que se hundía en las consecuencias. «*Mis iniquidades se han agravado sobre mi cabeza*; como carga pesada se han agravado sobre mí. Hieden y supuran mis llagas, a causa de mi locura. Estoy encorvado, estoy humillado en gran manera, *ando enlutado* todo el día» (Salmo 38:4-6, RV-60). «*Mis iniquidades me han alcanzado*, y no puedo ver; son más numerosas que los cabellos de mi cabeza, *y el corazón me falla*» (Salmo 40:12, NBLH).

Una carga demasiado pesada de llevar, heridas que hieden, dolor, culpa, luto y falla en el corazón, ¿todo por pecado inconfeso? No vale la pena. Arrepintámonos tan pronto como sea posible. Pidámosle a Dios que grabe su ley en nuestro corazón como un tatuaje, a fin de que nunca más salgamos de casa sin ella.

David pensaba a menudo que Dios ya no lo veía ni lo oía por su fracaso en vivir a su manera. En cambio, Dios *sí* oía las oraciones de David por su corazón arrepentido. «Decía yo en mi premura: Cortado soy de delante de tus ojos; pero tú oíste la voz de mis ruegos cuando a ti clamaba» (Salmo 31:22, RV-60).

Dios nos ama lo suficiente como para permitirnos pasar por el fuego cuando Él quiere purificarnos. Nos permite pasar por las inundaciones que nos limpian. Nos permite sufrir cuando eso moldea nuestro corazón para su reino. «Tú nos has probado, oh Dios;

nos has refinado como se refina la plata [...] *pasamos por el fuego y por el agua, pero tú nos sacaste a un lugar de abundancia*» (Salmo 66:10, 12).

¿Cuántas veces hemos dicho también: «Dios no oye mis oraciones. Él no ve mi necesidad»? La verdad es que *sí* oye y *sí* ve, pero a veces tenemos pecados sin confesar y de los que no nos hemos arrepentido, como duda, falta de perdón, ira no resuelta, mentiras... la lista es interminable. Tenemos que pedirle a Dios que nos los muestre.

A veces no es un problema de pecado. Solo es que Dios quiere que esperemos en Él con fe las respuestas a nuestras oraciones. Por lo que tenemos que preguntarle en esas ocasiones si tal vez espera algo de *nosotros*. ¿Espera que lo obedezcamos? ¿Espera que escuchemos su dirección? ¿Espera que dejemos nuestros ídolos? ¿O está probando nuestra fe y obediencia?

David preguntó quién podría morar con Dios y luego respondió su propia pregunta al decir: «El que *anda en integridad y obra justicia, y habla verdad en su corazón*» (Salmo 15:2, NBLH). Pregúntale a Dios si siempre dices la verdad en tu corazón. La manera en que evitas que tu corazón sea engañoso es lavándolo a diario con la Palabra.

Las Escrituras dicen que Dios nos aconsejará con sus ojos puestos en nosotros (Salmo 32:8). Si nos va a aconsejar, eso significa que tenemos que buscarlo.

Eso significa también que debemos examinar su Palabra.

Muéstrale amor a Dios al pedirle que te revele lo que hay en tu corazón

Debido a que no siempre podemos ver nuestros propios pecados, tenemos que pedirle a Dios que nos los revele. «*¿Quién podrá entender sus propios errores? Líbrame de los que me son ocultos*» (Salmo 19:12, RV-60). Dios detesta el pecado y nosotros no queremos en nuestra vida algo que odia Dios. De esa manera evitamos hacer algo que nos vemos tentados a hacer.

Amamos a Dios demasiado como para permitir que suceda eso.

Le mostramos amor a Dios pidiéndole que nos deje ver algo que no debe estar en nuestro corazón. David dijo: «*Escudríñame, oh Dios, y conoce mi corazón*; pruébame y conoce mis inquietudes. *Y ve si hay en mí camino malo*, y guíame en el camino eterno» (Salmo 139:23-24). Dios le mostró a David lo que había en su corazón, tal como se lo pidió. El problema era que muy a menudo David tenía que habérselo pedido mucho antes de lo que lo hizo. Tenía que habérselo pedido la tarde que estaba en el terrado de su casa, mirando a la mujer de la casa de al lado que tomaba un baño. Es más, no tenía que haber estado allí esa tarde, para empezar. Se suponía que debía estar fuera en el campo de batalla con sus soldados en la guerra.

Cuando Dios reveló lo que había en el corazón de David, él se arrepintió y Dios lo perdonó. Aun así, tenía que haberlo hecho antes.

Podemos también pedirle a Dios que revele lo que hay en nuestro corazón mientras leemos su Palabra. Y podemos pedirle que nos ayude a liberarnos de cualquier cosa que no sea suya.

Jesús dijo: «Si ustedes permanecen en mi palabra, serán verdaderamente mis discípulos; y *conocerán la verdad, y la verdad los hará libres*» (Juan 8:31-32, RVC).

Eso no quiere decir que nos liberamos con solo *cualquier* verdad. Podemos conocer la verdad de muchas cosas y nunca liberarnos de nada. Solo conociendo la verdad *de Dios* somos libres en realidad.

Para liberarnos con la verdad de Dios debemos plantar su Palabra en nuestro corazón. La Palabra de Dios dice que debemos «*recibir con humildad la palabra sembrada* en ustedes, la cual tiene poder para salvarles la vida» (Santiago 1:21, NVI®). Si le echamos agua, nutrimos y valoramos la Palabra sembrada, crecerá con gran fortaleza, sabiduría, valor y conciencia de lo que es bueno.

Jesús también dijo: «*Si obedecen mis mandamientos, permanecerán en mi amor*; así como yo he obedecido los mandamientos de mi Padre, y permanezco en su amor. Estas cosas les he hablado, para que mi gozo esté en ustedes, y su gozo sea completo» (Juan 15:10-11, RVC).

Jesús mostró su amor por nosotros al ir a la cruz para sufrir las consecuencias de nuestros pecados. «Nadie tiene mayor amor que este, que uno ponga su vida por sus amigos» (Juan 15:13, RV-60). Tenemos que mostrar nuestro amor por Él al ir al pie de la cruz y pedirle que deje al descubierto nuestro corazón y que nos libere de cualquier cosa que impida que vivamos en la plenitud de su gozo. En efecto, no hay mayor amor.

Muéstrale amor a Dios al permitir que su Palabra te transforme

Cuando amas la Palabra de Dios, te transforma cada vez que la lees. Puedes estar ansioso por algo, pero cuando lees las Escrituras, sentirás que el amor te quita los temores. Mientras más percibas el amor de Dios, más crecerá tu amor por Él, y eso te cambia aun más.

Dedica tiempo todos los días para que la Palabra de Dios te transforme. Pídele a Él que te hable a medida que la lees. Dile que decides vivir a su manera y no en oposición a ella. Niégate a ser parte de cualquier cosa que sea cuestionable. Te darás cuenta de que creces en el Señor en la misma medida que creces en su Palabra. Sin tener tus raíces en *su verdad*, no madurarás en la verdad. Solo estarás aprendiendo hechos. No hay nada malo en eso, pero para poder ser transformado tienes que recibir más. Puedes tener conocimiento de la Palabra y que ella no influya en ti ni te transforme. Tú quieres que te *transformen* y *no solo que te informen*.

La Biblia dice que daremos fruto y floreceremos hasta la vejez a fin de que podamos declarar que el Señor es bueno y que Él es el fundamento en el que nos mantendremos firmes. «Plantados en la casa del SEÑOR, florecen en los atrios de nuestro Dios. *Aun en su vejez, darán fruto; siempre estarán vigorosos y lozanos*» (Salmo 92:13-14, NVI®).

La única manera en que podemos dar fruto en la vejez es si las semillas de la Palabra de Dios se plantan en nuestro corazón

ahora, de modo que puedan llegar a ser algo grande. Pídele a Dios que quite cualquier cosa de tu corazón que impida el crecimiento de esas semillas. Dile a Dios todos los días: «Me deleitaré en tus mandamientos, los cuales amo» (Salmo 119:47).
Luego, actúa en consecuencia.

Oración de *Amor*

SEÑOR:

Te pido que me ayudes a vivir como tú quieres, sin transigir. Enséñame tus leyes y mandamientos para que estén grabados en mi corazón. «Tu palabra es una lámpara que guía mis pies y una luz para mi camino» (Salmo 119:105, NTV). Guíame cada día en el camino que debo seguir. Tus leyes son buenas y más deseables que el oro fino, y tú tienes una gran recompensa para los que los guardan (Salmo 19:9-11). Gracias porque debido a que amo tus caminos, tú me has ungido «con óleo de alegría» (Salmo 45:7).

Amo tus leyes porque sé que son rectas e impiden que yo tropiece, y todos los que las guardan tienen mucha paz (Salmo 119:165). Sé que «todos tus mandamientos son verdad» y que han sido verdaderos e infalibles para siempre (Salmo 119:151). «Me alegro en tu palabra como alguien que descubre un gran tesoro» (Salmo 119:162, NTV). Ayúdame a sentirme de esa forma siempre. Haz que mi fe crezca a medida que leo y escucho tu Palabra (Romanos 10:17).

Amo tus caminos y *«aborrezco toda senda falsa* [...] Ríos de lágrimas brotan de mis ojos, porque tu ley no se obedece» (Salmo 119:128, 136, NVI®). Me entristece ver gente que hace caso omiso de tus leyes. Sé que te entristece aun más cuando yo hago lo mismo. Tú ves mis «pecados secretos» (Salmo 90:8), por lo que te pido que los expongas si dejo entrar en mi mente y corazón algo que no debe estar allí. Te lo confesaré para poder tener perdón y quitar cualquier separación entre tú y yo. «Tú eres mi escondite y mi escudo; en tu palabra he puesto mi esperanza» (Salmo 119:114, NVI®).

Te lo pido en el nombre de Jesús.

Palabras de *Amor*

Mucha paz tienen los que aman tu ley,
y nada los hace tropezar.

SALMO 119:165

Hijo mío, no te olvides de mi enseñanza, y tu corazón
guarde mis mandamientos, porque largura de días y años de
vida y paz te añadirán.

PROVERBIOS 3:1-2

De todo mal camino contuve mis pies, para guardar tu
palabra.

SALMO 119:101, RV-60

Dame entendimiento para que aprenda tus mandamientos.
Que los que te temen, me vean y se alegren, porque espero en
tu palabra.

SALMO 119:73-74

Si en tu ley no hallara mi regocijo, la aflicción ya habría
acabado conmigo. Jamás me olvidaré de tus mandamientos,
porque con ellos me has devuelto la vida.

SALMO 119:92-93, RVC

10

Aprende a adorarlo
con esplendidez

~~~~~~

Una de las maneras más poderosas de expresar nuestro amor por Dios es adorándolo. Es la forma más pura de adoración porque nos enfocamos por completo en Él y no en nosotros mismos. La Biblia dice: «¡Que todo lo que respira alabe al Señor!» (Salmo 150:6, NVI®). Siempre y cuando respiremos todavía en esta tierra, debemos alabarlo «por sus hechos poderosos» y «según la excelencia de su grandeza» (Salmo 150:2). En otras palabras, alabarlo *por lo que ha hecho* y *por lo que es*.

Dios no nos pide que lo adoremos porque tenga un ego que necesite que lo alimenten. Es porque quiere que lo honremos con la debida reverencia. Además, al expresarle nuestro amor, adoración y reverencia, nos abre un canal por el que nos conectamos con Él y llegamos a estar lo más cerca de Él de lo que se puede estar jamás en esta tierra.

La demostración de amor a Dios en adoración te transforma

Todos adoramos algo, ya sea que nos demos cuenta o no. Algunas personas adoran el dinero, las posesiones, a sí mismos, sus animales o su partido político. Otros hacen ídolos de su trabajo, de sus hijos, de su talento, de sus amigos, del sol, de la luna, del mar, de un deporte, de una ocupación, de la naturaleza, de la belleza, de la música, de las celebridades, de los pasatiempos o del entretenimiento. La lista es interminable. Cualquier cosa que sea, es un intento de llenar la necesidad humana de adorar algo o a alguien.

Cualquier cosa que adoremos será la mayor motivación de todo lo que hagamos y tendrá la más grande influencia en nuestra vida. La verdad es que solo hay Uno digno de nuestra adoración, y si no entendemos eso, perderemos grandes bendiciones que nunca podremos recibir de ninguna otra manera.

Nacimos para adorar a Dios. Es la forma en que Él se comparte con nosotros. A medida que lo adoramos, derrama en nosotros su amor, poder, gozo, paz y sabiduría, y en el proceso nos transforma en lo que quiso que fuéramos cuando nos creó. Llegamos a ser como lo que adoramos, por lo que mientras más adoramos a Dios, más llegamos a ser como Él (Salmo 115:4-8). Y no podemos llegar a ser todo lo que Él quiere que seamos sin que eso ocurra.

Una de las cosas más asombrosas acerca de Dios es que aunque nuestra adoración y alabanza se dirijan solo a Él, nosotros somos los que nos beneficiamos. ¿No es solo de nuestro Dios amoroso hacer que algo que se trata por completo de Él sea la clave de nuestra mayor bendición?

La expresión de nuestro amor a Dios en la adoración y la alabanza nos llena de maneras que no imaginamos, de maneras que ni siquiera sabíamos que estábamos vacíos. Eso se debe a que Él quiere darnos ciertas bendiciones que solo pueden tener lugar cuando lo alabamos. Cada vez que lo adoramos, algo cambia en nosotros, en nuestra mente, nuestras emociones, actitudes, nuestros deseos o nuestras metas.

Mientras más entiendas quién es Dios, más lo amarás. Mientras más de cerca camines con Él, más lo adorarás y más te cambiará.

Alaba a Dios sin importar lo que suceda en tu vida

El reino de Dios se invita a nuestra vida de una manera poderosa cada vez que elevamos alabanza y adoración a Dios. Nuestra adoración muestra nuestro amor por Él y abre el camino para que obre con poder en nuestra vida, nos transforme a nosotros y a nuestras situaciones imposibles. Por eso la voluntad de Dios es que le demos gracias y adoración a Él *en cada situación*. Cuando no hacemos eso, cerramos las posibilidades para cosas mayores que Dios quiere hacer en nuestra vida. La adoración incluso puede detener o revertir algo que va en la dirección equivocada.

Ha habido innumerables veces en mi vida como creyente en las que oré una y otra vez sobre un problema, alabando a Dios porque Él se preocupaba por una situación en particular y porque Él era mayor que lo que estaba enfrentando. Sin embargo, hubo una vez en la que Dios le dijo a mi corazón que yo tenía que seguir alabándolo, sin importar lo que ocurriera o no ocurriera. Tenía que confiar en que Él tenía la respuesta a lo que se necesitaba y el poder de cambiar las cosas, y su tiempo y juicio eran perfectos. Tomé esa postura de confianza en Dios hasta que por fin llegó la revelación.

La adoración establece una atmósfera en la que Dios se mueve con poder. Pasaron cosas que creía que no habrían pasado sin esa dinámica poderosa.

Dios pide adoración y alabanza a todos los que creen en Él, porque quiere que estemos rendidos a Él por completo. Y lo hace porque tiene mucho que quiere darnos y hacer en nuestra vida, y debe poder confiar en nosotros con las bendiciones que recibiremos.

«*Que te alaben, oh Dios, los pueblos*; que todos los pueblos te alaben. *La tierra dará entonces su fruto*, y Dios, *nuestro Dios, nos bendecirá*. Dios nos bendecirá, y le temerán todos los confines de la tierra» (Salmo 67:5-7, NVI®). Las bendiciones las recibe la gente que lo adora.

¿Qué padre no quiere que sus hijos le expresen amor y aprecio sin que se antojen de algo? Dios lo quiere también. Por eso es que tenemos que hacer que la adoración a Él sea una prioridad, no solo algo que podemos o no podemos recordar hacer. Tiene que llegar a ser una forma de vida.

Nos crearon para adorar a Dios, y cuando hacemos lo que Él quería que hiciéramos cuando nos *creó*, también nos desplazamos con más rapidez a otros aspectos de nuestro propósito.

El día que Dios salvó a David de sus enemigos, David adoró a Dios *antes* de la victoria y dijo: «El SEÑOR es *mi roca, mi fortaleza* y *mi salvador*, mi Dios es mi *roca*, en quien encuentro protección. Él es *mi escudo*, el poder que me salva y *mi lugar seguro*. Clamé al SEÑOR, quien es digno de alabanza, y me salvó de mis enemigos» (Salmo 18:2-3, NTV).

David no esperó la victoria, ni la respuesta a la oración, ni que todo saliera bien. Él adoró a Dios hasta que llegó la victoria. Nosotros tenemos que hacer lo mismo.

Dios quiere que lo adoremos espléndidamente. «Espléndidamente» significa darlo todo, no retener nada, ofrecer sin restricciones con ambas manos, sin escatimar el costo y dar con generosidad sin importar el precio.

Cuando adoras a Dios de esa manera, hablándole de tu amor, adoración, afecto, devoción, pasión, respeto, admiración y reverencia hacia Él, de seguro que habrá grandes cambios en ti y en tu vida.

Cuando exaltas, valoras, estimas, reverencias y glorificas al Señor por todo lo que ha hecho, te llenarás de su amor, gozo y poder, así como de compasión y amor por los demás. Todas esas cosas se impregnarán en ti como un suero que da vida. Eso determinará lo que llegarás a ser. No determina quién quiso Dios que fueras cuando te creó, sino que la persona que quiso que fueras se materializará a plenitud de una manera que no sucederá sin un corazón que lo adore con esplendidez.

La adoración siempre será tu mayor acto de amor hacia Dios. Y será por una *decisión* que tomas. Si decides no adorar ni alabar a Dios hasta que todo salga de la manera en que quieres, o hasta que tus oraciones reciban respuesta, perderás lo que Dios quiere hacer en tu vida.

Adóralo *todo el tiempo* porque Él es siempre, en cada momento del día, digno de ella. Permite que su alabanza esté continuamente en tu corazón y en tu boca. Pronto no podrás dejar de adorarlo.

Nunca hay un tiempo en el que no necesites adorarlo

Los que no adoran a Dios se olvidan pronto de todo lo que ha hecho Él.

Cuando los israelitas no adoraron a Dios, comenzaron a adorar a su manera. Dejaron de buscar su consejo. Y lo hacían incluso después que Dios realizaba muchos milagros obvios para liberarlos. Se quejaron y codiciaron otras cosas, y no agradecieron lo que les proveía Él. Entonces Dios les permitió tener lo que querían, pero hubo un enorme precio que pagar.

«*Apresuráronse, olvidáronse de sus obras; no esperaron en su consejo*. Y desearon con ansia en el desierto; y tentaron a Dios en la soledad. Y *él les dió lo que pidieron; mas envió flaqueza en sus almas*» (Salmo 106:13-15, rva).

Un alma con flaqueza y vacía nunca se satisfará ni se llenará. Nunca habrá suficiente. Siempre será desdichada.

Cada vez que adoramos a Dios con todo nuestro corazón, Él llena nuestro vacío de sí mismo. «Den gracias al Señor por su misericordia y por sus maravillas para con los hijos de los hombres. *Porque Él ha saciado al alma sedienta, y ha llenado de bienes al alma hambrienta*» (Salmo 107:8-9).

No podemos permitirnos jamás llegar a la situación en la que creemos que no necesitamos adorar a Dios. No debemos pensar siquiera por un momento que nada nos puede estremecer, que no necesitamos a Dios y que no podemos fallar. No debemos tener un falso sentido de seguridad y suponer que no necesitamos derramarnos ante el Señor en adoración y vaciarnos ante Él en humilde alabanza. Ni por un instante podemos imaginar que las reglas de Dios no se aplican a nosotros.

Eso es lo que David hizo el día que ordenó que contaran sus tropas. Escuchó las mentiras del enemigo, en lugar de mostrarle amor, adoración y agradecimiento a Dios en oración. «Satanás se levantó contra Israel y provocó a David a hacer un censo de Israel» (1 Crónicas 21:1, nblh). Así que David le dijo a su líder, Joab, que contara las tropas. Joab, en cambio, tenía el temor de Dios en él y trató de convencer a David de que no lo hiciera, pues sabía que no le agradaría al Señor.

Joab le suplicó: «¿Para qué quiere hacer esto Su Majestad? ¿Por qué ha de hacer algo que traiga la desgracia sobre Israel?»

(1 Crónicas 21:3, NVI®). Sin embargo, David no dejó que lo convenciera y contaron las tropas.

David pensaba que el número de sus soldados era lo que le daría fortaleza y seguridad. Olvidó que *Dios*, que estaba *con ellos*, era quien les daría la victoria.

Cuando David reconoció por fin su pecado en contra de Dios, «le pesó en su corazón» y se lamentó por eso (2 Samuel 24:10). Lo confesó y se arrepintió ante Dios, pero todavía tuvo que pagar las consecuencias, que fue una plaga que mató a setenta mil hombres (2 Samuel 24:15).

Todo eso ocurrió porque no adoró con humildad a Dios, lo cual habría suavizado su corazón para oír la voz de Dios, y entonces no habría escuchado la voz del enemigo.

David había sido el gran adorador espléndido, el que lo daba todo y se entregaba por completo para adorar a Dios, pero el orgullo se infiltró en su corazón. Como resultado, sufrió una reducción en el número de sus tropas, precisamente de lo que más se enorgullecía. Pagó un precio enorme, al igual que sus hombres, añadiría yo. Eso solo deja ver por qué la Biblia dice que tenemos que orar por todos los que están en autoridad sobre nosotros (1 Timoteo 2:2).

David fue restaurado por completo a Dios a causa de su corazón arrepentido. Le dijo a Dios: «Tú has cambiado mi lamento en danza; has desatado mi cilicio y me has ceñido de alegría; *para que mi alma te cante alabanzas y no esté callada.* Oh SEÑOR, Dios mío, te alabaré por siempre» (Salmo 30:11-12).

David reconoció que cuando las cosas salían bien, pensaba que no podía ser conmovido. Dijo: «En mi prosperidad dije yo: No seré jamás conmovido» (Salmo 30:6, RV-60). Este es el error que demasiados de nosotros cometemos cuando fallamos en ver de dónde viene nuestro socorro y de por qué debemos buscar siempre al Señor (Salmo 121:1-2).

Tenemos que preguntarnos si hay algo en lo que contamos que nos salvará, más de lo que confiamos en Dios. ¿Calculamos el total de las cosas para fortalecernos en lugar de calcular lo que Dios *ha hecho, hace* y *puede hacer* en nuestra vida y de agradecerle por eso? Nunca hay un tiempo en el que no necesitemos adorar a Dios. Si pensamos que lo hay, hemos escuchado la voz indebida.

Dios bendice a los que lo adoran juntos
Algo poderoso sucede cuando adoramos a Dios con otras personas. Eso no reduce la adoración que tiene lugar en nuestro corazón solo entre nosotros y Dios, sino recibimos otra bendición poderosa cuando adoramos colectivamente con otros creyentes, en unidad de espíritu y mente. Y esa bendición no llega a pasar de ninguna otra manera.

Mucho se dice en la Biblia acerca de la importancia de adorar con otros creyentes. «*Exáltenle también en la congregación del pueblo*» (Salmo 107:32). «*De ti viene mi alabanza en la gran congregación*; mis votos cumpliré delante de los que le temen» (Salmo 22:25).

David le dijo a Dios que no quería estar en «las reuniones de los malvados», sino que quería estar en la casa del Señor para «prorrumpir en cantos de alabanza para contar todas tus maravillas. *Señor, yo amo la casa en que resides, la mansión donde se posa tu gloria*» (Salmo 26:5, 7-8, RVC). «Plantado estoy en terreno firme, *y te bendigo, Señor, en las reuniones de tu pueblo*» (Salmo 26:12, RVC).

Cuando estamos en la casa del Señor, proclamando alabanza y adoración a Él, estamos en su presencia y nuestros pies están en terreno firme. Amar la casa de Dios no significa que amamos un edificio, sino que amamos donde se invita a morar a Dios y se exalta entre la gente con su alabanza y adoración. La presencia de Dios mora donde se le alaba y se le invita. En la casa de Dios podemos percibir el asombroso poder de su presencia como respuesta a nuestra adoración. Nos afecta con fortaleza, rejuvenecimiento, un sentido de claridad y propósito. Podemos oír mejor a Dios. Hay un gran avance que no puede ocurrir de otra manera.

Adorarlo de forma colectiva elevando nuestras manos a Él en adoración es un acto de rendición y humildad (Salmo 134:2). Es como decir: «Nos rendimos». Sin embargo, no nos rendimos en cuanto a Dios. Nos rendimos al dejar de intentar hacer las cosas sin Él. Nos rendimos a Él.

Cuando alabamos a Dios, su presencia mora en nosotros

Nuestra alabanza es la forma más inmediata y segura de experimentar la presencia de Dios. Aunque Dios está en todas partes, ciertas medidas y manifestaciones de su presencia solo las experimentan los que expresan su amor por Él a través de alabanza y adoración.

Dios mora en las alabanzas de su pueblo. La Biblia dice: *«Tú eres santo, estás entronizado en las alabanzas de Israel»* (Salmo 22:3, NTV). Sin embargo, Dios no solo visita en los momentos en que lo adoramos y luego se va. Él *se queda morando con nosotros.* Jesús dijo: *«Dios es Espíritu, por eso todos los que lo adoran deben hacerlo en espíritu y en verdad»* (Juan 4:24, NTV). Cuando expresamos nuestro amor por Dios con nuestra adoración, humildemente reconocemos la verdad de quién es Él y quiénes somos nosotros con relación a Él, y nos abrimos a una nueva infusión poderosa de la presencia de su Espíritu que permanece con nosotros.

Nuestra reverencia a Dios demuestra humildad. Un corazón humilde de adoración y alabanza es bello para Él. «Ustedes los justos, ¡alégrense en el Señor! ¡Hermosa es la alabanza de los hombres íntegros!» (Salmo 33:1, RVC). La belleza del Señor nos adorna cuando lo adoramos. «El SEÑOR se deleita en su pueblo; adornará de salvación a los afligidos» (Salmo 149:4).

La adoración nos adorna porque a medida que admiramos a Dios, su belleza se refleja en nosotros.

Cuando quieras estar más cerca de Dios, entra «por sus puertas con acción de gracias, y a sus atrios con alabanza», dale «gracias» y bendice «su nombre» (Salmo 100:4). Cuando alabas a Dios, Él te manifestará su poder y amor. Su poder y su amor no se desvanecen, ni tampoco lo hace su presencia, pero no podemos beneficiarnos por completo cuando no tenemos alabanza y adoración a Él en nuestro corazón. Por eso es que no solo lo alabamos una vez y ya terminamos. *No* invocamos su presencia como si fuera un genio. Lo alabamos de continuo.

Cuando lo alabamos con esplendidez, Él nos regala su presencia con esplendidez.

Oración de *Amor*

SEÑOR:

Te adoro por lo que eres y te alabo por todo lo que has hecho en mi vida. Enséñame a adorarte de manera espléndida con todo lo que hay en mí. Ayúdame a glorificar tu nombre en adoración para siempre (Salmo 86:12). Solo tu nombre es exaltado, y tu gloria «es sobre tierra y cielos» (Salmo 148:13, RV-60). Permite que tu suprema alabanza siempre esté en mi boca y una espada de dos filos en mi mano (Salmo 149:6).

Ayúdame a no contar nunca mis posesiones como lo hizo David para darle la gloria a alguien o algo que no seas tú como la fuente de todas mis bendiciones. Muéstrame cualquier lugar en mi vida en el que lo haga. No quiero que la flaqueza se infiltre en mi alma. Solo quiero la plenitud de vida y el corazón que tienes para mí. Gracias porque tú satisfaces mi alma hambrienta con lo mejor (Salmo 107:8-9, NVI®). Gracias porque «en el día que invoqué, me respondiste; me hiciste valiente con fortaleza en mi alma» (Salmo 138:3, NBLH).

Vengo ante ti con acción de gracias y te adoro solo a ti. «Tú eres mi Dios, y siempre te alabaré» y te exaltaré por encima de todo lo demás (Salmo 118:28, RVC). Te doy toda la gloria debida porque eres digno de alabanza. Te adoro en la hermosura de tu santidad (Salmo 29:2, RV-60). Proclamo que este es el día que has hecho y que me regocijaré y me alegraré en él (Salmo 118:24). «Exaltado seas sobre los cielos, oh Dios; sobre toda la tierra sea tu gloria» (Salmo 57:11, RV-60).

Te lo pido en el nombre de Jesús.

Palabras de *Amor*

¡Bendice, alma mía, al Señor!
¡Bendiga todo mi ser su santo nombre!

SALMO 103:1, RVC

Tu misericordia es mejor que la vida; por eso mis labios
te alaban. ¡Yo te bendeciré mientras tenga vida, y en tu
nombre levantaré mis manos!

SALMO 63:3-4, RVC

La hora viene, y ahora es, cuando los verdaderos adoradores
adorarán al Padre en espíritu y en verdad; porque
ciertamente a los tales el Padre busca que le adoren.

JUAN 4:23

Al SEÑOR cantaré mientras yo viva; cantaré alabanzas a mi
Dios mientras yo exista. Séale agradable mi meditación; yo
me alegraré en el SEÑOR.

SALMO 104:33-34

Bueno es dar gracias al SEÑOR, y cantar alabanzas a tu
nombre, oh Altísimo; anunciar por la mañana tu bondad, y
tu fidelidad por las noches.

SALMO 92:1-2

11

Busca maneras de confiar
por completo en Él

El amor y la confianza van de la mano.

Demostramos nuestro amor por Dios cada vez que ponemos nuestra confianza en Él de forma deliberada. No nos decepcionaremos al hacer eso *«porque Dios ha derramado su amor en nuestro corazón por el Espíritu Santo que nos ha dado»* (Romanos 5:5, NVI®).

El amor de Dios derramado por medio del Espíritu Santo que mora en nosotros, es infalible. Eso se debe a que *Él* es infalible. Su amor no es un asunto de tal vez, es posible, quizá, podría ocurrir, que va y viene. El Espíritu Santo derramado en nuestro corazón es constante.

Debido a que Dios se da a sí mismo por nosotros, de seguro que podemos confiar en Él. La búsqueda de maneras de confiar por completo en Dios no quiere decir que tengamos que buscar mucho para encontrar algo en nuestra vida que requiera fe de nuestra parte. Todo lo que hacemos que vale algo requiere de confianza en Dios. Muy a menudo nos vemos tentados a rendirnos, o a ceder, precisamente cuando deberíamos decidir qué le vamos a dar a Dios nuestra confianza total.

Vas a tener tiempos en tu vida en los que tengas que confiar en Dios en la situación en que estás. No puedes hacer nada para cambiarla, pero puedes enfermarte de la preocupación por eso, y todavía no cambiará nada, excepto que te enfermarás. Debes confiar en que Dios es la única fuente de poder que obra milagros que necesitas.

Mi nuera, Paige, tuvo sarcoma de Ewing, un grave cáncer óseo, cuando tenía once años. Estuvo en el hospital durante casi un año donde recibió quimioterapias y tuvo varias operaciones para reemplazar sus huesos dañados de la pierna y la rodilla. Debido a que muchos niños de su edad morían de esa terrible enfermedad, incluso niños que ella conoció en el hospital, fue un milagro que sobreviviera. Y no había estadísticas confiables acerca de las probabilidades de que alguna vez pudiera tener hijos. No había ninguna garantía de ningún médico en cuanto a eso.

Después de que ella y mi hijo se casaron, todos oramos una y otra vez para que pudiera quedar embarazada, y al cabo de dos años, en una historia que solo ella puede contar, quedó embarazada. Después que iniciara su embarazo, comenzó a preocuparse por no saber si todo saldría bien con ella y el bebé. Esa clase de preocupación iba más allá de lo que ella podía controlar, así que en oración llegamos a la conclusión de que la recuperación de Paige y su vida ya eran un milagro, su embarazo era un milagro y Dios no hace milagros parciales. Él hace milagros completos. No importa lo que temiéramos, íbamos a seguir orando y confiando en Él, durante todo el proceso hasta el parto, en que Paige y el bebé iban a estar perfectamente sanos y que no tendrían ninguna complicación. Y eso fue justo lo que pasó. La madre y la hija salieron sin problemas, y nosotros tuvimos paz a través del proceso.

Todos tenemos oportunidades como esta donde podemos tomar la decisión *de confiar en Dios* por completo en una situación preocupante en potencia, pero también debemos pedirle que nos enseñe a enfrentar cada preocupación con oración. En otras palabras, no salimos a caminar en medio del tráfico que se aproxima, ni saltamos de un edificio confiando en que Él nos protegerá. El mismo Jesús no hizo eso. Nosotros no le dictamos el resultado a Dios. Le preguntamos cómo debemos orar y luego confiamos en que responda a su manera y tiempo.

Hay muchas formas de decidir que vas a confiar en Dios en las situaciones en cuestión. A continuación solo algunas de ellas.

Confía en que Dios te librará del peligro

Dios nos da un lugar secreto en el cual morar que nos mantiene escondidos del peligro. «*El que habita al abrigo del Altísimo morará a la sombra del Omnipotente. Diré yo al* SEÑOR: *Refugio mío y fortaleza mía, mi Dios, en quien confío*» (Salmo 91:1-2). Podemos escondernos en el Señor y confiar en que nos protegerá. La clave aquí es habitar cada día con el Señor y permanecer bajo la sombrilla de su protección al vivir a su manera. Él se agrada cuando lo obedecemos con diligencia y confiamos a propósito en que nos protegerá.

Incluso en los tiempos difíciles, Dios te amparará porque lo has hecho tu habitación.

¿Puedes pensar en los tiempos de tu vida cuando los ángeles tuvieron que haber intervenido para protegerte? Yo recuerdo muchos tiempos de esos. Una de tales ocasiones fue durante el primer invierno después que nos mudamos de California a Tennessee. En ese entonces pensaba que la «tormenta de hielo» era una metáfora para una lluvia fría en específico. Un día me aventuré a salir por los comestibles que necesitábamos. Todavía no había aprendido que cuando el meteorólogo pronostica una tormenta de hielo, uno compra los comestibles con anticipación para un período de siete a diez días. Cuatro días después de que la tormenta parecía lo bastante disipada para mí, me aventuré. Mientras conducía, no vi un gran tramo de hielo negro. Antes de ese día, nunca había oído del «hielo negro», o si lo había oído, es probable que hubiera pensado que era alguna clase de bebida congelada de fiesta de Halloween. Después de todo, yo era de California.

Mientras conducía con lentitud por una pequeña pendiente, traté de detenerme en la intersección donde había un semáforo en rojo. Sin embargo, para mi sorpresa, y sin duda para todos los demás conductores de los alrededores, en lugar de detenerme, me deslicé justo hacia la intersección y giré en medio del denso tráfico que se desplazaba en ambas direcciones de la intersección que tenía delante. Nunca antes había experimentado la sensación de estar totalmente fuera de control en un auto. Cualquier canti-dad de autos podría haber colisionado conmigo, pero un auto en particular se dirigía directo hacia mí. Era obvio que esa persona no pudo detenerse tampoco porque el hielo negro cubría la inter-sección. Yo me preparé para el impacto y oré: «Jesús, ayúdame», la oración más corta que conozco, y el otro conductor y yo nos esquivamos por completo el uno al otro.

Estoy segura de que ese conductor se sorprendió tanto como yo porque no chocamos. A decir verdad, fue como si un ángel hubiera sacado su mano y nos mantuviera alejados como con una bolsa de aire invisible. Yo pude sentir el aire entre nosotros, o la falta de él, que empujó nuestros autos. No había ninguna otra explicación para eso.

En la Biblia, parece como si tuviéramos al menos dos ángeles asignados para protegernos porque la palabra para «ángel» es plural. Dice de Dios que «*el Señor mandará sus ángeles a ti*, para que te cuiden en todos tus caminos. Ellos te llevarán en sus brazos, y no tropezarán tus pies con ninguna piedra» (Salmo 91:11-12, RVC). A menudo, Jesús se refirió a múltiples ángeles cuando estuvo en la tierra. Creo que entre mí y el otro conductor tuvimos por lo menos cuatro ángeles. No sé si el otro conductor era creyente en el Señor o si había sido una persona que oraba, pero creo que se habría convertido en creyente en ese momento. Mi concepto de «oración eficaz» también se aclaró en ese instante.

El punto es que Dios sabe cómo protegernos del peligro, y puede hacerlo cuando lo hacemos nuestro refugio.

Confía en que Dios te quitará el temor

La Biblia dice que no tienes que vivir con temor. Esto no sig-nifica que seas tontamente intrépido. Hay cosas que debes temer, pero el temor no tiene que controlarte ni hacer que eso sea una forma de vida.

Por ejemplo, *debes* tenerle miedo a dejar la puerta de tu casa abierta toda la noche por lo que podría ocurrirte a ti y a tu fami-lia. Aun así, también puedes confiar en que Dios contestará tus oraciones continuas por protección si por accidente dejas la puerta abierta y que te dará gracia por ese error.

La Biblia dice: «No temerás el *terror* de la noche, ni la flecha que vuela de día, ni la *pestilencia* que anda en tinieblas, ni la *destrucción* que hace estragos en medio del día» (Salmo 91:5-6). Entonces, ¿no tenemos miedo cuando esa clase de amenaza nos rodea? Las amenazas de actos aterradores, de gente loca que usa armas en contra de otros, de enfermedades y plagas, y de fuerzas de la naturaleza destructoras, siempre están en nuestra mente. ¿Cómo lidiamos con esas posibles amenazas a nuestra seguridad?

David confiaba en que Dios escuchaba sus oraciones y le daba alivio a su mente, alma y cuerpo angustiados. Le dijo a Dios: «*Crece en mi corazón la angustia*; ¡líbrame de esta congoja!» (Salmo 25:17, RVC). ¿Puede ser que algunos de los problemas de nuestro corazón, y las condiciones que los ocasionan, tengan mucho que ver con la manera en que enfrentamos el estrés en nuestra vida? El estrés es una forma de miedo.

Mi esposo y yo teníamos un pequeño chihuahua de pelo largo llamado Sammy que no soportaba bien el estrés. Los truenos eran lo más traumático para su vida, el simple destello de un relámpago, incluso antes de que sonara el trueno, lo hacía temblar con tanta violencia que yo pensaba que solo su sacudimiento podría hacer que se detuviera su corazón.

Entonces, si alguien dejaba abierta la puerta del patio, salía corriendo y se dirigía por la entrada a la calle y recorría una cuadra tras ora, explorando ese mundo fascinante, y nunca miraba hacia atrás. Gracias a Dios que, en su misericordia, nosotros o algún buen vecino siempre pudo agarrarlo antes de que ocurriera un desastre.

Sammy le tenía miedo a algo que no era necesario que le temiera, pero no le temía a algo que era muy peligroso. Nunca estuvo en peligro de la tormenta, aunque no estaba convencido de eso. Sin embargo, dejaría la seguridad de su patio en un abrir y cerrar de ojos, aunque había animales en el mundo que podrían almorzárselo, y la gente en los autos ni siquiera lo verían antes de atropellarlo, por no mencionar la gente sin escrúpulos que podría robárselo.

Sammy desarrolló un problema del corazón que muchos perros de esa clase tienen en sus últimos días. Su corazón aumentó de tamaño hasta cuando tuvo como doce años. Para entonces su corazón era tan grande que le presionaba el esófago, lo que lo hacía ahogarse. Le dábamos suplementos especiales y medicinas del veterinario, pero solo podíamos retardar el progreso de crecimiento de su corazón. No podíamos detenerlo.

Cada tormenta con truenos le ocasionaba cada vez más terror, aunque no había manera de que permitiéramos que eso le hiciera daño. Yo lo abrazaba durante muchas tormentas, pero él no podía consolarse. El ruido le resultaba abrumadoramente aterrador, y nunca dejó de temblar con violencia. El médico nos dio medicinas para tranquilizarlo, pero él se debilitó tanto que no podía tomarla.

Una noche intenté abrazarlo durante una tormenta, pero duró por horas y él estaba tan enfermo que sabía que darle un tranquilizante lo mataría de seguro. Tuve que levantarme temprano y tratar de tranquilizarlo fue inútil, por lo que lo dejé quedarse en nuestro gran clóset a donde le gustaba ir durante las tormentas, porque no hay ventanas y él no podía ver los relámpagos ni oír los truenos. El clóset se comunicaba con el baño, donde dejé su tazón de agua porque jadeaba tanto y por mucho tiempo que yo sabía que tendría sed cuando terminara la tormenta.

Cuando mi esposo y yo nos despertamos en la mañana, nos dimos cuenta de que Sammy había muerto mientras dormia durante la noche, en la misma posición que siempre le gustaba acurrucarse durante las tormentas, en la esquina más lejana, donde podía alejarse de la puerta y esconderse bajo la ropa que colgaba hasta el suelo. Nos dio tanta tristeza que lloramos su pérdida durante meses. Fue un amigo cariñoso y fiel, un miembro de la familia y un jefe amenazante de nuestro servicio de seguridad.

Me pregunto cómo muchos de nosotros acortamos nuestra vida un poco cada día, al igual que Sammy, mientras corremos con precipitación hacia lo que tenemos que temerle más, pero nos aterroriza, al punto de incapacitarnos, lo que no tenemos que temer en absoluto. Adquirimos estrés que no necesitamos en nuestra vida, en lugar de llevarle nuestro estrés al Señor y dejarlo en sus manos. ¿Y cuántas veces nos desplazamos sin vacilación hacia algo que es peligroso para nosotros, sin considerar una sola vez lo que Dios piensa de eso? Sabemos que nuestro precioso Sammy no tenía ningún peligro en la tormenta, pero él nunca pudo entenderlo. Algunos de nosotros somos así también. ¿Cuántos tomamos medicina para tranquilizar nuestros temores cuando Dios quiere que confiemos en Él para que nos proteja? No digo que tomar medicinas sea malo, ni que la gente nunca debería tomar medicina para calmar sus temores, ni que debería suspender de inmediato las medicinas que está tomando. Digo que Dios quiere calmar nuestros temores y que debemos confiar en Él lo suficiente para que lo haga, aunque comience con un pequeño paso a la vez.

La Biblia dice: «Aunque caigan mil a tu lado y diez mil a tu diestra, a ti no se acercará [...] *Porque has puesto al SEÑOR, que es mi refugio, al Altísimo, por tu habitación.* No te sucederá ningún mal, ni plaga se acercará a tu morada» (Salmo 91:7, 9-10).

La clave para encontrar libertad del temor es hacer que Dios sea tu morada.

Si haces que Dios sea en quien pongas tu confianza total, le llevas todas tus preocupaciones y necesidades, caminas de cerca a su lado todos los días y lo buscas a cada momento, te dará un lugar de refugio en Él. Mientras más te acerques a Dios y a su reino, más te desplazarás hacia un refugio de la tormenta bajo la sombrilla de su protección.

Confía en que Dios escucha y responde tus oraciones

Cada vez que oras, muestras tu amor por Dios al declarar tu dependencia humilde en Él.

Jesús dijo: «Cuando ores, entra en tu aposento, y con la puerta cerrada *ora a tu Padre que está en secreto*, y tu Padre que ve en lo secreto te recompensará en público» (Mateo 6:6, RVC).

Mientras *esperamos en Dios para que responda nuestras oraciones*, Él nos saca de nuestra situación insegura y nos asienta sobre una roca. Pone un canto de alabanza en nuestra boca, y cuando la gente lo ve, se siente atraída a Él por eso. David dijo: «*Esperé pacientemente al Señor, y Él se inclinó a mí y oyó mi clamor. Me sacó del hoyo de la destrucción*, del lodo cenagoso; *asentó mis pies sobre una roca* y afirmó mis pasos. Puso en mi boca un cántico nuevo, un canto de alabanza a nuestro Dios. Muchos verán esto, y temerán y confiarán en el Señor» (Salmo 40:1-3, NBLH). *Esperar en el Señor después que oramos es otra manera en la que demostramos amor.*

En la adopción, algunos lugares eliminan el antiguo certificado de nacimiento y le dan al huérfano uno nuevo con el nombre de sus nuevos padres. Dios hace eso por nosotros también. Cuando naces de nuevo, tu nombre se escribe en el libro de la vida en el cielo. Dios se convierte en tu Padre celestial. Tienes una nueva vida. Una nueva identidad. Ya no eres el antiguo tú. Por lo que no sigas pensando de ti mismo como que tienes la misma identidad antigua.

Cuando no entendemos que con Dios ocurre un proceso mientras oramos, no tenemos paciencia para esperar por el proceso. Saltamos a conclusiones en cuanto a si Dios responde nuestras oraciones o no. Eso deja ver falta de confianza en su capacidad de hacer algo nuevo en nosotros.

No soy la misma persona que nunca recibió respuesta a sus oraciones; soy una nueva creación en Cristo. No soy la misma persona que tomó decisiones tontas; soy una persona que tiene al Espíritu de sabiduría en mí. No soy la misma persona que le salió todo mal en su vida; soy una nueva persona que sirve al Dios que puede arreglar las situaciones.

Confía en que Dios puede cambiar cualquier cosa, incluso a ti.

Esperar en Dios significa que ponemos toda nuestra fe en Él. Quiere decir que cuando oramos, confiamos en que Dios nos oye y que responderá a su manera y tiempo. Quiere decir que confiamos en Él y que no nos damos por vencidos. La Biblia dice: «Hubiera yo desmayado, si no hubiera creído que había de ver la bondad del Señor en la tierra de los vivientes. *Espera al Señor; esfuérzate y aliéntese tu corazón*. Sí, espera al Señor» (Salmo 27:13-14, NBLH).

Cuando estás atormentado con dudas en cuanto a si Dios es quien dijo ser, o si en realidad escucha tus oraciones, o si te ama lo suficiente para rescatarte y protegerte, eso revela una falta de confianza en Él. Sin embargo, cuando decides confiar siempre en Dios, te da la fortaleza en tu corazón y la capacidad de esperar en Él en el proceso.

La Biblia dice que *debido* a que amas a Dios es que te escucha cuando oras. *«Por cuanto en mí ha puesto su amor, yo también lo libraré; le pondré en alto, por cuanto ha conocido mi nombre. Me invocará, y yo le responderé; con él estaré yo en la angustia; lo libraré y le glorificaré»* (Salmo 91:14-15, RV-60).

Dios no dice que nunca tendremos problemas. Dice que estará con nosotros para darnos ánimo y protegernos cuando pasemos por dificultades *porque lo amamos Él*.

Tú expresas tu amor por Dios cuando confías en Él en todas las cosas. A Dios no le agrada que pienses que no lo necesitas, excepto en una emergencia o crisis. Muestras amor por Dios cuando reconoces tus propias debilidades y dependencia de Él. Eso le dice a Dios que no quieres tratar siquiera de pasar un día sin Él. Declarar tu dependencia en Dios, y tu amor por Él, corrige y aclara tus prioridades, no solo para Dios, sino para ti también.

Amar y confiar en Dios significa no solo orar cuando estás en una crisis, sino como forma de vida.

Cuando sucede algo malo, convéncete adrede de poner tu esperanza en que Dios sacará el bien de esto. Aparta tus ojos de la situación y confía en Él. No pierdas la esperanza, sin importar cuál parezca ser el resultado. No permitas que las burlas del enemigo te hagan dudar de la Palabra de Dios. Di: «Señor, hoy rindo mi vida a ti y todo lo que hay en ella, bueno o malo, sabiendo que sacarás lo bueno de cada situación que se te ha entregado».

Cuando ponemos nuestras expectativas en Dios, sabiendo que es *el único* de quien podemos depender siempre, y cuando confiamos en Él por completo y esperamos en que nos ayude, le mostramos nuestro amor.

Y en el proceso de expresarle nuestro amor a Dios nos transformamos.

Oración de *Amor*

SEÑOR:

Pongo mi confianza en ti. Acallo mi alma y espero que seas mi refugio, y no me permitiré que me hagan resbalar ni conmover (Salmo 62:1-2, RV-60). Revela cualquier lugar en mi corazón en el que tenga miedo de hacer eso por entero. Te ruego como lo hizo David: «Mi rey y Dios, presta atención a mi clamor, porque a ti dirijo mi oración. Oh, Señor, por la mañana escucharás mi voz; por la mañana me presentaré ante ti, y esperaré» (Salmo 5:2-3, RVC). Gracias porque escuchas mis oraciones y las responderás.

Ayúdame a confiar siempre en ti y a no enfocarme en mis problemas. Enséñame a orar «sin cesar» (1 Tesalonicenses 5:17). Mi alma espera en ti, por respuestas a mis oraciones, porque tú eres mi ayuda y mi escudo (Salmo 33:20). Sé que fortalecerás mi corazón cuando ponga mi esperanza en ti (Salmo 31:24, NTV). Sé que se puede encontrar paz en cualquier prueba cuando te invito a que estés allí. Permíteme orar y buscar esa paz en ti hasta que la haya encontrado.

Señor, gracias porque tus pensamientos hacia mí «no pueden ser enumerados» (Salmo 40:5). Estoy agradecido contigo a cada instante porque me amas. «SEÑOR, hazme conocer tus caminos; muéstrame tus sendas [...] ¡en ti pongo mi esperanza todo el día!» (Salmo 25:4-5, NVI®). Levanto mis ojos a ti porque tú eres mi ayuda, y sé que no permitirás que mi pie resbale (Salmo 121:1, 3, NVI®). Permíteme poner siempre toda mi confianza en ti, sin importar lo que ocurra.

Te lo pido en el nombre de Jesús.

Palabras de *Amor*

Tú guardas en completa paz a quien siempre piensa en ti
y pone en ti su confianza.

ISAÍAS 26:3, RVC

Confía en el Señor con todo tu corazón, y no te apoyes en tu
propio entendimiento. Reconócelo en todos tus caminos,
y Él enderezará tus sendas.

PROVERBIOS 3:5-6, NBLH

Escucha, oh SEÑOR, mi oración, y atiende a la voz de mis
súplicas. En el día de la angustia te invocaré,
porque tú me responderás.

SALMO 86:6-7

Alma mía, espera en silencio solamente en Dios,
pues de Él viene mi esperanza. Sólo Él es mi roca y mi
salvación, mi refugio, nunca seré sacudido.

SALMO 62:5-6

¿Por qué te abates, oh alma mía, y te turbas dentro de mí?
Espera en Dios; porque aún he de alabarle,
salvación mía y Dios mío.

SALMO 42:5, RV-60

12

Apóyate en su sabiduría con entusiasmo

~~~~~~

D ios es un Dios bueno que nos ama. No debemos permitir nunca que las malas cosas que ocurren en la vida nos hagan dudar eso y socavar nuestra fe en Él y en su sabiduría infinita. Cuando pasamos por tiempos difíciles, si seguimos siendo humildes ante Dios y esperamos que nos revele su propósito y plan en nuestra situación, se demuestra que confiamos en su bondad y que confiamos en su sabiduría infinita. Sin embargo, cuando nos encontramos en medio de algo grave en nuestra vida y no confiamos en Él, muy a menudo es porque no comprendemos lo sólida y confiable que es la sabiduría de Dios.

Su sabiduría es perfecta y digna de toda nuestra confianza. Eso se debe a que el Espíritu de Dios de sabiduría está en nosotros y es perfecto e infalible. Debemos aprender a confiar en Él más de lo que lo hacemos.

Debemos adoptar la sabiduría de Dios y confiar en ella en cada situación, sin importar lo que ocurra ni cuán malas se pongan las cosas.

Confía en que Dios siempre hará lo debido

En la historia de Job está claro que no siempre podemos entender lo que Dios permite o hace en nuestra vida, por lo menos no es así con nuestro propio pensamiento humano. En cambio, Él es soberano, omnisciente y todopoderoso, por lo que podemos confiar en que siempre hace lo bueno.

Algunas personas pueden ver el libro de Job como que solo trata del juicio de Dios, pero se trata de su misericordia. La misericordia y el amor de Dios son evidentes en su preservación y restauración de la vida de Job. Podrías pensar como yo lo he hecho: *Preferiría no pasar por lo mismo que Job y solo prescindir de las bendiciones posteriores*. No querría perder a mis hijos aunque tuviera más después. Sin embargo, esa historia no trata de si estaríamos dispuestos a que mataran a todos nuestros hijos y a perderlo todo. Se trata de si todavía confiaríamos en Dios y en su infinita misericordia si nuestros peores temores se tropiezan con nosotros.

Ha sido mi experiencia, y por mi conocimiento de la Palabra de Dios, que tendremos sufrimiento en nuestra vida, y es mucho mejor confiar en la sabiduría de Dios en esos tiempos que culparlo por cualquier cosa que tengamos que soportar.

El amor de Dios se puede encontrar en nuestro sufrimiento, así como en nuestras bendiciones. «Ustedes han oído hablar de la perseverancia de Job, y han visto lo que al final le dio el Señor. Es que el Señor es muy compasivo y misericordioso» (Santiago 5:11, NVI®). Dios no atacó a Job. Su amor por Job nunca fluctuó, así como su amor por *nosotros* nunca fluctúa. Tenemos que aferrarnos a esa verdad, en especial cuando estamos en el dolor más profundo de nuestra vida.

Los amigos de Job, Elifaz, Bildad y Zofar, le dijeron a Job que sufría porque había pecado. Le dijeron que la gente que peca recibe castigo, por lo que era obvio que a Job lo estaban castigando. Pensaban que las bendiciones materiales de una persona eran evidencia del favor de Dios, y que el castigo era solo para *esta* vida y no más allá de sus vidas terrenales. La respuesta de Job a estos tres amigos fue ira hacia ellos por acusarlo en lugar de consolarlo.

Job no había pecado. Dios lo dijo.

Dios dijo que Job era un «hombre intachable y recto» (Job 1:8). Eso demuestra que todos debemos tener cuidado en cuanto a cualquier juicio apresurado acerca de la razón del sufrimiento de otro creyente.

Otra persona, Eliú, le dijo a Job que Dios era más grande que el hombre, y que el hombre no tenía el derecho de cuestionarlo ni de requerir que Él explicara sus acciones. Le dijo que si somos humildes y escuchamos, Dios nos hablará. Dijo que Job tenía que confiar en Dios en su sufrimiento, sin requerir una explicación, y que debía tener una actitud humilde hacia Dios en la situación. Job *sí* tenía una actitud humilde hacia Dios. Dios lo dijo. La verdad es que, incluso a la gente buena, se le prueba. Cada uno de nosotros tiene un *defensor* y un *adversario*. Dios es nuestro *defensor*. Satanás es nuestro *adversario*. Batallamos contra nuestro adversario al permanecer con nuestro defensor en oración. El sufrimiento de Job fue idea de Satanás. Dios lo permitió (Job 2:3-6). Satanás destruyó primero las posesiones de Job y luego mató a sus hijos, pero *a pesar de eso Job adoraba a Dios.* «Job se levantó, se rasgó las vestiduras, se rasuró la cabeza, y luego *se dejó caer al suelo en actitud de adoración.* Entonces dijo: "Desnudo salí del vientre de mi madre, y desnudo he de partir. El SEÑOR ha dado; el SEÑOR ha quitado. ¡Bendito sea el nombre del SEÑOR!"» (Job 1:20-21, NVI®).

En todo lo que ocurrió, Job no pecó. Nunca le reprochó a Dios. ¡*Lo adoró!*

Entonces, Satanás atacó el cuerpo de Job con furúnculos dolorosos. *Aun así, Job siguió adorando a Dios.* En medio de su agonía, Job no culpó a Dios.

La esposa de Job le aconsejó: «¿Todavía mantienes firme tu integridad? ¡Maldice a Dios y muérete!» (Job 2:9, NVI®). Job, en cambio, le dijo: «Como habla cualquier mujer necia, has hablado. *¿Aceptaremos el bien de Dios y no aceptaremos el mal?* En todo esto Job no pecó con sus labios» (Job 2:10).

La esposa de Job carecía de entendimiento o fe en que Dios traería restauración, por lo que en lugar de consolar a su esposo ella lo provocó y le faltó al respeto. A pesar de eso, Job no maldijo a Dios como lo predijo Satanás. En lugar de eso, maldijo el día en que nació y anheló la muerte.

Job dijo: «¿Por qué dar luz a los desdichados, y vida a los amargados? Ellos desean la muerte, pero no llega» (Job 3:20-21, NTV).

Se preguntaba por qué Dios no le permitía morir como una manera de acabar con su agonía.

Entonces Job dijo palabras que todos oramos para no tener que decir: «Antes que el pan, me llegan los suspiros; mis gemidos se derraman como el agua. *Lo que más temía, me sobrevino; lo que más me asustaba, me sucedió*» (Job 3:24-25, NVI®).

La verdad para nosotros es que aunque nuestros propios temores más grandes nos asalten, y en específico lo que tememos ocurra, Dios todavía puede abrir un camino a través de eso y traernos restauración. La clave es confiar y no culpar a Dios, ni llegar a enojarnos con Él. Si confiamos en Dios, en su sabiduría que siempre hace lo adecuado, nos tocará su mano de sanidad y restauración.

Cuando por fin Dios le respondió a Job a través de un torbellino, no explicó el sufrimiento de Job, excepto para decir que no era su intención de que Job supiera el porqué. Tenía que entender que Dios se interesaba en él y en su vida, y que el sufrimiento que Dios había permitido llevó a Job al final de sí mismo para que pudiera encontrarlo todo en el Señor.

Dios reprendió a los amigos de Job, y les dijo que no le dijeron lo apropiado a Job y que tenían que arrepentirse de eso. Le dijo a Elifaz: «Estoy muy irritado contigo y con tus dos amigos porque, a diferencia de mi siervo Job, lo que ustedes han dicho de mí no es verdad» (Job 42:7, NVI®). Dios aceptó la fidelidad de Job y le dio instrucciones para que orara por Elifaz, Bildad y Zofar (Job 42:8).

Cuando Job *oró por sus desleales amigos* fue que Dios le restauró todo lo perdido, hijos e hijas, nietos y posesiones. «El SEÑOR aumentó al doble todo lo que Job había poseído» (Job 42:10). Job tuvo que orar por los que le aconsejaron mal y le ocasionaron más dolor.

Job demostró que no se alejaría de Dios en una época de adversidad, como dijo Satanás que lo haría, sino que su sufrimiento vino directamente del diablo. Antes de que comiences a preocuparte por el poder de destruir del diablo, recuerda que Jesús derrotó a Satanás y todos los poderes del infierno. Al mencionar el nombre de Jesús, y con el conocimiento de que ahora estás en Cristo, el enemigo tiene que huir. La clave es reconocer el ataque del enemigo y resistir sus mentiras y tentaciones.

Cuando acabó el sufrimiento, todos los hermanos, las hermanas y los conocidos de Job llegaron a comer con él en su casa y a consolarlo. El Señor bendijo los últimos días de Job más que los primeros, y tuvo siete hijos y tres hijas, exactamente los que perdió antes (Job 42:10-13). Job vivió ciento cuarenta años y vio hijos y nietos hasta cuatro generaciones (42:16). Dios le dio a Job una vida maravillosa y abundante de total restauración.

El amor de Dios se muestra con poder en la maravillosa historia de Job. Pensó que su vida se había acabado y ansió morir, pero Dios le tenía una vida abundante. El amor de Dios no lo hizo alejar de Dios, sino acercarse a Él, confiando en su sabiduría.

¿Podrías confiar, o he confiado yo, en Dios después de perder todos nuestros hijos, todas nuestras posesiones y nuestra salud? Sí, podríamos, pero solo si tuviéramos un amor total y confianza en el amor infalible, en la misericordia incomparable y en la sabiduría infinita de Dios. Si Dios en su sabiduría, entendimiento y conocimiento fundó la tierra y el cielo, Él puede sostenernos en medio de cualquier cosa si seguimos adorándolo y no le fallamos, lo amamos y no lo culpamos, y si nos apoyamos en su sabiduría y no en la sabiduría del mundo (Proverbios 3:19-20).

Nuestra sabiduría comienza en la reverencia a Dios

Hay dos tipos distintos de sabiduría. Están *la sabiduría del mundo* y *la sabiduría de Dios*. Siempre debemos mantener bien claro en nuestra mente la diferencia entre las dos.

La sabiduría de Dios es lo opuesto a la sabiduría del mundo. Por ejemplo, el mensaje del sufrimiento de Jesús en la cruz y su resurrección milagrosa para los incrédulos es una insensatez, pero los que somos salvos con lo que Jesús logró en la cruz, la vemos como el mismo poder de Dios (1 Corintios 1:18). Dios dice: «Destruiré la sabiduría de los sabios», pues la sabiduría de este mundo no lo conoce a Él (1 Corintios 1:19-21). Jesús es tanto *poder* de Dios *como sabiduría* de Dios, y por eso es que el mundo no lo reconoce. La sabiduría terrenal se reducirá a la nada, pero la sabiduría de Dios permanece para siempre.

No podemos depender de la sabiduría terrenal. Pablo dijo: «Que la fe de ustedes no descanse en la sabiduría de los hombres, sino en el poder de Dios» (1 Corintios 2:5, NBLH).

Cuando dependemos de la sabiduría de Dios y no en la del mundo, no podemos equivocarnos. Cada vez que buscamos a Dios y le pedimos a su Espíritu de sabiduría que nos guíe, estamos en terreno sólido. Podemos decir: «Bendeciré al SEÑOR, quien me guía; aun de noche mi corazón me enseña. Sé que el SEÑOR siempre está conmigo; no seré sacudido, porque él está aquí a mi lado» (Salmo 16:7-8, NTV).

La Biblia dice: «*El principio de la sabiduría es el temor del SEÑOR*; buen juicio demuestran quienes cumplen sus preceptos» (Salmo 111:10, NVI®). Tener reverencia a Dios es el primer paso para recibir la sabiduría de Dios que se te imparte con su Espíritu Santo que mora dentro. Eso no quiere decir que sabes todo lo que sabe Dios. Quiere decir que tienes sabiduría piadosa que no tendrías sin Él. Significa que tendrás sabiduría para confiar en la infinita sabiduría en tu vida.

La verdadera sabiduría viene de Dios. La Biblia dice: «Con la mano derecha ofrece *larga vida*; con la izquierda, *honor y riquezas. Sus caminos son placenteros y en sus senderos hay paz. Ella es árbol de vida* para quienes la abrazan; ¡*dichosos los que la retienen!*» (Proverbios 3:16-18, NVI®). La sabiduría que nos regala Dios nos da vida larga, abundancia, contentamiento, fortaleza, paz y felicidad.

Cuando tenemos sabiduría piadosa, caminamos a salvo, dormimos profundamente y vivimos sin miedo. Tenemos confianza al saber que Dios nos alejará del peligro si somos lo bastante sabios como para buscarlo para todo, lo bastante sabios como para oír su voz de sabiduría que le habla a nuestra alma, lo bastante sabios como para hacer lo adecuado. «Guarda la prudencia y la discreción

[...] *Entonces andarás con seguridad por tu camino y no tropezará tu pie.* Cuando te acuestes *no tendrás temor,* sí, te acostarás y *será dulce tu sueño»* (Proverbios 3:21, 23-24).

Ese mismo capítulo dice que cuando caminas con sabiduría, *«no temerás el pavor repentino,* ni el ataque de los impíos cuando venga, *porque el Señor será tu confianza, y guardará tu pie de ser apresado»* (versículos 25-26). ¿Con cuánta frecuencia vemos que a la gente que no buscó sabiduría de Dios antes de tomar una decisión importante le ocurre desastres? Eso no tiene que suceder.

Qué consuelo es ese de no tener que temer el terror repentino ni ataques de gente mala, porque Dios nos protegerá cuando nos apoyamos en su sabiduría y confiamos en el Espíritu de sabiduría que está en nosotros. Cuando vivimos en el temor del Señor, reverenciándolo y temiendo cómo sería la vida sin Él, moramos a salvo y con seguridad, sin tener que vivir con temor al mal (Proverbios 1:33).

Dios quiere que busques sabiduría, entendimiento y discernimiento como si buscaras un gran tesoro (Proverbios 2:1). He aquí lo que Él quiere: «Si *tu oído inclinas hacia la sabiduría* y de corazón te entregas a la inteligencia [...] comprenderás el temor del Señor y hallarás el conocimiento de Dios» (Proverbios 2:2, 5, NVI®).

Eso quiere decir que tenemos que estar entregados con entusiasmo al Señor, a fin de que no haya nada en nosotros que no esté dedicado a Dios y que Él no posea. Cuando tenemos tanto amor y reverencia a Dios que vacilamos hacer cualquier cosa que le causaría cualquier desagrado, comenzamos a entenderlo. Estamos comenzando a entender que todo se trata del temor de Dios. Es amar y reverenciarlo y apoyarse en su sabiduría infalible, tanto *hacia* nosotros como *en* nosotros.

Cuando decidimos caminar en humildad ante el Señor, su sabiduría se manifiesta en nosotros.

Oración de *Amor*

SEÑOR:

Me encanta que tu sabiduría sea eterna, verdadera y siempre perfecta. Ayúdame a buscarte y a depender de tu sabiduría todos los días. Espíritu Santo de sabiduría, lléname otra vez de tu sabiduría para que pueda oír siempre tu consejo sabio que le habla a mi corazón. Dependo de tu consejo para todas las cosas. Enséñame a valorar mis días en la tierra, para que mi corazón pueda adquirir sabiduría (Salmo 90:12, NVI®).

Sé que el consejo de las naciones nunca llega a nada, pero tú bendices a la nación que proclama que tú eres el Señor y que busca tu sabiduría, el pueblo que has escogido por tu heredad (Salmo 33:11-12, NVI®). Gracias porque tu consejo permanece para siempre (Salmo 33:11). Me entristece cómo mi país ha rechazado tu sabiduría piadosa. Te pido que nos vuelvas a ti. Solo en ti podemos encontrar la sabiduría para tomar las mejores decisiones. Sé que el hombre, en la arrogancia de su propia sabiduría, llega a la destrucción, pero confío en que tu sabiduría puede capacitarnos para sobrevivir.

Te alabo y te adoro. Y te agradezco porque tu sabiduría en mí comienza al reverenciarte. Ayúdame a siempre amarte y valorarte muy por encima de todo lo demás. Busco tu sabiduría por encima de la sabiduría terrenal, porque sé que los que hacen eso son bendecidos. No quiero ser como los que «odiaron el conocimiento, y no escogieron el temor del SEÑOR» (Proverbios 1:29). En cuanto a mí, me apoyo por completo, con entusiasmo y de manera firme en tu sabiduría, porque te amo y confío en ti.

Te lo pido en el nombre de Jesús.

Palabras de *Amor*

*El principio de la sabiduría es el temor al Señor; los necios
desprecian la sabiduría y la enseñanza.*

PROVERBIOS 1:7, RVC

*Cuando la sabiduría entre en tu corazón, y te deleites con
el conocimiento, la discreción te protegerá y la inteligencia
cuidará de ti. Te librará del mal camino.*

PROVERBIOS 2:10-12, RVC

*La boca del justo imparte sabiduría, y su lengua emite
justicia. La ley de Dios está en su corazón, y sus pies jamás
resbalan.*

SALMO 37:30-31, NVI®

*El Señor da la sabiduría; de sus labios brotan conocimiento
e inteligencia. El Señor da sabiduría a los hombres rectos, y
es el escudo de los que viven con rectitud.*

PROVERBIOS 2:6-7, RVC

*Vale más la sabiduría que las piedras preciosas, y ni lo más
deseable se le compara.*

PROVERBIOS 8:11, NVI®

13

Deja por entero el mundo del enemigo de Dios

~~~~~~

El enemigo *de Dios* es *nuestro* enemigo. Y *nuestro* enemigo es el enemigo *de Dios*.

Dios nos libra de *nuestro* enemigo cuando nos separamos de su enemigo.

Cuando le damos la bienvenida al mal en nuestra vida de cualquier manera, le damos la bienvenida al enemigo de Dios, y necesitamos el poder, la sabiduría, la dirección y la ayuda del Espíritu Santo para separarnos por completo de ese reino. Eso no quiere decir que debamos aislarnos de cualquiera que no cree lo mismo que *nosotros*. Quiere decir que no le damos al enemigo una puerta para nuestra mente y vida de ninguna manera.

Nunca se nos permite tener un pie en cada reino.

Jesús dijo: «Viene el príncipe de este mundo, y *él no tiene nada en mí*» (Juan 14:30). Eso quiere decir que debido a que Jesús no tenía pecado, Satanás no tenía autoridad en Él. Si no rendimos nada de nuestra vida al enemigo y le rendimos todo a Jesús, el enemigo tampoco tiene autoridad sobre *nosotros*.

Dios quiere que vivamos en el mundo, pero no debemos alinear nuestro corazón con el sistema del mundo. Eso se debe a que está opuesto al reino y gobierno de Dios, y a todo lo que Él es y hace. En lo que dependa de nosotros, debemos optar por permitir solo cosas buenas y gente llena de fe, que vive en la verdad de Dios, que sean las *influencias* en nuestra vida.

David dijo: «*Mis ojos estarán sobre los fieles de la tierra, para que moren conmigo*» (Salmo 101:6). Nosotros tampoco debemos pasar la mayor parte de nuestro tiempo con los que podrían influir en nosotros para tomar algunos de los caminos del enemigo. Si de alguna manera *alineamos nuestro corazón con el mal,* volverá a nosotros con alguna consecuencia negativa. En cambio, si expresamos amor por Dios al *resistir el mal* en nuestra vida, Dios será nuestro defensor.

Pídele a Dios que te libre del mal

Jesús nos enseñó a orar: «*Líbranos del mal*».

David oró: «*Líbrame, oh Señor, de los hombres malignos*; guárdame de los hombres violentos, que traman maldades en su corazón [...] que se han propuesto hacerme tropezar» (Salmo 140:1-2, 4).

Nosotros, también, debemos orar así con frecuencia: «Líbranos del mal» y «protégenos del hombre malo». Eso se debe a que el *enemigo* atacará a cada uno de nosotros. Jesús lo sabía y por eso es que nos enseñó a orar de la manera en que lo hizo. Yo siempre oro para que mis hijos sean librados del mal también, porque el enemigo tratará de seducirlos.

Demasiada gente está en negación en cuanto a si tenemos un enemigo espiritual que se nos opone. Y cosas malas ocurren en las vidas de la gente que pasan por alto al enemigo y sus tácticas, o que han decidido ser inconscientes de su existencia. Cualquiera que sea su creencia en cuanto a eso, no da resultado.

Jesús nos enseña a orar para que los planes del enemigo no tengan éxito en nuestra vida.

Mostramos nuestro amor por Dios al *orar en contra del diablo.* David oró: «*Mi oración está siempre en contra de sus malas obras*» (Salmo 141:5, NVI®). Podemos orar *por* cosas y podemos orar *en contra de* cosas. Crea el hábito de orar en contra de la intrusión del diablo en tu vida y en la vida de tus seres amados.

Jesús destruyó el poder del diablo con su muerte y resurrección. Sin embargo, el diablo todavía está allí. La Biblia nos asegura que no triunfará en nosotros, siempre y cuando lo *resistamos*. *Debemos tomar autoridad* sobre el diablo en el nombre de Jesús y *negarnos a alinearnos* con él. Dios *no dijo:* «Finjan que el diablo no existe y huirá». Dijo: «*Resistan* al diablo, y él huirá de ustedes» (Santiago 4:7, NTV). ¿Creo que un diablo está detrás de cada arbusto? No, pero creo que incontables demonios están en demasiados lugares y en demasiada gente.

El enemigo no está en todas partes, aunque algunos días puede parecer que eso sea cierto. Eso es lo que el enemigo quiere que pensemos. La verdad es que solo Dios es omnipresente. Sin embargo, el enemigo va a estar donde se le invita estar. Dios estará donde se le invita a estar también, pero con mucho más poder que el enemigo. Debemos tener cuidado con las personas, los pensamientos, las palabras y las acciones que invitamos a nuestra vida.

Debido a que Jesús nos libró del mal y su poder, eso quiere decir que el mal no tiene poder en nosotros si decidimos no aceptarlo. En las noticias vemos gente que le venden su alma al lado oscuro y reciben recompensas de atracciones mundanas, pero su futuro eterno también será con el lado oscuro.

No se nos permite olvidar ese hecho.

Debemos elegir alejarnos de cualquier *indicio* del lado oscuro y vivir en la luz con Jesús, porque nuestro futuro depende de eso.

Ama a Dios al mantener tu corazón apartado del mundo

Todos estamos en una guerra espiritual entre Dios y su enemigo, y mientras más pronto lo reconozcamos, más pronto llegaremos a ser los guerreros de oración que Dios quiere que seamos. En esta guerra espiritual, la oración es la manera en que batallamos en contra del enemigo. No obstante, primero debemos hacer una clara distinción en cuanto a qué nos alinea con el enemigo y qué no. David dijo: «Se multiplicarán las aflicciones de aquellos que han corrido tras otro dios» (Salmo 16:4). *Los que siguen al enemigo no tendrán paz.*

Le mostramos amor a Dios al separarnos de cualquier cosa que nos aparte de Él. Cuando lo hacemos, Dios nos libera del control

171

de las manos del enemigo. «*El Señor ama a los que odian el mal; protege la vida de los que le son fieles; los libra de caer en manos de malvados*» (Salmo 97:10, DHH).

Los malvados se confabulan a cada momento en contra de nosotros y hay que recordar a cada momento que debemos volvernos a Dios por ayuda a fin de ganar las batallas en las que estamos con el enemigo. Dios nos *prepara* para la batalla. Él *nos enseña cómo* hacer la batalla en contra del enemigo. *Nos libra* de nuestro enemigo. Y *nos da la victoria.*

Dios no quiere que solo resistamos al enemigo, que solo tratemos de defendernos en contra de los planes del mal. Quiere que vayamos a la *ofensiva* y que oremos por la destrucción de los planes del enemigo antes de que siquiera intente llevarlos a cabo.

David dijo: «Dios me arma de fuerza y hace perfecto mi camino [...] Perseguí a mis enemigos y los alcancé; no me detuve hasta verlos vencidos» (Salmo 18:32, 37, NTV). *Dios nos arma y nos ayuda en la batalla al capacitarnos para hacer lo que no podemos hacer sin Él.*

Dios nos protege de nuestro enemigo, y *nos enseña* a orar a través de los ataques en contra de nosotros y a no rendirnos hasta que se derrote a nuestro enemigo. Aunque nuestro enemigo nos rodee, podemos invocar al Señor y solo su nombre nos librará.

Debemos apartarnos de los que rechazan a Dios y sus caminos. El salmista dijo: «Demasiado tiempo ha morado mi alma con los que odian la paz» (Salmo 120:6).

El enemigo se disfraza a menudo, incluso como una clase de casi creyente. Así es que se forman las sectas. Sus creencias parecen *algo buenas*, o *buenas en su mayoría*, o que *podrían ser buenas*. Y apelan a los que quieren ser los *más rectos* que cualquiera. Ten sospechas de cualquier grupo que prometa que solo él tiene una revelación especial de Dios que nadie más tiene, o que solo él tiene la revelación verdadera de Dios. Las sectas se desarrollan y establecen en esa clase de afirmaciones, y la gente en ellas llega a estar ciega a la verdad.

A todos se nos puede atraer al mundo del enemigo de esa manera si no somos diligentes para guardar nuestro corazón limpio ante el Señor. Recuerda: *«Engañoso es el corazón más que todas las cosas»* (Jeremías 17:9, RV-60). Dios dijo que Él escudriña nuestro corazón, prueba nuestra mente y nos recompensa de acuerdo a lo que encuentra (Jeremías 17:10). Están los que *fingen* ser buenos, o *creen* que son buenos, pero que *no* lo son, y Dios sabe la verdad de eso.

A veces Dios nos prueba para ver si nos uniremos a los malos cuando parece que están ganando. Por ejemplo, cuando la gente que nos rodea que sirve al mal es la popular, ¿abandonaremos a Dios y nos alinearemos con ella? Nunca debemos ser débiles para resistir al enemigo. Cada vez que nos enfrentemos con una opción, debemos elegir la buena. Y cada día nuestras elecciones deben ser claras. «El SEÑOR prueba al justo y al impío, y su alma aborrece al que ama la violencia» (Salmo 11:5).

Dios prueba a los que ama. Nosotros le mostramos amor a Dios al pasar cada prueba.

Cuando hacemos lo que dice la Biblia y amamos al Señor con todo nuestro corazón, con toda nuestra alma y con todas nuestras fuerzas, no caemos ante la atracción del enemigo y pasaremos la prueba de si lo resistimos o no (Deuteronomio 6:5).

Tenemos una opción cada día en cuanto a qué o a quién levantaremos nuestra alma. ¿Será a un ídolo o al Señor? David dijo: «A ti, oh SEÑOR, elevo mi alma. Dios mío, en ti confío; *no sea yo avergonzado, que no se regocijen sobre mí mis enemigos»* (Salmo 25:1-2). Cuando levantamos nuestra alma a cualquier forma de ídolo, nuestro enemigo siempre se regocija.

Amar a Dios quiere decir separarnos del sistema de valores del mundo y en lugar de eso, valorar las cosas de Dios por encima de todo lo demás. Significa escuchar la voz de Dios por encima de todas las demás voces, incluso la voz de nuestro propio interés.

Pídele a Dios con frecuencia que te muestre si hay algún ídolo en tu vida al que le hayas levantado tu alma. Podrías sorprenderte con lo que te dejará ver. Incluso, juzgarnos a nosotros mismos con la imagen del mundo de cómo nos deberíamos ver o actuar puede llegar a ser un ídolo para nosotros.

La Biblia dice que no debemos darle «lugar al diablo» (Efesios 4:27, RVC). Por ejemplo, si de veras amamos a Dios, no veremos cosas impías y que se oponen a sus caminos. Cuando lo hacemos, eso lastima *nuestro espíritu* y entristece *al suyo*. Si llenamos nuestros pensamientos con las cosas de Dios, no permitiremos que entre el diablo. David dijo: «*No pondré cosa indigna delante de mis ojos*; aborrezco la obra de los que se desvían; no se aferrará a mí. *El corazón perverso se alejará de mí*; no conoceré maldad» (Salmo 101:3-4). Debemos aprender a decir lo mismo.

Aunque en cierto momento David se permitió pensar y ver lo que era malo, eso lo afectó de manera tan dolorosa que se arrepintió ante Dios y pagó un enorme precio por su falta de juicio.

Tenemos que hacer un esfuerzo consciente y continuo para alejarnos de todo el mal y hacer lo bueno. Pídele a Dios que te muestre si hay cualquier cosa en tu vida con la que hayas alineado tu corazón y de la que necesites apartarte. Hay gran libertad y alivio cuando lo haces.

Dios nunca nos quita el derecho de tomar malas decisiones. Tenemos que decidir cambiar la forma de vivir nuestra vida de acuerdo a nuestras propias condiciones a vivir la vida de acuerdo a las suyas.

No te abrumes cuando prospere el mal

Todos vemos que el mal prolifera en el mundo todos los días. Y justo cuando creemos que lo hemos visto todo, algo aun más inimaginablemente terrible sucede. Observamos a la gente cruel que se beneficia de las malas obras y nos preguntamos: *¿Cuánto tiempo reinará y se beneficiará el mal?*

David vio que lo mismo ocurría en su época y dijo: «*No te inquietes a causa de los malvados ni tengas envidia de los que hacen lo malo.* Pues como la hierba, pronto se desvanecen; como las flores de primavera, pronto se marchitan» (Salmo 37:1-2, NTV). ¿No es consolador saber que habrá un final al mal que vemos? Por eso es que nunca debemos codiciar sus ganancias.

Nos preguntamos por qué los malos florecen, pero la Biblia dice que es para que sean destruidos para siempre (Salmo 92:7). Dios les da la oportunidad de volverse hacia Él, pero al negarse, su posición es clara. Los enemigos de Dios *serán* destruidos porque Él es todopoderoso. No se burlarán de Él, pues siempre tiene la última palabra (Salmo 92:8-9).

En lugar de inquietarnos por el mal, he aquí algunas cosas que podemos hacer mientras tanto, hasta que llegue la destrucción a los que hacen el mal:

> «*Confía en el SEÑOR, y haz el bien;* habita en la tierra, y cultiva la fidelidad» (Salmo 37:3).
>
> «*Deléitate en el SEÑOR,* y él te concederá los deseos de tu corazón» (Salmo 37:4, NVI®).
>
> «*Encomienda al Señor tu camino*; confía en él, y él actuará. Hará que tu justicia resplandezca como el alba; tu justa causa, como el sol de mediodía» (Salmo 37:5-6, NVI®).
>
> «*Confía callado en el SEÑOR y espérale con paciencia*; no te irrites a causa del que prospera en su camino, por el hombre que lleva a cabo sus intrigas» (Salmo 37:7).
>
> «*Refrena tu enojo, abandona la ira*; no te irrites, pues esto conduce al mal» (Salmo 37:8, NVI®).

Es fácil permitir que nos abrumemos por lo que el mal prospera ahora, pero si decidimos más bien confiar en el Señor, hacer el bien y deleitarnos en Él, encomendarle nuestra vida, guardar silencio y esperar pacientemente y no dejar que nos consumamos de la ira, viviremos con nuestra mente, nuestras emociones, nuestros pensamientos más profundos y nuestro ser espiritual enfocados por completo en Él y en amarlo con todo nuestro corazón.

Nuestra ira no produce la justicia de Dios; solo lo hace nuestro amor.

En estos días que se ponen cada vez más malos, acércate aun más a Dios. Proclámalo como tu Señor y Maestro. Reconoce todo el bien en tu vida y en tu mundo que no existiría sin Él. Di: «Mi SEÑOR eres tú. Fuera de ti, no poseo bien alguno» (Salmo 16:2, NVI®). Disfruta al pueblo de Dios. «En cuanto a los santos que están en la tierra, ellos son los nobles en quienes está toda mi delicia» (Salmo 16:3). No envidies lo que adquiere la gente. «Es mejor ser justo y tener poco que ser malvado y rico» (Salmo 37:16, NTV). Tú tienes cosas más importantes que hacer.

Dios te ha librado del temor del enemigo

Una de las razones por las que tenemos un enemigo es *porque* somos del Señor. Por eso es que no podemos solo pedirle al Señor que nos libre de los planes del enemigo, sino también que nos guarde hasta del *temor* del enemigo. David oró: *«Guarda mi vida del terror del enemigo. Escóndeme de los planes secretos de los malhechores»* (Salmo 64:1-2).

David sabía quién estaba de su lado. Dijo: «Si el SEÑOR no hubiera estado a nuestro favor cuando los hombres se levantaron contra nosotros, vivos nos hubieran tragado entonces cuando su ira se encendió contra nosotros; entonces las aguas nos hubieran anegado, *un torrente hubiera pasado sobre nuestra alma»* (Salmo 124:2-4).

Tienes que saber quién está a tu lado también. El temor del enemigo nunca debería abrumar tu alma.

Recuerda esto: Dios es todopoderoso. Él no puede crear algo más poderoso que Él mismo. Es imposible. Que no te engañen las preguntas tontas acerca de esas cosas que hace la gente que quiere hacer ver como tontos a los cristianos. El enemigo ni se acerca a ser tan poderoso como Dios y nunca lo será. El poder del enemigo llega solo por la gente que cree sus mentiras y no la *verdad de Dios.*

Debido a que amamos a Dios, decidimos servirlo a Él y no al enemigo. David dijo: «El SEÑOR es mi luz y mi salvación; ¿a quién temeré? *El SEÑOR es la fortaleza de mi vida; ¿de quién tendré temor?* [...] *Aunque un ejército acampe contra mí, no temerá mi corazón;*

aunque en mi contra se levante guerra, a pesar de ello, estaré confiado» (Salmo 27:1, 3).

David sabía que Dios lo escondería y lo protegería.

El enemigo siempre tratará de detener todo lo que el Señor quiere hacer en tu vida. No tengas miedo. Escóndete en el Señor en oración, en adoración y en su Palabra. Si el ataque es grande, de seguro que tu bendición al otro lado de ella será grande también. Los desafíos que enfrentes al desplazarte hacia la tierra prometida a donde te guía Dios, obrarán la fe y fortaleza para que prosperes en ella. Nuestros momentos más débiles pueden preceder a la gran obra de Dios en nuestra vida.

Esos tiempos del ataque del enemigo solo aumentarán tu confianza en el Señor y la paz que te da Él.

Dios te protegerá de los generadores del mal

Jesús triunfó sobre el enemigo. Ahora bien, el poder en ti es mayor que el poder del mal.

Sí, ha habido cosas malas hechas por personas que se dicen cristianas, como el Holocausto y la esclavitud, pero no eran cristianas. No eran personas que habían recibido a Jesús y todo lo que Él hizo en la cruz, ni estaban llenas del Espíritu de sabiduría, consuelo y amor que Jesús les da a los que le aman. No amaban a Dios sobre todas las cosas ni buscaban su dirección todos los días.

¡Ni siquiera se acercaron a eso!

Las personas que hicieron esas cosas no estaban facultadas ni se movían por el poder de Dios. La fragancia y belleza del Señor no estaba en ellas. Eran amantes de sí mismas y generadoras del mal. Le vendieron su corazón y sus caminos al enemigo de Dios y sirvieron al enemigo y a sí mismas por completo. No hay excusa ni justificación para eso que siquiera se alinee remotamente con Dios de alguna manera. Es una oposición rotunda y brutal de todo lo que es Dios. Lo que hicieron es feo y tiene el hedor del mal.

La gente piadosa está motivada por el amor de Dios en lo que hace. La gente mala se revela a sí misma por su falta de amor.

Siempre puedes diferenciar a la gente que está parada en un cimiento de paja en sus creencias, los que han dejado a Dios en sus «religiones», por la forma en que atacan a Dios, a Jesús y al Espíritu Santo. Denigran a los creyentes, se burlan de Dios y vuelcan todos sus esfuerzos a destruir el nombre de Dios y a su pueblo. No todas las religiones son iguales. No puedes abultarlas todas juntas y decir que todas son malas ni que todas son buenas. Esto revela la inmensa ignorancia de los que lo hacen. Sin embargo, puedes mirar a tu alrededor, y si ves que una persona, o un grupo de personas, tratan de destruir a los que no creen igual que ellos, entenderás que están en un terreno inestable en su sistema de fe. Lo saben, y por eso es que tienen que destruir a los que no están de su lado. Ves eso en la crueldad de los dictadores y líderes de religiones falsas.

Examina a los que destruyen todo el conocimiento de Dios. Cuando identificas a las personas que hacen eso, siempre son impías. Sirven al mal y al reino de las tinieblas.

La gente que sirve al lado oscuro tiene que eliminar a los que sirven en la luz. Cuando ves gente que trata de eliminar a alguien que no está de acuerdo o que se le opone, esa es una señal de que sirve al lado oscuro y malo, y que proporciona una mentira para su propio beneficio. Cree que para poder tener autoridad y prevalecer, debe eliminar la verdad.

Así como la ley de la gravedad es verdadera en todas partes, las leyes de Dios también. Dios estableció las leyes naturales, y sus leyes son verdaderas en cada país y pueblo. Siempre es indebido violar cualquiera de sus leyes y mandamientos porque las consecuencias forman parte de ellas. Si ves a un pueblo que rechaza las leyes de Dios como se declaran en la Biblia, no es de Dios.

Dios te creó con una voluntad, y tienes que tomar decisiones en cuanto a quién servirás y a quién no. Ya sea que lo creas o no, servirás a las fuerzas oscuras del mal si de forma deliberada y activa no sirves al Señor. No creer en el Señor te pone en una bruma de incredulidad. No ves nada claro. Influye en ti la voz más fuerte que desafía a Dios.

En cambio, si amas y sirves a Dios, y expresas tu amor por Él al apartarte de todo el mal y resistes el avance del mal con oración y acción, estás protegido. No tienes que temer que el enemigo te compre de ninguna manera cuando ya estás rendido a Cristo.

Oración de *Amor*

SEÑOR:

Ayúdame a expresar mi amor por ti al apartarme por completo de cualquier cosa que no sea agradable a tus ojos. Si el enemigo de mi alma tiene algo en mí, revélamelo ahora para que pueda liberarme de cualquier influencia que pueda tener. Si de cualquier manera he adherido mi corazón o mis pensamientos a sus caminos, o si me he alejado de tu reino, muéstramelo para que pueda arrepentirme de eso y regresar a ti y a tu cobertura protectora.

Permíteme permanecer fuerte al resistir al enemigo para que huya de mí. No confiaré en ninguna persona para que sea mi salvadora, «pues de nada sirve la ayuda humana» (Salmo 108:12, NVI®). En contra del enemigo, nadie puede hacer lo que haces tú. Por eso es que mis ojos siempre están en ti (Salmo 25:15, NTV). Gracias, Jesús, porque tú derrotaste al enemigo y lo pusiste debajo de tus pies. Ayúdame a tomar el escudo de la fe en ti, que me protege del ataque del enemigo (Efesios 6:16, RVC). «Por tu justicia, saca mi alma de la angustia. Y por tu misericordia, extirpa a mis enemigos, y destruye a todos los que afligen mi alma; pues yo soy tu siervo» (Salmo 143:11-12).

Ayúdame a resistir toda tentación para vivir como los que sirven al enemigo. Cuando sea tentado, te adoraré porque la alabanza te invita de una manera poderosa y el enemigo odia eso. Gracias porque estás a mi favor y no tengo que temer lo que me pueda hacer el hombre (Salmo 118:6). Gracias porque tus mandamientos me «hacen más sabio que mis enemigos» (Salmo 119:98, NTV). Gracias porque no prosperará ninguna arma que el enemigo forje contra mí (Isaías 54:17).

Te lo pido en el nombre de Jesús.

Palabras de *Amor*

Ciertamente el enemigo vendrá como un río caudaloso, pero
el espíritu del Señor desplegará su bandera contra él.

Isaías 59:19, RVC

En esto sabré que te he agradado: en que mi enemigo no
triunfe sobre mí. Por mi integridad habrás de sostenerme, y
en tu presencia me mantendrás para siempre.

Salmo 41:11-12, NVI®

Porque todo lo que es nacido de Dios vence al mundo; y esta
es la victoria que ha vencido al mundo: nuestra fe.
¿Y quién es el que vence al mundo, sino el que
cree que Jesús es el Hijo de Dios?

1 Juan 5:4-5

Dentro de poco no habrá malvados [...] Pero los humildes
heredarán la tierra y disfrutarán de completa paz.

Salmo 37:10-11, DHH

Mis enemigos emprenderán la retirada cuando yo clame a ti
por ayuda. Una cosa sé: ¡Dios está de mi lado!

Salmo 56:9, NTV

14

Anhela su voluntad y su presencia a cada instante

〰〰〰〰〰〰〰〰〰〰〰〰〰〰〰〰〰〰〰〰〰〰〰〰〰〰〰〰

Algo le ocurre a nuestra mente, alma y espíritu cuando llegamos al punto en el que no solo anhelamos un nivel más profundo de relación con Dios, sino que sabemos que no podemos vivir sin esto. Al final, nos damos cuenta de que solo Él puede llenar el vacío en nosotros y no queremos perder más de nuestro tiempo buscando en otros lugares. Llegamos al final de nosotros mismos y no queremos vivir ni un momento fuera de su voluntad. Ya lo hemos intentado y nos ha demostrado que no da resultado.

Una vez que tomamos esa importante decisión de profundizar más en el Señor y que no hay vuelta atrás, nuestra vida nunca volverá a ser la misma. Sabemos demasiado como para cuestionar su absoluta importancia en nuestra vida.

En este momento hay dos cosas que debes tener:

1. El conocimiento de que vives en el centro de la voluntad de Dios.
2. La percepción de que estás en su presencia.

Tener ese conocimiento y percepción cada día es como comida para tu alma. Te alimenta con una plenitud que solo te puede dar Él. Cuando amamos a Dios lo suficiente como para querer de continuo su presencia y perfecta voluntad en nuestra vida, es porque entendemos que si no las tenemos, no estamos tan cerca de Él como podemos estarlo.

Mostramos el amor por Dios al anhelar estar en su perfecta voluntad

La vida es corta. Para siempre es mucho tiempo. Por eso es que no debemos desear nada más allá de la voluntad de Dios para nosotros. Y tampoco debemos conformarnos con nada menos. Dios es un Dios que se puede conocer. Eso quiere decir que su *voluntad* se puede conocer también. Jesús dijo: «Mi comida es hacer la voluntad del que me envió» (Juan 4:34). Al igual que Jesús, tenemos que anhelar que la voluntad de Dios se haga en nuestra vida, así como anhelamos la comida. Nuestro amor por Dios se demuestra con nuestro *deseo* de vivir en su voluntad, y sabiendo que hacer su voluntad es más satisfactorio que cualquier otra cosa.

Mostramos amor por Dios al buscarlo por dirección y no presumiendo que sabemos cuál es su voluntad en cuanto a ciertos detalles de nuestra vida. Todos sabemos por su Palabra que Él no quiere que mintamos, robemos o cometamos asesinato. Eso es cierto para todos. Sin embargo, ¿quiere que renunciemos a nuestro trabajo y que nos mudemos a Tennessee? Es posible que quiera que *tú* lo hagas, pero esa no puede ser la voluntad para todos los demás. Debes saber su voluntad en cuanto a eso para ti.

Cuando necesitas conocer en específico la voluntad de Dios para tu vida, la única manera de entenderla es orando, orando, orando. Y luego ora con otras personas cuyo caminar con Dios sea profundo y verdadero, que aman a Dios más que cualquier otra cosa. Cuando no vivimos en la voluntad de Dios, o nos hemos apartado de ella, no se trata tanto de que Dios nos tire de un golpe como castigo, sino que hemos perdido las bendiciones que eran nuestras si estuviéramos *en* su voluntad. Vivir fuera de los límites de la voluntad de Dios al no vivir de una manera que le agrade a Él, nos expone a las mismas consecuencias que queremos evitar.

Por eso es que debemos acercarnos a Dios y procurar saber su voluntad todos los días. Debemos buscarla en su Palabra y tenemos que orar por ella.

Muy a menudo la gente espera para buscar la voluntad de Dios hasta que sucede algo terrible, como una tragedia o calamidad. O puede requerir de una dificultad severa para despertarnos al hecho de que nos hemos deslizado de la voluntad perfecta de Dios, donde estuvimos alguna vez. Hemos dejado que nuestro corazón llegue a ser débil, insípido, tímido, tóxico, variable o indiferente para con Dios. No obstante, debido a que Él es misericordioso y nos ama, en el momento en que regresamos de nuestra huida caprichosa y lo buscamos con un corazón arrepentido y humilde de verdad, nos perdona y nos recibe de vuelta bajo la sombrilla protectora de su perfecta voluntad.

No podemos presumir conocer la voluntad de Dios en todas las cosas sin preguntárselo.

La presunción es tener una actitud hacia algo que no es exacto. Es fracasar en oír la Palabra de Dios porque crees que ya sabes cuál será su dirección, pero no tienes razón. La presunción nos lleva a la falsa confianza porque creemos que algo que no existe en realidad es cierto. Confiamos en que algo es la voluntad de Dios cuando no lo es en realidad.

Cuando Jerusalén cayó ante su enemigo, a muchos de los israelitas los llevaron cautivos. Los que se quedaron le pidieron a Jeremías que orara para que tuvieran una orientación clara en cuanto a si debían ir a Egipto o quedarse donde estaban.

Jeremías dijo: «Voy a orar al Señor su Dios conforme a sus palabras, y todas las palabras que el Señor les responda, yo se las declararé. No les ocultaré palabra alguna» (Jeremías 42:4, NBLH). Entonces, aunque Jeremías tenía el favor de Dios, todavía tardó diez días para recibir su respuesta, que era que debían quedarse en Jerusalén.

Sin embargo, los israelitas ya habían resuelto ir a Egipto sin importar nada. Presumieron de conocer la voluntad de Dios o no les importó cuál sería la voluntad de Dios para ellos. De cualquier manera, fue una decisión terrible.

Debido a que no esperaron la orientación *de Dios*, el pueblo fue destruido. Se dice de Jerusalén que «*no consideró su futuro,*

y ha caído de manera sorprendente; no hay quien la consuele»
(Lamentaciones 1:9).

Esa gente no consideró su futuro porque no les importó lo que
quería Dios. Quería lo que *ella* quería. Y lo quería de inmediato.
Esperar la respuesta en Dios no estaba en su mente en ese momento.
Demasiados de nosotros hemos hecho cosas de las que se puede decir que no consideramos nuestro destino cuando las hicimos.
¿Cuántas veces en tu vida has hecho algo sin considerar de veras
las consecuencias? No muchos si confiaste en la sabiduría y en la
dirección de Dios, y si buscaste el conocimiento de su perfecta
voluntad. Aun así, me refiero a *antes* de eso. Antes de que supieras
valorar la Palabra de Dios, su sabiduría y su voluntad. ¿Cuántas
segundas oportunidades te gustaría tener si tuvieras una máquina
del tiempo? Yo puedo pensar en tantas cosas en mi vida que es
aterrador. Gracias a Dios por su misericordia que nos hace levantarnos por encima de nuestros errores y falta de juicio. Gracias a
Dios porque puede corregir, sanar o restaurar las cosas. ¿Dónde
estaríamos sin su redención y su restauración?

El camino para tener una vida sin esa clase de remordimientos
es vivir en su voluntad y negarse a vivir de cualquier otra manera.
Cuando has tenido un gran trago de lo que es *no* estar en la voluntad
de Dios, y el sabor es tan amargo que quieres hacer cualquier cosa
para evitar tener que beber de esa copa otra vez, harás todo lo que
se requiera para nunca más estar fuera de la voluntad de Dios, ni
siquiera por un momento.

Mostramos el amor por Dios al tomar buenas decisiones

Aunque es cierto que puedes leer la Palabra de Dios para
averiguar cuál es su voluntad en cuanto a la mayor parte de tu
vida, hay decisiones que debes tomar, y tienes que oír de Dios en
específico al respecto. No podemos dar por sentado que conocemos
su voluntad sin oír de Él ni sentir su paz en cuanto a eso. No
podemos suponer que Dios hará cosas de cierta manera porque
eso es lo que hizo en el pasado. No podemos tratar de meter a
Dios a la fuerza en una caja diseñada por nosotros. No podemos

presumir saber lo que dice sin preguntarle cuál es su voluntad en esa situación en particular.

Dios quiere que caminemos a su lado, que mantengamos nuestros ojos en Él, que oigamos su voz que nos guía y que busquemos saber su voluntad cada momento. No quiere que corramos por nuestra cuenta pensando que lo comprendimos en todo y que sabemos tanto como Él, por lo que ya no necesitamos consultarlo. Y de seguro que no quiere que hagamos lo que hicieron los israelitas, decidir hacer lo que deseamos *nosotros*, sin importar lo que quiere *Dios*.

No considerar nuestro destino tiene consecuencias desastrosas.

Debemos tener un corazón que de veras escuche a Dios decir su voluntad para nosotros. Y no podemos tener un oído selectivo, que solo oye lo que queremos oír y cuando estamos listos para oírlo.

No oír a Dios siempre nos costará, y el precio siempre será demasiado alto.

Jesús dijo: «He bajado del cielo *no para hacer mi voluntad sino la del que me envió*» (Juan 6:38, NVI®). Hasta Jesús buscó a Dios para hacer la voluntad de su Padre celestial.

Le mostramos amor a Dios al anhelar su voluntad. Entonces, esto significa ser sinceros por completo con Él. Si vamos a Dios con menos que motivos perfectos, nos preguntaremos por qué no responde nuestras oraciones.

Algunas personas creen que si dices algo negativo de ti es una señal de incredulidad. Por lo tanto, no puedes decir «estoy enfermo» o «tengo miedo», o «estoy triste». Hacerlo sería rendirse a eso, incluso mencionarlo en oración. Sin embargo, yo digo que si no dices la verdad en oración, en realidad no le das a Dios la oportunidad de responder. Así que eres *tú* el que lo hace. El salmista dijo: «Yo tenía fe, aun cuando dije: "¡Es muy grande mi aflicción!"» (Salmo 116:10, RVC). Debido a que creía en Dios, habló la verdad de sí mismo y su aflicción.

Es mejor orar así: «Señor, me pasa esto, y lo que quiero ver que ocurra en esta situación es esto, pero más que eso, quiero lo que *tú* quieres».

He tenido amigos que murieron de sus enfermedades y que ni siquiera le pedían a la gente que orara por ellos, porque habrían tenido que confesar que estaban enfermos. La sanidad de Dios es un acto de su misericordia en nosotros. No es algo que *hagamos que ocurra* por nuestra gran fe. *Dios* decide a quién sana y cuándo es nuestra hora de morir. Tenemos que dejar que Dios sea Dios y no tratar de hacer que las cosas ocurran sin su poder.

La voluntad de Dios no se trata de nosotros. Él tiene cosas que hacer en este mundo, y quiere usar a cada uno de nosotros como sus instrumentos para hacerlas. Dios no nos necesita. Él puede hacer lo que hace por sí mismo, pero decide *colaborar con nosotros* para hacer su voluntad en la tierra. No podemos cumplir con nuestro llamado si primero que nada no buscamos su voluntad para nuestra vida.

Tienes que ser sincero cuando procuras saber la voluntad de Dios en cuanto algo específico que es personal para ti. Cuéntale cómo te sientes al respecto, pero dile que quieres lo que *Él* quiere más que cualquier otra cosa. Cuando buscas su voluntad para cada parte de tu vida, te sorprenderá ver las puertas que se te abren para hacer tu voluntad para otros.

Mostramos el amor por Dios al anhelar su presencia

Debemos desarrollar una pasión por la presencia de Dios. Lo hacemos al madurar una pasión por Jesús, una pasión por su Espíritu, una pasión de servirlo y agradarlo, y una pasión por la Palabra de Dios.

Una vez que percibes la presencia de Dios en tu vida, la anhelarás todos los días. Siempre desearás vivir en ese lugar pacífico. Cuando anhelas su presencia más que cualquier otra cosa, no vas a querer volver a vivir de otra manera. Ya no es aceptable nada menos. Serás un adicto desesperado por su presencia y, con optimismo, nunca te recuperarás de eso.

Moisés les advirtió a los israelitas de que no entraran a la Tierra Prometida, que Dios les había prometido, porque era demasiado tarde. Ya habían fracasado antes en confiar en Dios cuando les pidió que entraran. Tuvieron su oportunidad y la echaron a perder en su totalidad. Entonces *presumían* que eso era lo que Dios todavía quería que hicieran, sin consultárselo primero. Moisés dijo: «¿Por qué quebrantan el mandamiento del Señor? Esto tampoco les saldrá bien» (Números 14:41, RVC). Les advirtió que sus enemigos los derrotarían *porque el Señor no estaba con ellos* (Números 14:42).

Los israelitas habían perdido la presencia de Dios por su falta de fe y su desobediencia. ¿Puede haber algo más triste en nuestra vida que perder la presencia de Dios cuando la hemos tenido? Moisés dijo: «Caerán a espada por cuanto se han negado a seguir al Señor. Y *el Señor no estará con ustedes*» (Números 14:43, NBLH). Sin embargo, obviaron lo que les dijo Moisés e hicieron lo que querían hacer. Como resultado, sus enemigos los atacaron y los sacaron.

Nosotros perdemos la cercanía de la presencia de Dios cuando no lo buscamos por encima de todo lo demás y violamos sus caminos al vivir fuera de su voluntad. En cambio, cuando le sometemos nuestro espíritu, recibimos una nueva percepción de su Espíritu en nosotros cada día y buscamos su dirección en todas las cosas, *Él nos faculta para hacer lo bueno*.

Dios no nos promete un continuo jardín de rosas, ni dice que nuestra vida siempre será un infierno viviente. Dice que tendremos pruebas, pero que podemos encontrar alegría y paz en medio de ellas, a medida que buscamos su presencia en la situación que estamos.

Hay un movimiento en la cristiandad entre los reaccionarios al evangelio de la prosperidad. Los seguidores del evangelio de la prosperidad creen que una persona puede reclamar cualquier cosa que quiera y Dios se la dará. Los reaccionarios a ese sistema de fe se han ido al otro extremo y afirman que hay un evangelio de miseria y sufrimiento, como si eso fuera todo lo que podemos esperar alguna vez en la tierra. Para ellos ha llegado a ser una herejía que cualquiera encuentre felicidad o alegría en este lado del cielo. Yo no creo en ninguno de esos dos extremos, y tampoco tú deberías creerlo. No veo el argumento de ninguno de los dos en la Biblia. Dios da felicidad *y* también permite el sufrimiento para sus propósitos. Y afirmar que nunca experimentaremos lo uno o lo otro es erróneo. Es como poner a Dios en una caja y dictarle lo que puede o no puede hacer.

Dios no es como un genio que, cuando chasqueas tus dedos espirituales en la oración, aparecerá y hará que todo esté bien. Él no es Santa Claus ni un dictador. Es el Dios de amor, paz y alegría que quiere que pongas tu confianza en Él. Dios quiere que lo busquemos con intensidad, que lo anhelemos de manera profunda, que derramemos nuestro amor por Él en alabanza y adoración espléndidas, que devoremos su Palabra como comida para nuestra alma y que dejemos de tratar de controlar lo que Él hace en nuestra vida. Es lo menos que podemos hacer, considerando todo lo que Dios ha hecho por nosotros.

Vivir en la presencia de Dios te lleva a tu destino

Jesús nos instruyó que busquemos primero el reino de Dios, y luego tendremos todo lo que necesitemos (Mateo 6:33). En otras palabras, buscar a Dios en oración y en su Palabra y negarnos a preocuparnos por el futuro. Eso no quiere decir que no pienses en *planificar* el futuro, ni en *trabajar* para el futuro; significa que hacemos lo que Dios pide y *confiamos en Él* para el futuro.

Buscar a Dios primero siempre nos pondrá en la posición adecuada y nos dirigirá en la dirección apropiada a fin de que nos desplacemos hacia el futuro que Él tiene para nosotros.

Cuando Dios es tu prioridad y le dices cada día cuánto lo necesitas, que mantienes tus ojos en Él y que caminas a su lado en cada paso de tu vida, te mantendrás en el camino que te lleva al futuro que tiene para ti.

Debes decidir confiar en Él, de modo que «por nada estén afanosos; antes bien, *en todo, mediante oración y súplica con acción de gracias*, sean dadas a conocer sus peticiones delante de Dios» (Filipenses 4:6, NBLH). La promesa aquí es que cuando dejas en las manos de Dios la situación que te preocupa, «*la paz de Dios, que sobrepasa todo entendimiento,* guardará vuestros corazones y vuestros pensamientos en Cristo Jesús» (Filipenses 4:7, RV-60). Qué promesa tan maravillosa para nosotros. Obtenemos paz a cambio de orar y confiar en Dios.

Dios nos mostrará el buen camino que debemos seguir, pero nosotros tenemos que confiar en Él para ver cuál es. Dios dice: «Te haré saber y te enseñaré el camino en que debes andar; *te aconsejaré con mis ojos puestos en ti*» (Salmo 32:8).

Cuando nuestro hijo era pequeño, se tenía que disciplinar con claridad a fin de que hiciera lo bueno. Con nuestra hija, todo lo que mi esposo o yo teníamos que hacer era darle una mirada de desaprobación y eso arreglaba el asunto. Eso se debe a que buscaba ver cuál era nuestra reacción. Nuestro hijo ni siquiera pensaba en ver eso. Estaba ocupado haciendo lo que parecía ser una buena idea en ese tiempo. Tuvo que enseñársele a que nos buscara para guiarlo.

Nosotros, también, debemos buscar a Dios por su aprobación de lo que hacemos. Eso quiere decir tener un corazón sensible hacia Él y que lo busquemos con frecuencia para ver si lo que hacemos le agrada. No queremos ser como un caballo salvaje que no puede domarse sin un freno y una rienda. Queremos ser sensibles al Señor. Nos evitaremos mucho dolor si lo hacemos, porque la misericordia rodea a los que confiamos en Dios, y se nos garantiza tener alegría (Salmo 32:9-11).

Esa es una razón suficientemente buena para mí. ¿Y para ti?

Oración de *Amor*

SEÑOR:

Anhelo hacer siempre tu voluntad. Hacer tu voluntad es comida para mi mente, alma y espíritu que me da fortaleza y paz. No quiero estar fuera jamás de tu perfecta voluntad para mi vida, por lo que ayúdame a buscarte a cada momento por dirección y consejo. Señor Jesús, sé que tú no buscaste tu propia voluntad en la tierra, sino la voluntad de tu Padre que te envió (Juan 5:30). Permíteme también someter por completo mi voluntad a nuestro Padre celestial. Señor, te pido que siempre me llenes con el conocimiento de tu perfecta voluntad (Colosenses 1:9).

Tú eres vida para mí, y no puedo vivir sin percibir tu presencia en mi vida. «A ti extiendo mis manos; mi alma te anhela como la tierra sedienta» (Salmo 143:6). Sé que «los justos vivirán en tu presencia» (Salmo 140:13, NTV). Ayúdame a hacer lo bueno para que no pierda la percepción de tu presencia. Estoy agradecido porque nunca me dejas ni me desamparas debido a que tu Espíritu mora en mí, pero no quiero hacer nada para entristecer a tu Espíritu en mí, ni para perder mi percepción de cercanía contigo.

Señor, sé que hay una relación entre vivir en tu perfecta voluntad y percibir tu presencia en mi vida. Sé que tú estás en todas partes, pero la cercanía de tu presencia solo la sienten los que se acercan a ti y buscan hacer tu voluntad. No permitas que sacrifique nunca la cercanía de tu presencia por querer las cosas a mi manera en lugar de la tuya. Someto mi vida a ti.

Te lo pido en el nombre de Jesús.

Palabras de *Amor*

El mundo pasa, y también sus pasiones, pero el que hace la voluntad de Dios permanece para siempre.

1 JUAN 2:17

No sean necios, sino entiendan cuál es la voluntad del Señor.

EFESIOS 5:17, NBLH

No se amolden al mundo actual, sino sean transformados mediante la renovación de su mente. Así podrán comprobar cuál es la voluntad de Dios, buena, agradable y perfecta.

ROMANOS 12:2, NVI®

No todo el que me dice: «Señor, Señor», entrará en el reino de los cielos, sino el que hace la voluntad de mi Padre que está en los cielos.

MATEO 7:21, RVC

Como el ciervo brama por las corrientes de las aguas, así clama por ti, oh Dios, el alma mía. Mi alma tiene sed de Dios, del Dios vivo; ¿cuándo vendré, y me presentaré delante de Dios?

SALMO 42:1-2, RV-60

Tercera decisión

Decide amar

a otros
de la manera
que agrade
a Dios

15

¿Es de veras posible que
ame a otros con constancia?

Nadie podría amarte más ni mejor que Dios. No puedes resistir su amor incondicional e infalible por mucho tiempo una vez que lo entiendes por completo. De ese entendimiento, dentro de ti se desarrolla un profundo amor duradero por *Él*. Y la manera en que expresas tu amor por Dios influye en lo que llegas a ser. En el mismo proceso de demostrar tu amor por Dios es que Él derrama su amor en ti.

Una vez que percibes tu propio amor por Dios como respuesta a su amor por ti, quieres demostrárselo de cualquier manera posible. Una de las maneras más importantes de demostrarle tu amor a Dios es amando a los demás. Y esta es la tercera decisión que debemos tomar. Es más, amar a Dios no se completa sin esto. La decisión de amar a los demás cumple con nuestro llamado y propósito y aclara la razón por la que estamos aquí. La Biblia dice: «*Si Dios así nos amó, también nosotros debemos amarnos unos a otros*» (1 Juan 4:11).

Aunque puedes pensar que doy por sentado que no sabes cómo amar a los demás por tu cuenta, eso no es cierto. Sé que eres capaz de hacerlo, al igual que sabía que lo era yo. No obstante, todos tendemos a poner límites en nosotros mismos en lo que atañe a esto y elaboramos términos en nuestra vida que Dios no estableció. Una vez me dio esa profunda revelación mientras leía el capítulo del amor en la Biblia (1 Corintios 13), me di cuenta de que no sabía cómo amar a los demás con una constancia y profundidad que agrade por completo a Dios. Esa es la manera en que *nos* ama Él.

Podría amar a mis hijos, por supuesto. ¿Quién no? En cambio, podría retener amor hacia la gente que me ha lastimado. Y podría amar a la distancia a los que violaron mi confianza. Eso se debe a que estaba tratando de amarlas sin la ayuda de Dios. A decir verdad, es imposible amar a otros de la manera en que quiere que lo hagamos sin que Él nos *capacite*.

Con el amor de Dios derramado en nosotros podemos amar a los demás.

Sin el Espíritu Santo que nos guía todos los días, podemos seguir actuando de una manera desamorada incluso hacia los que amamos. Sin embargo, con *el amor de Dios en nosotros, es posible amar mejor incluso a nuestros seres queridos.*

Cada situación que enfrentamos requiere de una decisión de nuestra parte en cuanto a si sembramos amor en la misma. Y solo podemos tomar la decisión adecuada con la dirección del Espíritu como respuesta a nuestras oraciones. Si estamos dispuestos a confiar en Él, Dios nos ayuda a demostrar amor en cada situación y con cada persona.

La verdad es que Dios quiere que pasemos suficiente tiempo con Él, a fin de que desarrollemos su corazón de amor por los demás. Nos invita a que vayamos a Él cada día para recibir un flujo fresco y nuevo de su Espíritu de amor en nosotros. Debido a que Dios *es* amor, y su Espíritu de amor está *en* nosotros, somos capaces de amar de una manera que le agrada a Él.

Nuestro amor por los demás es la señal más importante de que conocemos a Dios y que hemos nacido espiritualmente en su reino.

El amor es parte del fruto del Espíritu. «El fruto del Espíritu es amor, gozo, paz, paciencia, benignidad, bondad, fidelidad, mansedumbre, dominio propio» (Gálatas 5:22-23). Cada una de estas cualidades que se manifiestan a través de nosotros es una señal de que tenemos al Espíritu Santo en nosotros.

Nadie ha visto a Dios en realidad, pero cuando demostramos amor a otros, estos ven su corazón. Esa es la forma en que vi por primera vez el amor de Dios, a través del amor de amigos creyentes y del pastor. «A Dios nadie le ha visto jamás. *Si nos amamos unos a otros, Dios permanece en nosotros y su amor se perfecciona en nosotros*» (1 Juan 4:12). Yo llegué al Señor porque percibí un amor que nunca antes había visto. Aun así, ese solo fue el principio. Dios se revela a sí mismo a los demás a través del amor que derrama *en* nosotros y *a través* de nosotros para ellos. La gente puede llegar al Señor por el amor que le damos.

Durante el tiempo de Jesús en la tierra, las personas se sentían atraídas a su amor. Les encantaban sus milagros, por supuesto, pero era más que eso. Jesús les demostró amor a todos los que eran afables con Él y su Padre celestial. Quizá pareciera duro con esos cuyo corazón era duro en contra de Dios, pero reveló quiénes eran en realidad y los ídolos y dioses falsos que servían.

Pablo nos dijo que andemos «en amor, así como también Cristo les amó y se dio a sí mismo por nosotros» (Efesios 5:2, NBLH). El apóstol Juan dijo: «*Amémonos unos a otros, porque el amor es de Dios*, y todo el que ama es nacido de Dios y conoce a Dios» (1 Juan 4:7, NBLH).

Por lo general, los que no responden al amor temen confiar en este debido a que en el pasado se sintieron engañados por lo que pensaron que era amor. Sin embargo, eso era amor incoherente, superficial o falso. No era amor verdadero. En el peor de los casos, eran intentos poco entusiastas del amor humano. O no era amor en absoluto. El verdadero amor se origina de Dios y se manifiesta en quienes lo conocen.

Sin amor como nuestra motivación, no logramos nada

No importa lo elocuente que hablemos, si no tenemos amor en nuestro corazón, nuestras palabras no significan nada (1 Corintios 13:1). Cuando interactuamos con gente, las palabras que decimos no logran nada si no se dicen con amor. Si pudiéramos hablar todos los idiomas de la tierra, pero no tenemos un lenguaje de amor que acompañe nuestras palabras, solo serán ruido (1 Corintios 13:1). Podemos decirle a alguien las palabras más amables, pero si no tenemos amor en nuestro corazón, caen sin vida a la tierra.

*Podemos manifestar grandes dones espirituales, tener un co-
nocimiento superior y exhibir fe lo bastante fuerte como para mo-
ver montañas, pero todo eso no logrará nada si lo hacemos sin amor
(1 Corintios 13:2).*
La base de todos los dones espirituales es el amor. Si alguien
afirma tener, o parece tener, dones espirituales de cualquier clase,
pero no muestra el amor de Dios, esos dones son sin sentido. Podemos evaluar el espíritu motivador de cualquier persona, en fun-
ción de si revela el amor de Dios que obra en ella y a través de ella.
Cualquier manifestación de dones espirituales que no manifiesta
también el amor de Dios es sospechosa. *Solo lo que hacemos de puro amor dura para siempre. Todo lo
demás es temporal.*

Podríamos ir al extremo de dar todo lo que tenemos para ali-
mentar, vestir y albergar a los pobres, o podríamos sacrificarnos a
nosotros mismos de la manera más heroica, incluso nuestro cuerpo o vida, pero si no hacemos esas cosas con un corazón de puro
amor, no nos beneficiarán de ninguna manera (1 Corintios 13:3).
El amor es lo que le da significado a todo lo que hacemos.

Cada persona tiene que saber que Dios le ama aún. En cambio, no quieren que se les recuerde a cada momento de todo lo que
hacen mal. Los creyentes tenemos la clave para la vida en el hecho
de que podemos comunicarles el amor de Dios, pero muy a menudo lo que algunos comunican en realidad es juicio, y se convierte
en un arma en contra de los demás. Se creen que pueden hacer
que la gente cambie al avergonzarla y al usar sus fracasos como
evidencia en su contra. Esa táctica es muy mala y *no da resultado.*
En mi caso, no llegué al Señor porque un cristiano me dijo
el fracaso tan lamentable que era yo. Recibí al Señor porque me
dijeron que Dios me ama. Y me extendieron su amor de una manera en que lo sentí con claridad y confié. Sabía que ese amor que
percibía era mucho mayor que cualquier amor humano.
Si en realidad amamos a las personas, les diremos que Dios las ama.
Le explicaremos cómo Él abrió el camino para que permanecieran

lejos del infierno. Les explicaremos cómo tener una vida eterna con el Señor y una vida mejor aquí y ahora.

La gente quiere saber que *tú* la amas también. Y una de las mejores maneras de demostrarles tu amor a los demás es testificando de lo mucho que los ama Dios. Aunque no tengas ganas de hablar al respecto en ese momento, recuerda que en cualquier caso no se trata de ti. Bueno, no por completo. Se trata de que *Dios te llene con su amor* y te guíe para *tocar a otras personas* con Él de una manera transformadora. Y en el proceso de mostrarles a otros el amor de Dios, Él *te* cambia.

Mientras más les demuestres tu amor a los demás con el amor que te ha dado Dios, más serás transformado a la semejanza de Él.

Debemos responder al gran mandamiento de Jesús

Jesús nos dijo que debemos vivir en su amor al guardar sus mandamientos, y cuando lo hacemos, tendremos gozo (Juan 15:9-11). Nuestra prioridad número uno al amarlo es obedecer su mandamiento de amarnos *«unos a otros» como nos ama Él* (Juan 15:12). Jesús demostró su amor por nosotros al sufrir una tortura insoportable y una muerte agonizante, y al enfrentar Él mismo las consecuencias de nuestros pecados colectivos. ¿Podríamos tú o yo hacer ese sacrificio? ¿Requiere Dios que lo hagamos? No. Eso se debe a que Él ya lo hizo. Se acabó. Él lo logró.

Nosotros no tenemos que hacer lo que hizo Jesús, pero nos *pide* que le entreguemos nuestra vida al amar a otros. Y no somos nada eficientes al hacerlo sin la capacitación de su Espíritu Santo. Después de todo, Él es quien derrama el amor de Dios en nosotros cuando le abrimos nuestro corazón. Aun así, Él siempre nos debe guiar en la manera en que demostramos su amor, y ahora también nuestro amor, a los demás.

Mostramos amor por los demás cuando oramos por ellos

La primera y mejor manera de demostrarles amor a otros es orando por ellos. La oración es uno de nuestros principales regalos de amor a la gente, y la mayoría de nosotros no lo damos con la suficiente frecuencia. Podemos ser tacaños de esa manera. Es un regalo que *siempre* tenemos con nosotros, y aunque tiene un gran valor, solo nos cuesta una pequeña cantidad de tiempo. *La verdad es que llegamos a amar a las personas por las que oramos con sinceridad.*

Suceden cosas sorprendentes cuando oramos por los demás, y no solo les ocurren a ellos, sino a *nosotros* también. Cada vez que oramos por alguien, Dios nos da su corazón de amor por esa persona. Eso se debe a que pasamos tiempo con el Dios de amor, y hay una extraordinaria transferencia de amor entre su corazón y el nuestro.

Mientras más de cerca caminas con Dios y más tiempo pasas con Él, más pronto tu corazón se alinea con el suyo, hasta que su corazón de amor llega a ser tuyo también.

Dios quiere que amemos a la gente lo suficiente como para hablarle de Él, pero tenemos que orar primero por un corazón dispuesto en esa persona. O que sepamos cuándo es el tiempo apropiado. No podemos esperar a lo que parece el tiempo *perfecto* porque nunca podría llegar. Y lo que nos parece un tiempo imperfecto puede ser el tiempo perfecto a los ojos de Dios. Por eso es que tenemos que pedirle que nos guíe hacia quién necesita ser tocado por su amor. Apresurarnos a hablar con alguien sin oración puede hacer más daño que bien.

¿Amar también a nuestros enemigos?
¡Tiene que ser una broma!

Cuando estudiamos las palabras, las instrucciones y los mandamientos de Jesús en cuanto a cómo debemos amar a los demás, pronto nos damos cuenta de que no hay manera en que podamos hacer eso por nuestra cuenta. Él quiere que vayamos mucho más allá de lo que podemos hacer por naturaleza.

Jesús dijo: «Ustedes han oído que fue dicho: "Amarás a tu prójimo, y odiarás a tu enemigo." Pero yo les digo: *Amen a sus enemigos, bendigan a los que los maldicen, hagan bien a los que los odian, y oren por quienes los persiguen* [...] *Porque si ustedes aman solamente a quienes los aman, ¿qué recompensa tendrán?* [...] *Por lo tanto, sean ustedes perfectos, como su Padre que está en los cielos es perfecto*» (Mateo 5:43-44, 46, 48, RVC).

De nuevo, digo, esto es imposible por nuestra cuenta, no es posible de que eso ocurra por nuestra cuenta. Sin embargo, con Dios todas las cosas son posibles. Cuando Jesús dice que seamos perfectos así como Dios es perfecto, está hablando de cuando tenemos que amar a otros de la manera en que lo hace Él.

El amor de Dios por nosotros no significa que Él nos da todo lo que queremos cuando lo queremos. Eso no sería bueno para nosotros. Así, también, nuestra entrega a los demás no significa que sea darles lo que quieren cuando lo quieren. Eso tampoco es bueno para ellos. Entonces, ¿cómo reconciliamos esto con el versículo que dice que hay que dar cualquier cosa que alguien pida de ti (Mateo 5:42)?

Jesús sabe que no podemos hacer eso por nuestra cuenta, pero podemos amar a los demás con el *amor perfecto* que Él pone en nosotros, y como nos guíe su Espíritu.

Jesús también enseñó: «Ustedes han oído que fue dicho: "Ojo por ojo, y diente por diente." *Pero yo les digo: No resistan al que es malo, sino que a cualquiera que te hiera en la mejilla derecha, preséntale también la otra; al que quiera provocarte a pleito para quitarte la túnica, déjale también la capa; y a cualquiera que te obligue a llevar carga por una milla, ve con él dos. Al que te pida, dale, y al que quiera tomar de ti prestado, no se lo rehúses*» (Mateo 5:38-42, RVC).

¿Quién puede hacer eso?

¿Debemos permitir que alguien que podría ser peligroso nos golpee, nos demande o se lleve nuestra ropa? Si le prestamos a todo el que nos pide sin esperar que pague, y si damos todo lo que alguien pudiera pedir de nosotros, ¿no estaríamos pronto en la quiebra, sin techo, desnudos o muertos?

No tenemos que invitar a los asesinos y a los violadores a nuestra casa, ni darles acceso a nuestros hijos, ni dejarlos dormir en nuestra cama, pero podemos orar por ellos para que conozcan la verdad de la Palabra de Dios y a nuestro Padre celestial, a Jesús y al

Espíritu Santo. Solo con orar para que alguien malo llegue a conocer al Señor es un gran paso de amor para la mayoría de nosotros. Hay personas que tienen un llamado a ministrar a la gente peligrosa, y Dios las capacita para que lo hagan. Escucha al Espíritu Santo por *tu* llamado, y no te desplaces hacia nada como eso sin oír su orientación clara y sin tenerla confirmada por líderes de confianza.

Tú no tienes que amar al enemigo *de Dios*, que también es *tu* enemigo, pero sí es necesario pedirle a Dios que te ayude a amar y orar por las personas en las que *el enemigo ejerce influencia* y se encuentran atrapadas en su odio inspirado por el enemigo. Amar a tu enemigo no solo significa que se trate de alguien que te desagrada. Este no es tu enemigo. Tu verdadero enemigo es el proclamado adversario que ha planificado el mal para ti o las personas cercanas a ti.

Estamos en una época en que ciertos hombres pasan más horas planificando maneras de hacer cada vez más mal. ¿Pueden nuestros hechos de amor y amabilidad marcar una diferencia? ¿Puede nuestro intento de ser más semejantes a Dios en nuestro amor hacia los demás compensar de alguna manera por los que odian a Dios? En ciertos casos extremos, es probable que no. Sin embargo, en muchos otros, sí. No lo parece cuando leemos de hombres que bombardean iglesias cristianas, de asesinatos de hombres, mujeres y niños cristianos. Aun así, sabemos que la muerte de estos mártires cristianos es preciosa a los ojos del Señor, y que están con Él en su presencia para siempre y se recompensarán por la eternidad.

Si eres un creyente y amas a Dios, ¿cómo vives alrededor de los que con arrogancia desdeñan a Dios y sus caminos? La respuesta es demostrándoles amor. No saben qué hacer con eso. Es irresistible. Tu amor, que se origina del amor de Dios en ti, tiene un poder que hasta los incrédulos más firmes no pueden negar, pero eso todavía debe contar con la dirección del Espíritu Santo. Tienes que saber lo que el Espíritu te guía a decir y hacer.

Uno de los mayores actos de amor que podemos hacer para los que nos odian es nuestra oración, a fin de que Dios quebrante sus corazones y los suavice lo suficiente como para recibir su amor hacia ellos.

Es posible que nunca sepamos cuánto bien hemos logrado cuando oramos por la gente que es nuestra enemiga proclamada. En cambio, eso no importa. Dios lo sabe.

Mientras mejor conozcamos a Dios, más lo amamos a Él y nos damos cuenta de que desarrollamos un mayor amor por la gente del que teníamos antes. Llegamos a amar a la gente que ni siquiera conocemos porque Dios nos da su corazón por ella. Justo por esa razón, sin embargo, algunas veces es más fácil amar a la gente que no conocemos. No sabemos lo irritantes, egoístas y faltos de amor que pueden ser. No sabemos cuánto nos pueden lastimar.

La revelación que Dios me dio ese día que hizo que 1 Corintios 13 cobrara vida en mí de una manera nueva y sorprendente fue que no tenía que esperar que Él *me perfeccionara* en mi capacidad de amar a los demás. En otras palabras, no tenía que *esperar* «sentirlo». Tenía que *decidir* obedecer el mandamiento de Jesús de que «lo hiciera».

Tener amor de manera constante por el prójimo no solo es posible, se requiere.

Jesús lo ordenó.

Y Él nos dio su Espíritu Santo a fin de capacitarnos para que lo hagamos.

Debido a que nos da libre albedrío, podemos *decidir* hacerlo, recordando que lo que hacemos en amor dura para siempre. Si desaprovechamos las recompensas de mostrarles amor a los demás aquí en la tierra, habremos desaprovechado esas recompensas para la eternidad.

El precio es demasiado alto. Las consecuencias demasiado definitivas.

Oración de *Amor*

SEÑOR:

Sé que sin ti no está en mí amar al prójimo como tú quieres que lo haga. Solo por tu amor sanador y restaurador que me guía por el poder de tu Espíritu es que tengo la capacidad y la fortaleza de demostrar amor de una manera transformadora. Te pido que derrames tu amor en mi corazón, y que me des la capacidad de amar a la gente como la amas tú. Capacítame para demostrar siempre el amor de una manera que te agrade a ti.

Te pido por todos los creyentes que son perseguidos por su fe. Ayúdanos a los que adoramos con libertad a no olvidar a los que no pueden hacerlo. No sé por cuánto tiempo más podremos adorar con libertad nosotros mismos debido a las fuerzas del mal en todas partes que han acogido al espíritu del anticristo en su corazón. Trabajan de día y de noche en contra de los que te amamos y te servimos, pero mi esperanza está en tu venida. Ayúdanos, a tu pueblo, a no esperar con apatía como si no tuviéramos participación en este mundo. Ayúdanos a recordar que nuestro amor y nuestras oraciones en tu nombre siempre son más poderosas que su odio.

Señor Jesús, ayúdame a obedecer tu mandamiento de amar al prójimo como me amas tú. Enséñame a vivir en tu amor de una manera tan total que ese no sea un reto para mí, sino una forma de vida. Permíteme amar a los que son difíciles de amar. Y enséñame a expresar de mejor manera amor por los que ya amo.

Te lo pido en el nombre de Jesús.

Palabras de *Amor*

En esto sabemos que amamos a los hijos de Dios: cuando amamos a Dios y guardamos sus mandamientos.

1 JUAN 5:2

Hagan ustedes con los demás como quieren que los demás hagan con ustedes.

LUCAS 6:31, DHH

Jesucristo nos ha dado este mandamiento: que el que ama a Dios, ame también a su hermano.

1 JUAN 4:21, DHH

Por encima de todo, vístanse de amor, que es el vínculo perfecto.

COLOSENSES 3:14, NVI®

Esto les mando: que se amen los unos a los otros.

JUAN 15:17, NBLH

16

¿Qué pasa si no puedo ser siempre paciente y amable?

Cuando termines de leer acerca de todas las formas en que Dios quiere que les mostremos su amor a los demás en estos pocos capítulos, estoy segura de que verás, como yo, que es imposible hacerlo sin su ayuda.

En primer lugar, nosotros somos finitos y podemos ser incoherentes y temperamentales. Podemos ser egoístas, y en ciertas ocasiones el pensamiento de negarnos a nosotros mismos por otra persona es lo último que queremos hacer. Podemos desarrollar una actitud y guardar rencores. Podemos sacar a la luz la falta de perdón incluso después que pensamos que hacía mucho tiempo de que habíamos lidiado con una ofensa o herida por última vez.

Podemos ser impacientes y descorteses y tener un concepto más alto de nosotros mismos del que debemos tener. Podemos ser negativos y pesimistas, sin valorar que Dios nos hizo para que seamos todo lo que deberíamos. Podemos ser irritantes en innumerables formas sin siquiera darnos cuenta.

Por fortuna, Dios entiende nuestras limitaciones humanas, así que Él comparte su fortaleza con nosotros cuando lo buscamos con humildad. Lo que a Dios le agrada es que seamos un canal de su amor para otros. Esta es una de las formas en que Él se le revela a la gente en el mundo. Cuando nos contenemos y no nos aseguramos de amar a los demás, impedimos la extensión del reino de Dios, al menos en lo que depende de nosotros.

El amor es paciente

Ser paciente con los demás es un acto de misericordia. Y tú sabes cómo Dios se siente en cuanto a la misericordia. Es una señal de su gran amor. Demostramos amor y misericordia cuando somos pacientes con la gente. En realidad, nos ayuda a ser pacientes cuando recordamos que en el proceso expresamos nuestro amor por Dios.

Junto con el amor, la paciencia es un fruto del Espíritu. Solo el Espíritu Santo puede producir esto en nosotros. No podemos conjurarlo por nuestra cuenta. Cuando invitamos al Espíritu Santo en nosotros a que tenga el control total de nuestra vida y que obre en nosotros según su perfecta voluntad, Él produce todos los frutos del Espíritu, incluso la paciencia.

Otra expresión para «paciencia» es «soportar». La Biblia dice: «Tener amor es saber soportar» (1 Corintios 13:4, DHH). Me encanta la palabra «soportar» porque lo dice todo. Es soportar por mucho tiempo debido a una persona o situación.

La paciencia y el soportar pueden ser intercambiables. Sin embargo, en nuestra cultura actual, paciente es lo que una mujer es con su esposo cuando se le olvida comprar un artículo alimenticio importante que le pidió que comprara en el supermercado en su camino de regreso a casa del trabajo. Soportar es lo que hace cuando su esposo ha comenzado a beber otra vez y ella está determinada a orar con más fuerza por él a fin de que busque ayuda para su problema, en lugar de dejarlo.

Tenemos paciencia con un hijo pequeño porque lo amamos. Queremos que aprenda a hacer lo bueno, y sabemos que aprende mejor en una atmósfera de amor y aceptación. En cambio, si crece y llega a ser rebelde más allá de lo que tu paciencia puede soportar, Dios no lo quiera, llegas a soportar en oración por él a fin de que vuelva a su familia, a su Dios y a su buen juicio.

La paciencia es la capacidad de soportar agravios, injusticias, desalientos o agobios y, con todo, esperar en Dios en cuanto a esa persona o situación, y no vengarnos, castigar ni darnos por vencido.

Otras palabras para «paciente» son tolerante, perdonador, benévolo, de gran corazón, sincero, compasivo, comprensivo, sufrido, firme, constante, inquebrantable, incansable, no desanimado e indulgente.

Ser paciente es soportar, sacar lo mejor posible, sobrellevar y sin protestar. ¿Somos siempre así con todos? Es poco probable. Podríamos tomar cada una de esas palabras por separado y estudiar todo su significado, pero no es necesario. Ya estamos convencidos con solo leerlas. Cada palabra señala el hecho de que no podemos ser pacientes ni soportar por nuestra cuenta, al menos hasta el punto en el que Dios quiere que lo seamos, sin que su Espíritu derrame su amor en nosotros. Necesitamos que su paciencia se derrame en nosotros.

Dar muestras de paciencia no es ser resignado. Es una anticipación alegre de lo que Dios va a hacer, no solo en la persona con la que eres paciente, sino también en ti.

A veces somos impacientes con Dios. Queremos que responda nuestras oraciones *ahora* y de la manera en que queremos que las responda. Sin embargo, nuestro amor *por* Él tiene que ser mayor de lo que queremos *de* Él. He visto demasiada gente alejarse de Dios porque Él no respondió sus oraciones según sus deseos. No lo amaban lo suficiente como para tener la paciencia de esperar que Él respondiera a su manera y a su tiempo. Conozco a alguien que decidió ser ateo porque cuando oró por la sanidad de un miembro de su familia, murió de todas formas. No conocía lo bastante bien a Dios como para amarlo lo suficiente.

La oración no es decirle a Dios lo que debe hacer. Es llegar a Él con humildad y gratitud, que son señales de amor, y expresarle el deseo de nuestro corazón, confiando en que Él sabe lo que es mejor.

Amar a Dios significa respetar su soberanía, su voluntad y el hecho de que *Él* decide quién muere y cuándo muere. Nosotros no damos muestras de amor por Dios cuando lo acusamos por no actuar de acuerdo a nuestras demandantes oraciones.

Ser paciente con alguien no es permitirle que siga haciendo algo que sea molesto o peligroso para sí mismo o para otros. No debemos renunciar a la capacidad de una persona para liberarse, pero sin permitirle que siga pecando en contra de nosotros, de otras personas, de sí misma o de Dios. No debemos permitir que nadie cometa abusos verbales, físicos, mentales ni emocionales contra nosotros ni ninguna otra persona. Permitir esa clase de acciones no es amor ni paciencia. Liberarse de esa persona no es ser impaciente, sino sabio.

¿Cómo reconoces el límite para alguien que sigue viviendo en el error, en pecado o en rebelión? ¿Cuándo le dices «basta» a alguien que insiste en irse hasta un precipicio y tú ya no quieres ver ni ser parte de eso o irte al precipicio con él? ¿Cuándo parece que tu paciencia es un respaldo al error en el que vive esa persona?

Solo puedes saber la respuesta adecuada en absoluto para cada una de estas preguntas al oír la dirección del Espíritu Santo. Cuando Él te dice que muestres amor firme, debes decirle a esa persona: «He sido paciente contigo y este asunto, pero ya sabes lo que pienso acerca de lo que persistes en hacer. Aunque te amo, no puedo quedarme parado y aparentar que apruebo de alguna manera lo que haces. Decido amarte orando para que dobles tus rodillas ante Dios en arrepentimiento por no vivir a su manera. Te he soltado en las manos de Dios y le pido que Él te hable y que tú lo oigas con claridad».

Desde luego, si le dices eso a tu hijo de dos años, prepárate para una mirada vacía. Ahora que lo pienso, podrías recibir la misma mirada de un adulto, pero por lo menos has establecido un límite, tú conoces tus límites y has involucrado a Dios en esto.

A veces lo más amoroso que puedes hacer por alguien es orar para que caiga en las manos del Dios vivo y que tenga un gran despertar. Algunas personas solo aprenden con una lección difícil antes de buscar a Dios. Puedes amarlos orando para que eso ocurra y al mismo tiempo ora para que el enemigo no los destruya en el proceso.

Eso, también, es amor.

El amor es bondadoso

Demostrar amor a otros significa ser bondadoso, y hay innumerables maneras de hacer eso. Una de las maneras es reconocer cuando otros necesitan que se les afirme. En la palabra «alabar» también hay un elemento de *tranquilizar, pacificar* o *apaciguar* con nuestras palabras. Eso no quiere decir que recordemos algo de alguien y le digamos mentiras blancas para hacerle sentir bien. Decimos la verdad. Si no puedes ver nada bueno en alguna persona en particular, pídele a Dios que te muestre lo que *Él* ve en ella. El cofre de cosas dignas de alabanza que puedas encontrar en alguien es asombroso cuando las ves desde la perspectiva de Dios.

La Biblia nos instruye a darle gracias a Dios por su amor y bondad día y noche. «Bueno es dar gracias al Señor [...] anunciar por la mañana tu bondad, y tu fidelidad por las noches» (Salmo 92:1-2). Aprendemos de la bondad de Dios. A medida que lo alabamos y le agradecemos por su amor y bondad para con nosotros, Él toca y expande nuestro corazón para que recibamos esas cosas.

Mostrar bondad significa no ser controlador. Hay una diferencia entre el amor y el control. Nosotros no obligamos a la gente para que nos ame, y no los obligamos a recibir lo que queremos darles. Cuando tratamos de controlar las emociones, los pensamientos o las acciones de otros, eso no es amor. Ni Dios, quien nos creó, trata de controlarnos. Él nos ama de manera incondicional, y nos da un libre albedrío para tomar decisiones en cuanto a si recibimos su amor y amarlo a cambio. Tenemos que permitir que otros hagan lo mismo.

Mostrar bondad significa alcanzar a otras personas de maneras que les resulte evidente. Es una opción que significa sacrificar lo que queremos hacer en ese momento. Es una acción de amor tener en mente que Dios nos llama a vivir la vida que nos ha dado para *Él* y a bendecir a otros con su amor que se extiende a *ellos* a través de nosotros.

Jesús no nos liberó para hacer lo que queramos. Él nos libera para hacer lo que Él quiere.

Mostrar bondad significa pasar tiempo con otros a fin de influir en sus vidas.

Todos hemos visto gente que cree que experimentar a Dios en lo personal de maneras emocionantes es la extensión de sus vidas y darse a los demás no es parte de experimentar a Dios. Sin embargo, una gran parte de experimentar a Dios es demostrarles amor y paciencia a los demás. En realidad, no dar muestras de amor de manera activa a los demás limita la profundidad de nuestra experiencia en la presencia de Dios.

Si nuestra vida solo consiste en experimentar a Dios por nuestra cuenta sin ayuda, o incluso con un compañero, y esa es la extensión de eso, limitamos mucho lo que Dios quiere hacer en nosotros y a través de nosotros. Llegamos a estar centrados en nosotros mismos, pensando solo en nuestra experiencia piadosa. Sí, de seguro que Dios quiere que experimentemos su presencia en lo personal, pero no debemos detenernos allí. Él nos edifica para que podamos edificar a otros.

Debemos estar convencidos de que Jesús es la respuesta a todo, al mismo tiempo que debemos tener en cuenta que Él es la respuesta a todo para otras personas también, y que necesitan saber eso.

Jesús dijo que cuando sacrificamos nuestra alma por Él, la ganaremos (Mateo 16:25). Encontramos cosas asombrosas y maravillosas en nuestra vida cuando entregamos nuestro tiempo y esfuerzo para demostrarles amor a los demás. Tenemos que amar a la gente lo suficiente como para que nos importe dónde pasará la eternidad y a dónde se dirige su vida ahora.

Mostrarles bondad a otros es algo que debemos seguir de manera activa. Significa decirle al Señor: «¿A quién le puedo mostrar amor y bondad hoy?».

Jonatán era el mejor amigo de David, pero los enemigos de Jonatán y sus hermanos lo asesinaron. Y su padre, el rey Saúl, también murió en ese mismo día (1 Samuel 31:1-6). Después que David llegó a ser rey, preguntó: «¿Hay todavía alguno que haya quedado de la casa de Saúl, para que yo le muestre bondad por amor a Jonatán?» (2 Samuel 9:1).

David se enteró de que Jonatán tenía un hijo llamado Mefiboset, que había quedado vivo y escondido cuando mataron a su familia. Así que David lo trajo a vivir a su casa.

David le dijo a Mefiboset: «No temas, porque *ciertamente te mostraré bondad* por amor a tu padre Jonatán, y te devolveré toda la tierra de tu abuelo Saúl; y tú comerás siempre a mi mesa» (2 Samuel 9:7). David trató al hijo de Jonatán como a uno de sus propios hijos (2 Samuel 9:11).

David le preguntó a Dios de manera específica a quién debía mostrarle bondad. Y eso es lo que nosotros debemos hacer también. Pídele a Dios que te manifieste quién necesita que se le muestre un acto de misericordia hoy y cuál debería ser. Para mucha gente, simplemente una sonrisa y una palabra amable de ánimo puede marcar toda la diferencia en su vida.

Cuando acababa de mudarme a otro estado y me sentía triste y perdida, un extraño me sonrió y me dijo unas cuantas palabras amables, y eso significó mucho más para mí de lo que me hubiera imaginado. Nunca lo olvidé. Es posible que alguien a tu alrededor pueda necesitar saber que lo ves y que es valioso.

Otras palabras y frases para «bondadoso» son benevolente, servicial, apacible, perdonador, conciliador, generoso, dulce, comprensivo, tolerante, amigable, amistoso, pacífico, afable, agradable, favorable, bienintencionado, amable, cortés, afectuoso, compasivo, solidario, caritativo, considerado, misericordioso, gentil, sociable y sensible.

¿Es esa siempre la forma en que somos con todos? ¿Qué palabra necesitamos que Dios obre en nosotros hoy?

Mostrar bondad significa no criticar a otros. Todos hemos estado alrededor de personas que buscan lo negativo en otros y examinan de cerca para encontrar razones para criticarlos. Es posible que estés alrededor de alguien así ahora mismo. Afirman que son críticos por el bien de la otra persona, pero percibimos su falta de amor. La sentimos. Arruina la atmósfera. Es sofocante. Destruye relaciones. Y no solo mata a otros, sino que lleva muerte a la vida del que critica también. Nadie quiere estar en presencia de alguien en cuya vida haya una clara falta del fluir de la misericordia de Dios. Esa es una forma de cortar las bendiciones de Dios y la profundidad de su presencia que pueden experimentar.

Ser bondadoso significa perdonar a otros. Nosotros podemos hacerlo porque Dios nos ha perdonado. «Tú, Señor, eres bondadoso y sabes perdonar; ¡grande es tu misericordia para los que te invocan!» (Salmo 86:5, RVC).

Debido a que recibimos la misericordia y el perdón de Dios, podemos mostrar nuestro agradecimiento a Él al dar misericordia y perdón a otros. El amor, la bondad, la misericordia y el perdón de Dios son abundantes para nosotros. Él no es tacaño con eso. Él quiere que seamos de la misma manera con otros.

No sabremos de qué manera quiere Dios que les mostremos misericordia a otros si no preguntamos. Tenemos que hacer lo que Dios nos pide que hagamos. La palabra *agape* es la que Pablo usó para describir el amor. Es la clase de amor que es una decisión y que no se basa en que la persona que amamos sea digna de nuestro amor. Así como también necesitamos el poder de Dios que obra en nosotros para vivir nuestra fe y mantenernos firmes en ella, también necesitamos el amor de Dios en nosotros para amar a otros de la manera que le agrade a Él.

Oración de *Amor*

SEÑOR:

Te pido que me llenes de nuevo en este día con tu Espíritu y tu amor. Ayúdame a desarrollar una naturaleza más semejante a la tuya. En lo personal, mi paciencia es limitada, y mi capacidad de darles amor y misericordia a otros es imperfecta en el mejor de los casos. Sé que cualquier cosa que haga o diga sin tu amor en mi corazón no tiene sentido y no logra nada. Permíteme decir y hacer todo con un corazón que se ha fundido y moldeado para parecerse más al tuyo.

Levanto mi corazón a ti y te pido que lo llenes con tu paciencia, misericordia y bondad. Muéstrame cada día quién necesita especialmente un acto o palabra de misericordia de mí y cuál debe ser. Hazme sensible a las necesidades de otros, y dame sensibilidad para tu Espíritu y habla a mi corazón y guíame en esto. Sé que la paciencia, la bondad y el amor están relacionados (2 Pedro 1:7). Hay grandes recompensas cuando se los extiendo a otras personas.

Ayúdame a ser misericordioso y perdonador con otros. Permíteme ser tolerante, generoso, comprensivo, firme, amigable, compasivo, considerado, sensible, incansable y clemente con otras personas, así como tú lo eres conmigo. Permíteme ser paciente y amable con todos y a glorificarte en el proceso.

Te lo pido en el nombre de Jesús.

Palabras de *Amor*

El amor es paciente, es bondadoso; el amor no tiene envidia;
el amor no es jactancioso, no es arrogante; no se porta
indecorosamente; no busca lo suyo, no se irrita, no toma en
cuenta el mal recibido; no se regocija de la injusticia, sino
que se alegra con la verdad; todo lo sufre, todo lo cree, todo
lo espera, todo lo soporta.

1 Corintios 13:4-7

Tu amor es mejor que la vida; por eso mis labios te
alabarán. Te bendeciré mientras viva, y alzando mis manos
te invocaré.

Salmo 63:3-4, nvi®

Si alguno quiere venir en pos de mí, niéguese a sí mismo,
tome su cruz y sígame. Porque el que quiera salvar su vida,
la perderá; pero el que pierda su vida por causa de mí, la
hallará.

Mateo 16:24-25

Como escogidos de Dios, santos y amados, revístanse de
afecto entrañable y de bondad, humildad, amabilidad y
paciencia, de modo que se toleren unos a otros y se perdonen
si alguno tiene queja contra otro. Así como el Señor los
perdonó, perdonen también ustedes. Por encima de todo,
vístanse de amor, que es el vínculo perfecto.

Colosenses 3:12-14, nvi®

17

¿De qué maneras revelo la falta de amor?

~~~~~~

Hay ocho características que describen lo que *no* hace el verdadero amor (1 Corintios 13:4-6). Si tú u otra persona dan muestras de cualquiera de estos rasgos, eso siempre será una señal manifiesta de falta de amor en nosotros. Aunque es fácil observar estas tendencias en otros, no siempre es tan fácil reconocerlas en nosotros mismos. Sin embargo, podemos pedirle a Dios que nos permita ver cómo somos y que nos ayude a ser de la manera en que Él quiere que seamos. Sé que se requiere de valor, pero si nos permitimos tener falta de amor, detenemos las bendiciones que Dios tiene para nosotros. Cada vez que una de esas características se revela en nosotros, perdemos algo. Y no se glorifica ni se bendice a Dios con eso.

La envidia en nosotros revela falta de amor por los demás
El amor no tiene envidia.

Se supone que debemos querer lo mejor para otras personas y no envidiarlas por lo que tienen. El salmista dijo que sintió envidia del arrogante y del orgulloso «al ver la prosperidad de esos malvados» (Salmo 73:3, NVI®). No parecían tener problemas. Incluso, hablaban en contra de Dios y no solo aparentaban salirse con las suyas, sino que su riqueza y prosperidad seguían en aumento (Salmo 73:9, 12). Sentía que mantenía su corazón limpio en vano porque sufría mucho y le castigaban o disciplinaban a menudo (Salmo 73:13-14).

¿No nos hemos sentido así una que otra vez? Vemos que alguien tiene una vida próspera, al parecer sin ningún problema en absoluto, mientras que nosotros tratamos siempre de hacer lo bueno y servir a Dios de la mejor forma posible, y aun así sufrimos mucho, el enemigo nos ataca y enfrentamos problemas en muchos aspectos de la vida. No nos libramos de nada. Vemos lo fácil que parece que es la vida para otros y lo difícil que es para nosotros. No es que estemos tratando de escapar de algo, pero si *pensamos* en hacer siquiera algunas de las cosas que hace la gente que no sirve a Dios, estaríamos desplomados ante Dios en arrepentimiento y sufriríamos las consecuencias inmediatas.

La verdad es que Dios está con nosotros en todas nuestras dificultades y saca un bien duradero de nuestras situaciones malas. Él nos disciplina porque nos ama y quiere lo mejor para nosotros, y nuestra vida es mejor por eso.

El salmista continúa y dice que también se sentía de esa manera, hasta que entró «en el santuario de Dios» y comprendió «el fin de ellos» (versículo 17). Cuando pudo ver las cosas desde la perspectiva de *Dios*, vio el castigo de la gente que vive lejos de Él y en rebeldía con Él, y eso se debía a que vivirían «en lugares resbaladizos» y que Dios los arrojaría «a la destrucción», que serían «asolados de repente» y que por eso «perecieron, se consumieron de terrores» como en un mal sueño, solo que no se despertarían porque sería real y para la eternidad (versículos 18-20).

El salmista reconoció su necedad al envidiar a los impíos cuando Dios estaba de continuo a su lado, lo sostenía a cada instante, en todo tiempo lo guiaba con consejo y que su final definitivo era estar con el Señor por siempre (versículos 21-24, NVI®). Vio que los que viven lejos de Dios perecerán y recibirán una eternidad sin su presencia, pero solo se acercaría más a Dios hasta que estuviera en su santa presencia por la eternidad. Los malvados se consumirán con tortura y terror, y no podrán llevarse sus riquezas ni su vida encantada con ellos. ¿Por qué tendría que envidiarlos alguna vez?

Otras palabras y frases para «envidia» son codiciar, desear para sí, resentirse, sentimientos de ser inadecuado o no aceptado, rivalidad,

218

demasiado posesivo, mezquino, poco generoso, o compararse a cada momento con los demás y siempre sentir que se queda corto.

Todas esas descripciones revelan una falta de amor por los demás y una carencia de gratitud y apreciación por la persona que Dios quiso que fuéramos. No podemos dejar que sean parte nuestra de ninguna manera.

Para nosotros, ejemplificar cualquiera de esas características nos hace sentir y parecer poco atractivos, egocéntricos y pequeños. Y señala el hecho de que no nos hemos rendido a Dios porque no le confiamos nuestra vida a Él. No queremos eso.

El plan del enemigo es plantar semillas de envidia en tu mente y quitarle bendiciones a tu vida.

Pídele a Dios que te haga ver si cualquiera de esas palabras se puede usar para describirte. Si ves cualquiera de esos rasgos en ti mismo, confiésaselo a Dios. Pídele que te ayude a alegrarte siempre por los demás cuando tengan éxito. Si te das cuenta que tienes envidia de los *piadosos*, confía en que Dios les da regalos y bendiciones a cada uno de sus hijos y un camino para andar en él que nos mantiene en su voluntad. Cuando Dios bendice a uno de sus hijos, eso no quiere decir que no te bendecirá a ti. Dios tiene bendiciones para tu vida también. Haz que Él sea tu prioridad y enfoque, y desea lo que Él desea para tu vida. Humíllate «bajo la poderosa mano de Dios, para que él los exalte a su debido tiempo» (1 Pedro 5:6, RVC).

Cuando envidiamos a alguien, eso revela que no lo amamos. Si no podemos alegrarnos por el éxito ni por las bendiciones de alguien, tenemos que pasar más tiempo con Dios, agradeciéndole por todo lo que nos ha dado y deleitándonos en su amor.

El alarde de nosotros mismos revela una falta de amor por los demás

El amor no es jactancioso.

¿Has visto a alguien que siempre se viste para ser el centro de atención? No me refiero a tratar de verse bien y agradable, con una buena higiene personal y vestimenta de buen gusto. Me refiero a una persona que en silencio grita: «¡Mírenme! ¡Mírenme!». Su escote es demasiado bajo y su ropa es demasiado ajustada. Es exagerada. Hace que los demás se sientan incómodos a su lado. No me refiero a las artistas y celebridades cuyo trabajo es llamar la atención cuando trabajan. Se les paga para no ser aburridas. Incluso entonces, algunas son exageradas y no tienen buen gusto, pero eso solo les ocurre a las personas que están lejos de Dios.

Cuando siempre llamamos la atención a nosotros mismos de una manera molesta, habla de una falta de amor en nuestro corazón para los demás. Dice: «Hablemos de mí». No dice: «¿Cómo estás?». Si de veras amamos a los demás, no vamos a querer que se sientan mal consigo mismos, como si por una cruel comparación no estuvieran a nuestra altura.

Cuando nos vestimos de forma apropiada para la ocasión, mostramos amor y respeto por la demás gente. No digo que parezcamos espantajos porque eso hará que la gente se sienta mejor en cuanto a sí misma. Me refiero a que debemos presentarnos de una manera que glorifique a Dios y que sea considerada con los demás.

Otras palabras y frases para «jactancioso» son hacer un espectáculo, exhibición, ostentoso, hacer alarde, exhibicionismo, presumir, hacer un gran *show*, tentar a alguien con algo y pregonar.

Tengo otra definición, cualquier cosa que grite: «¡Yo! ¡Yo! ¡Yo!». El asunto aquí es la intención del corazón. Me he equivocado en ambas direcciones en mi vida. Me he vestido con exageración para una ocasión que pensé que sería más elegante de lo que era. Tenía que haberme asegurado bien. Me hizo sentir incómoda y avergonzada, y debido a eso no me enfoqué en otras personas tanto como lo habría hecho en condiciones normales.

También me he equivocado en la otra dirección y asistí a un acontecimiento vestida de manera informal, y resultó ser una ocasión elegante. Sentí que mi informalidad fue una ofensa para la gente allí, como si no pensara que su acontecimiento fuera lo bastante importante como para vestirme de acuerdo a la ocasión. De nuevo, tuve que haberme asegurado bien y no haber dado por sentado algo que no sabía con seguridad.

Cualquiera que sea la situación, tenemos que preguntarle a Dios que nos haga sensibles a los que nos rodean, a fin de que no llamemos la atención indeseada a nosotros mismos de ninguna manera. Es la acción amorosa que se debe hacer.

El orgullo revela una falta de amor por los demás

El amor no es arrogante.

La arrogancia con orgullo muestra falta de amor por Dios y por otros. Significa que somos arrogantes con Dios e ilusos al pensar de nosotros mismos más de lo que deberíamos. *«Delante de la destrucción va el orgullo,* y delante de la caída, la altivez de espíritu» (Proverbios 16:18).

El orgullo de cualquier manera lleva siempre a la rebelión en contra de Dios. Ese fue el pecado de Lucifer antes de caer del cielo. Pensó que podía ser Dios y apropiarse del mundo de Dios, pero en lugar de eso cayó de su lugar y de su propósito. El orgullo siempre destruirá a una persona y su propósito. *«No seas sabio en tu propia opinión*; más bien, teme al Señor y huye del mal. *Esto infundirá salud a tu cuerpo y fortalecerá tu ser»* (Proverbios 3:7-8, nvi®).

Algunas personas trabajan mucho para hacer el bien y buscar a Dios con pasión al principio de su caminar con Él, pero después que se establecen en las cosas de Dios y llegan a tener éxito, eso puede ser un punto de orgullo. Es un lugar peligroso estar allí, sobre todo si se creen especiales y que las reglas de Dios ya no se aplican a ellos. Dios no tolerará eso y, en el mejor de los casos, su futuro será dificultoso. *«No toleraré* al de ojos altaneros y de corazón arrogante» (Salmo 101:5). Dios está cerca del humilde, pero distante del orgulloso (Salmo 138:6). El orgullo revela falta de amor.

Los que amamos de verdad a Dios nunca seremos orgullosos, y los que de verdad amamos a los demás nunca seremos arrogantes.

Otras palabras y frases para «arrogante» son vanidoso, desproporcionado, adulado, sobrevalorado, exagerado, desmedido, excesivo, creído y altivo.

Otras palabras y frases para «orgulloso» son vano, prepotente, arrogante, soberbio, vanidoso, fanfarrón, engreído, altanero, altivo, sedicente, presuntuoso, desdeñoso, esnob, con aires de superioridad, principal pecado capital y darse aires de grandeza.

Cuando los discípulos le preguntaron a Jesús quién era el mayor en el reino de los cielos, dijo: *«Cualquiera que se humilla como este niño es el mayor en el reino de los cielos»* (Mateo 18:4, RVC). Un niño es *humilde, enseñable* y *sumiso*. El arrogante ni siquiera puede comprender el reino de Dios, mucho menos morar allí, porque «Dios resiste a los soberbios pero da gracia a los humildes» (Santiago 4:6, RVC).

El orgullo nos hace pensar: *Yo no necesito a Dios. Puedo hacer esto por mi cuenta.* Eso va junto con un espíritu no enseñable. La gente que cree que no necesita a Dios para nada no experimentará la grandeza de Dios hacia ella. ¿No es asombroso ver a la gente que piensa que no necesita a Dios? ¿Cómo no ve que está a un paso del desastre en cualquier momento dado, sin su protección ni provisión? Oremos para que siempre podamos reconocer el orgullo en nosotros mismos y que lo confesemos de inmediato al Señor. Lo último que queremos es una caída de cualquier clase.

La descortesía revela falta de amor por los demás
El amor no se porta indecorosamente.

Cuando no tenemos buenos modales y no somos corteses con otros, demostramos una clara falta de amor. Siempre. Cuando somos descorteses y ofensivos a sabiendas con alguien, revelamos que el amor de Dios no está en nosotros. Si de veras tenemos el amor de Dios en nuestro corazón, seremos considerados porque nos importa la demás gente y la amamos.

Conozco a un hombre que a menudo es descortés con su esposa, incluso delante de otras personas. Eso la avergüenza a ella y hace que las demás personas se sientan incómodas también. Dios les frunce el ceño a los esposos y a las esposas que se tratan de una manera descortés. Es más, puede evitar las respuestas a sus oraciones. La descortesía es una señal de arrogancia. Cualquiera que crea que se beneficia al ser descortés con los demás, en especial con su cónyuge, se engaña a sí mismo. Dios nunca bendice la descortesía.

Otras palabras y frases para «indecorosamente» son áspero, brusco, engreído, irrespetuoso, tosco, obsceno, rudo, grosero, indecente, inculto, sin buenos modales, descortés, incivilizado, desatento, poco amable, torpe, sin gusto, ofensivo, impropio, indigno, vulgar y engañoso.

Cualquiera de estas palabras indica una falta del amor de Dios en el corazón de la persona que se comporta de esa manera. Tenemos que pedirle a Dios que permita que seamos conscientes de eso si alguna vez somos así o si incluso intentamos ser de esa manera. Los creyentes descorteses revelan una seria falta de madurez en las cosas de Dios. No lo entienden a Él ni a sus caminos en absoluto. Su falta de amor siempre limitará lo que Dios quiere hacer en sus vidas.

El egoísmo en nosotros revela una falta de amor por los demás

El amor no busca lo suyo.

Buscar todo para nosotros mismos sin pensar en lo que otros necesitan, muestra una clara falta de amor de nuestra parte. Si tenemos amor por los demás en nuestro corazón, nos importará lo que los bendice o los ayuda.

Cuando exigimos nuestros derechos a cada momento, o insistimos para tener lo mejor, o nos servimos lo más grande y lo mejor de todo sin pensar en las necesidades de los demás que nos rodean, buscamos lo nuestro. Alguien que siempre toma lo mejor para sí y nunca considera ofrecerle lo mejor a otra persona es egoísta.

El amor no significa que no pensemos jamás en uno mismo. Eso tampoco es bueno. Significa que piensas en otras personas aparte de ti mismo. Amor no es pensar: *Yo soy primero,* ni *¿Qué puedo obtener para mí?*

Otras palabras y frases para «buscar lo suyo» son egoísta, ascenso personal, protagonismo, veneración propia, interesado solo en sí mismo, oportunista, ambición personal, narcisismo y absorto en sí mismo.

Cuando hablamos de tal manera que hacemos que alguien se vea mal en tanto que nos hacemos ver bien a nosotros mismos, revelamos nuestra falta de amor y Dios no está contento. «Destruiré al que en secreto calumnia a su prójimo» (Salmo 101:5). No está contento en absoluto.

El egoísmo solo trata de buscar todo para uno mismo, como derechos, enfoque, atención y cosas materiales. Es decir siempre: «¿Qué hay para *mí*?». «¿Cómo *me* impulsa eso?» «¿De qué manera atiende a *mis* intereses?» «¿De qué modo *me* hace ver importante?» «¿De qué forma suple *mis* necesidades?»

Cuando no buscamos primero nuestra propia voluntad, sino la voluntad de Dios, Él nos llena de su amor para que podamos prestarle atención a los derechos e intereses de los demás.

El que se molesta con facilidad revela una falta de amor por los demás

El amor no se irrita.

¿Alguna vez has observado a personas que se enojan con facilidad, que a menudo son irritables, que son susceptibles y se ofenden? No están dispuestas a permitir que ni siquiera el incidente más pequeño de lo que perciben como un desaire les pase por encima. *Buscan* cosas por las que estar irritados y no se detienen para ver si la persona que ocasionó su ira tal vez no tuviera la intención de que fuera de la manera en que lo tomaron. Se molestan por nada. Es más, disfrutan con encontrar razones para estar contrariados.

Eso no quiere decir que si alguna vez has tenido alguno de esos sentimientos seas una persona sin amor. Todos podemos sentirnos de alguna de estas maneras de vez en cuando, y por alguna buena razón. Sin embargo, para ciertas personas, actuar así ha llegado a ser una forma de vida. En secreto piensan que se justifica que sean de ese modo. De nuevo, está vigente el síndrome de «todo gira a mi alrededor».

Otras palabras y frases para «irritado» son fastidiado, agraviado, encolerizado, disgustado, resentido, exasperado, molesto, hostigado, fuera de quicio, atosigado, enojado, importunado, provocado, amargado, contrariado y tener los nervios de punta.

Es asunto nuestro ver esas señales de falta de amor en nosotros mismos. Si se nos irrita con facilidad, es una señal de que el amor de Dios no se manifiesta con claridad en nosotros. Sí, hay gente que puede irritarnos o provocarnos, pero tenemos que hacer lo que es amoroso en la situación, cualquiera que sea. Tenemos que determinar pasar por alto las cosas que la gente dice y que estas no nos derrumben. Seremos mucho más felices de esa manera.

Pídele a Dios que te enseñe a lidiar con la gente que se irrita y tiene falta de amor. ¿Lo mencionas? ¿O haces una oración en silencio? Él te lo hará ver. Mientras tanto, pídele a Dios que ponga amor en tu corazón para la gente que te irrita, que te exaspera y te molesta en la vida. Ya sabes, la clase de gente a la que se le irrita con facilidad.

El que alberga malos pensamientos revela una falta de amor por los demás

El amor no toma en cuenta el mal recibido.

Por lo general, la gente que alberga malos pensamientos los tiene acerca de otras personas, o acerca de hacer algo que le afectará a otra gente de manera negativa. Una persona con malos pensamientos es astuta. En otras palabras, tiene una astucia insidiosa al tratar de hacer algo dañino a través de un engaño ingenioso.

Si no tenemos motivos ocultos, ningún plan egoísta, ninguna artimaña o plan secreto, ni ninguna maquinación para suplir nuestras necesidades egoístas a expensas de otros, eso quiere decir que no tenemos astucia.

Otra palabras para «astucia» son engaño, segundas intenciones, ambivalencia, malas mañas, sagacidad, secreto, saña, encubrimiento, sigilo, evasivo, traicionero, mañoso, calculador, tramposo, astuto, artificioso e insidioso.

Si amamos a los demás, no nos sentamos pensando en cuánto nos caen mal, en cuánto quisiéramos que los quitaran de nuestra vida y qué cosa mala nos gustaría hacerles. No llevamos la cuenta de todas las ofensas que nos han hecho ni nos desquitamos con la gente que las cometió. No permitimos que la falta de perdón y la venganza sean nuestra forma de actuar. Nos deshacemos del resentimiento y pasamos por alto las cosas.

Cuando tenemos malos pensamientos, estos se dejan ver en nuestro rostro, en nuestra personalidad y en la manera en que nos relacionamos con los demás. Otros pueden ver los malos pensamientos en una persona, aunque no puedan identificar con exactitud de qué se trata, y eso los hace sentirse incómodos.

Jesús dijo: «Ustedes han oído que se dijo: "No cometas adulterio." Pero yo les digo que cualquiera que mira a una mujer y la codicia ya ha cometido adulterio con ella en el corazón» (Mateo 5:27-28, NVI®). Eso deja ver que nuestros pensamientos pueden tener tanto pecado en ellos como nuestras acciones. Así que, ¿quién, entonces, está exento de malos pensamientos? ¿Quién entre nosotros no ha pensado, incluso por un momento, que el mundo sería un mejor lugar si a cierta persona que conocemos la retiraran de él? Cuando tenemos pensamientos similares, debemos arrepentirnos de inmediato ante Dios y pedirle que nos dé un corazón puro al que nunca le entren pensamientos malos.

El que celebra la caída de alguien revela una falta de amor por los demás

El amor no se regocija de la injusticia, sino que se alegra con la verdad.

Eso quiere decir que detestamos lo que detesta Dios y amamos lo que ama Él. Dios ama la verdad y a su gente. Si nos alegramos cuando a alguien le sobreviene una injusticia, o nos gozamos cuando vemos que otros fracasan o se revelan sus defectos, o ansiamos esparcir las malas noticias de alguien, nos gozamos de la injusticia. Si nosotros, más bien, ansiamos hablar de las cosas y situaciones *buenas* de la gente, y nos alegramos en cada manifestación de la verdad y no nos alegramos por el sufrimiento o la caída de otro, tenemos amor en nuestro corazón por ellos. Si despreciamos la desigualdad de tratamiento, o cualquier desplante o ilegalidad, o desdeñamos cualquier cosa que no debería ocurrir y no celebramos el mal, el error, las fechorías, las abominaciones, las atrocidades, la desgracia, los desplantes, las transgresiones, las ofensas, la debilidad moral, la maldad, la morbosidad o el pecado, eso le agrada a Dios y manifiesta nuestro amor por Él y los demás.

Otras palabras para «injusticia» son iniquidad, falsedad, lo que no debe ser, actos ilícitos, ilegalidad, agravio, error, abominación, desigualdad, escándalo, crueldad, infamia, maldad, atrocidad, actividad criminal, indiscreción, abandono, delito y responsabilidad culposa.

Alegrarse en la verdad significa celebrar la verdad *de Dios* en cuanto a alguien, no la verdad manifiesta y chocante que ves cuando la gente manifiesta la forma en que es dicha persona. Significa ver su potencial y no su fracaso. Reconoces lo que *Dios* dice de ella y no lo que otros dicen para desacreditarla.

Lo opuesto a amor es racismo. Es todo lo que no es Dios. Va en contra de todo lo que es y hace Dios. Es malo. Es demoníaco en su origen y en su continuación. Es una táctica del enemigo para robar, matar y destruir a todos los involucrados, a las personas odiadas, así como a los que odian. Su crueldad surge de un lugar oscuro, «pues la tierra está llena de oscuridad y violencia» (Salmo 74:20, RVC). El racismo es una guarida para la crueldad. Resume a la perfección lo que es celebrar el mal. Ilustra lo que significa alegrarse de la iniquidad. Es perverso y malo, y quienes lo perpetúan pagarán un precio alto y lamentable.

Todas las características anteriores de lo que *no* es el amor nos muestran cómo reconocer la falta de amor en nuestros corazones. Nos ayudan a reconocer la falta de amor en los demás también, pero con el propósito de orar por ellos a fin de que lleguen al Señor y se liberen.

Hay un precio que pagar por la falta de amor, pero la buena noticia es que no tenemos que vivir así. Dios nos puede liberar de todo eso y mantener nuestros corazones llenos de su amor. Aun así, esa es una decisión que tomamos nosotros. Decidimos permitir que nuestro corazón fluya del amor de Dios, decidimos expresar nuestro amor por Él y, en el proceso, nuestro corazón de amor se inundará hacia otros. Esto se revela en la manera en que hablamos y actuamos con la gente, y esto les agrada tanto a ellos como a Dios.

Oración de *Amor*

Señor:

Ayúdame a reconocer cualquier cosa en mí que revele una falta de amor por los demás en mi corazón. Enséñame a entender lo que *es* el amor, y a entender también lo que *no* es tu amor. Ayúdame a no envidiar a otros nunca, sino a alegrarme por todo lo que *tienen* o *son*. Gracias por haberme dado tanto por lo que estoy agradecido. No permitas nunca que haga alarde de algo, que sea ostentoso, ni que llame la atención hacia mí mismo. Haz que sea consciente de la manera en que me presento a los demás para que no haga sentir mal a nadie, sino amado.

Ayúdame a querer lo que quieres *tú* más que lo que quiero *yo*. No permitas que me exaspere, me irrite o me sienta ofendido con facilidad. Quita de mi corazón todo orgullo. Sé que eso solo puede conducir a la destrucción porque es una rebeldía evidente en contra de ti. Sálvame de alguna vez llegar a ser arrogante y de alinearme con el enemigo. No permitas que llegue a ser sabio a mis propios ojos, porque sé que eres misericordioso con la gente humilde y que humillas a los que son orgullosos (Salmo 18:27, DHH).

Dame un corazón que sea sensible con los demás a fin de que nunca sea descortés ni egoísta. Llena mi corazón y mi mente con tu verdad, para que jamás albergue malos pensamientos. No permitas que celebre las malas noticias ni la caída de otra persona. Ayúdame a deshacerme de cualquier ofensa de una persona que irrita, para que pueda dejarlo pasar y no tenerlo como una carga. Ayúdame a amar a otros de la manera en que tú quieres que lo haga, y a rechazar todo indicio de falta de amor en mí.

Te lo pido en el nombre de Jesús.

Palabras de *Amor*

*El de corazón descarriado se saciará de sus caminos,
pero el hombre bueno estará satisfecho con el suyo.*

PROVERBIOS 14:14

*Oh SEÑOR, tú has oído el deseo de los humildes; tú
fortalecerás su corazón e inclinarás tu oído.*

SALMO 10:17

*Hay caminos que al hombre le parecen rectos, pero que
acaban por ser caminos de muerte.*

PROVERBIOS 14:12, NVI®

*Humíllense, pues, bajo la poderosa mano de Dios, para que
Él los exalte a su debido tiempo.*

1 PEDRO 5:6, NBLH

Ninguno debe buscar su propio bien, sino el bien del otro.

1 CORINTIOS 10:24, RVC

18

¿Cómo sabrán los demás que soy de Dios?

El corazón de Dios se debe entristecer al ver a sus hijos pelear por cosas pequeñas en lugar de alegrarse por las cosas grandes. Peleamos por las cosas que dividen en lugar de alegrarnos juntos por las cosas que nos unen, como el milagro del nacimiento, de la muerte y de la resurrección de Jesús, y su amor incondicional, misericordia y gracia hacia nosotros.

La gente nunca puede ponerse de acuerdo en cuanto al Espíritu Santo. Es probable que haya más desacuerdo en cuanto a ese mismo tema en el cuerpo de Cristo que en cualquier otro por dos extremos: la gente que ni siquiera puede decir la palabra «Espíritu Santo», y los otros que se permiten volverse locos, aterradores y raros en el nombre del Espíritu Santo. ¿Es una coincidencia que esos dos extremos ejemplifiquen menos el amor de Dios?

Los que apenas pueden reconocer que el Espíritu Santo existe no le permiten que derrame su paz, consuelo y amor en ellos. No quieren que Él interrumpa *sus* planes para *sus* vidas. Los que se encuentran en el otro extremo están tan ensimismados en *sí mismos* y en *su experiencia* que en lo último que piensan es en cómo demostrarles a otros el amor de Dios.

Ambos lados aman su experiencia más de lo que aman a Dios. Sé que eso puede parecer duro, pero he visto esos extremos varias veces en diversos lugares y, créeme, no percibo el amor de Dios ni la presencia del Espíritu Santo en ninguno. Percibo un desplazamiento de la carne.

Lo mismo es cierto con los que carecen de amor y que son críticos autoproclamados de otros cristianos. No me refiero a los que dicen la verdad de la vida de otro porque aman profundamente a esa persona y quieren lo mejor para ella. No te preocupes si te preguntas si ese eres tú. Esa gente no leería un libro acerca del amor porque el amor de Dios no es lo que les interesa. Están interesados en derribar a otras personas y no en edificarlas en las cosas de Dios.

Una táctica del enemigo es dividir a los creyentes y enfrentarlos unos con otros. Imagina si nosotros, el cuerpo de Cristo, fuera tan unido que pudiéramos orar en unidad por cualquier cosa que Dios pusiera en nuestro corazón. Piensa en lo que se podría lograr.

Ama a otros creyentes como nos ama Jesús

Jesús dijo: «Un mandamiento nuevo les doy: *Que se amen unos a otros. Así como yo los he amado* [...] En esto conocerán todos que ustedes son mis discípulos, si se aman unos a otros» (Juan 13:34-35, RVC). Eso quiere decir que nuestro amor por otros creyentes será la característica principal en nosotros que demuestra a quién pertenecemos y a quién amamos y servimos. Será distintivo y definitivo cuando de manera coherente nos demostremos el amor de Jesús los unos a los otros.

El amor de Jesús fue *sacrificial, incondicional* e *infalible*, y no como cualquier otro amor. Su amor en nosotros nos hace resolver nuestras diferencias y dejar de separarnos de otros creyentes por cosas sin importancia, criticismo peliagudo y difamación chismosa del carácter que es lo opuesto al amor de Cristo por nosotros.

Jesús quiere que llevemos fruto que dure. Parte de eso es llegar a ser su discípulo y ayudar a llevar a otra gente al conocimiento de Él como su Salvador.

Los creyentes somos miembros del cuerpo de Cristo. Lo que le afecta a uno nos afecta a todos. En general, nos necesitamos unos a otros. *La clave es amar a los demás como nos ama Él.* Un amor como ese no es un sentimiento accidental. Es una decisión que tomamos y que nos hace actuar por amor. Esa clase de amor es algo que percibes en una persona, incluso si no hace nada en específico por ti. Es la forma en que *es*.

La gente sabrá que somos suyos por nuestro amor mutuo. Cuando demostramos amor los unos por los otros al estar en unidad, no en lealtad a un hombre, sino en nuestra lealtad común a Jesús, eso llevará más gente a Él que cualquier otra cosa. Ese amor mutuo y esa unidad de espíritu requieren de humildad. Esto quiere decir que no solo somos humildes ante Dios, sino humildes los unos con los otros.

Nuestro amor y nuestra humildad se revelan con las palabras que decimos. Lo que decimos tiene que estar en línea con lo que tenemos en nuestro corazón. Cuando mostramos nuestro amor por Dios y por los demás con nuestras palabras, eso bendice a Dios. *Humildad es reconocer lo pobres que somos sin el Señor y lo claramente patética que sería nuestra vida sin Él.*

Pablo les dijo a los corintios la manera en que tenían que vivir como creyentes. «Os ruego, pues, hermanos, por el nombre de nuestro Señor Jesucristo, que *habléis todos una misma cosa,* y que *no haya entre vosotros divisiones, sino que estéis perfectamente unidos en una misma mente y en un mismo parecer*» (1 Corintios 1:10, RV-60).

¿Quiere decir eso que todos estamos de acuerdo en todo y cada uno de los detalles de nuestra vida? No, quiere decir que estamos de acuerdo en cuanto a quién servimos como Señor y lo que Él requiere de nosotros.

David dijo: «¡Vean qué bueno y agradable es que los hermanos vivan unidos!» (Salmo 133:1, DHH). Una de las formas en que vivimos en unidad es haciendo juntos las cosas, y buscando al Señor y el consejo de otros creyentes fuertes y sabios.

Parte de amar a los demás es ser capaces de dejar un problema. Soltarlo. Contar tus pérdidas y seguir adelante. Todos tenemos que hacer eso de vez en cuando. La oración es el gran unificador de todo. ¿Qué podría pasar si los creyentes comenzáramos a orar los unos por los otros en las distintas denominaciones, en las distintas culturas y en las distintas áreas para que el orgullo eclesiástico, el orgullo denominacional y el orgullo cultural y racial ya no existieran? Piensa en lo que Dios podría hacer en su pueblo si se eliminara todo ese orgullo de «nosotros tenemos la razón y todos los demás están equivocados».

A David lo agredieron falsos acusadores que engañosamente lo atacaron con palabras de odio. La peor parte fue que eran personas que había amado, y le pagaron con mal por bien. Sin embargo, ¿qué hizo David ante esto? Oró. Dijo: «Me han rodeado también con palabras de odio, y sin causa han luchado contra mí. En pago de mi amor, obran como mis acusadores, *pero yo oro*» (Salmo 109:3-4).

Oró en lugar de reaccionar. Buscó a Dios en lugar de vengarse.

Qué lección podemos aprender de eso. Debido a que tenemos la confianza de saber que Dios nos ama, podemos decir: «El SEÑOR está a mi favor; no temeré. ¿Qué puede hacerme el hombre? [...] Es mejor refugiarse en el SEÑOR que confiar en el hombre» (Salmo 118:6, 8). Dios está de tu lado y Él sabe la verdad.

Una de las cosas más dolorosas es cuando te hiere un *creyente*. Si los dos aman a Dios y Él los ama a cada uno de ustedes, ¿cómo reconcilias eso? Tienes que orar por esa persona y por ti. Ora para que, si tú estás equivocado, Dios te lo muestre. En cambio, si la otra persona está equivocada, ora para que Dios se lo revele a ella y lo reconozca. Lo mejor sería orar juntos, confiando en que Dios sabe cómo hacer lo que se necesita para conciliar esta brecha.

Ama a los incrédulos como nos ama Dios

Nuestro amor extendido hacia los incrédulos les dará a conocer que no solo amamos a los nuestros, y eso es lo que nos hace únicos. Amamos a los que no son como nosotros en lugar de rechazarlos, como todos los demás tienden a hacerlo.

Lo que impide que más personas reciban al Señor son los creyentes que hablan y actúan hacia ellas sin el amor de Dios en sus corazones.

Eso es lo que me impidió recibir al Señor mucho antes de lo que lo hice. No fue hasta que enfrenté el verdadero amor de Dios con creyentes que las paredes cayeron en mi corazón. Por sus oraciones para que viera la luz, la ceguera cayó de mis ojos. Solo el amor de Dios rompe barreras como esa. El simple amor humano no puede hacerlo.

Ora para que vivas de una manera que el amor de Dios pueda verse en ti. Y ora para que los creyentes vean la verdad de eso. Jesús dijo: «El mundo no puede odiarlos a ustedes; pero a mí me odia, porque yo hago constar que sus obras son malas» (Juan 7:7, RVC). Mucha gente en el mundo detesta a los cristianos porque *somos* creyentes en Jesús. Sin embargo, tenemos que amarla también. Ora para que se derribe cualquier cosa que le impida a la gente ver la verdad del amor de Dios y del sacrificio de Cristo.

Perdemos el derecho a todo lo que Dios tiene para nosotros cuando no amamos a los demás. Jesús dijo que la gente nos conocerá por nuestro amor de los unos a los otros. Entonces, ¿nos conocen? ¿Sabe la gente eso de ti? ¿Sabe eso de mí? Espero que sí. Mi oración es porque así sea. Oremos juntos para que la gente nos conozca por nuestro amor mutuo y también por nuestro amor por los que no conocen a Dios.

Jesús dijo: «Todo aquel que es de la verdad, oye mi voz» (Juan 18:37, RV-60). Esto quiere decir que podemos oír a Dios hablarle a nuestro corazón porque tenemos su Espíritu de Verdad en nosotros. Como resultado, Dios nos puede guiar para demostrarles amor a los demás.

Jesús dijo de nosotros, como creyentes, que se nos conocería por nuestro amor, no por nuestras reglas y leyes. Nuestro juicio del mundo no creyente lo ha alejado del amor de Cristo, pues la gente no ve que se revele ni que se otorgue. Qué vergonzoso. Tenemos que cambiar esa percepción con una persona a la vez, si no más. Oremos para que se nos conozca por nuestro amor de los unos a los otros como creyentes y por nuestro amor hacia otras personas que no conocen al Señor. ¡Todavía!

La Biblia dice que tenemos que «seguir el amor» (1 Corintios 14:1, NVI®) y permitir que todo se haga con amor (1 Corintios 16:14). No solo lo seguimos para nosotros mismos, sino para los demás. Esa es la única forma en que la gente sabrá quiénes somos.

Oración de *Amor*

SEÑOR:

Tu Palabra dice que es bueno y agradable para todos nosotros que te amamos vivir juntos en unidad (Salmo 133:1, DHH). Y que debemos amarnos los unos a los otros, pues cuando te amamos a ti y amamos a los demás, esto muestra que te *conocemos* en verdad (1 Juan 4:7). Ayúdame a ser un conciliador y no alguien que divide. Ayúdame a ser un pacificador, un fabricante de puentes y un unificador.

Enséñame a expresar palabras que den aliento, amor y paz; palabras que edifiquen y hagan que la gente te ame más. Permíteme hablar solo lo que es cierto, justo y piadoso. No permitas que sea alguien negativo que se queja. Tu Palabra dice que la forma de hablar piadosa trae una larga y buena vida (Salmo 34:12-13). Ayúdame a decir la verdad en cuanto a lo que constituye una vida larga y buena para otros. Permíteme comunicarles tu amor de cualquier manera posible.

Te pido que me conozcan por mi amor hacia ti y hacia otras personas (Juan 13:35). Te imploro que incluso los no creyentes me conozcan por mi amor expresado a ellos con amabilidad y consideración. Te ruego que eso los atraiga a ti. Enséñame a «seguir el amor», no solo para recibirlo, sino para acudir a ti por las oportunidades que me abres para demostrárselo a otros (1 Corintios 14:1, NVI®). Enséñame a orar por eso, a fin de que pueda darles tu amor a los que causan división. Permítenos a todos amarnos los unos a los otros con un corazón puro (1 Pedro 1:22).

Te lo pido en el nombre de Jesús.

Palabras de *Amor*

*Hermanos, ustedes han sido llamados a la libertad, sólo
que no usen la libertad como pretexto para pecar; más bien,
sírvanse los unos a los otros por amor. Porque toda la ley se
cumple en esta sola palabra: «Amarás a tu prójimo
como a ti mismo».*

GÁLATAS 5:13-14, RVC

*Por encima de todo, vístanse de amor,
que es el vínculo perfecto.*

COLOSENSES 3:14, NVI®

*Que el Señor los haga crecer y abundar en amor
unos para con otros, y para con todos.*

1 TESALONICENSES 3:12, NBLH

*Os ruego que andéis como es digno de la vocación con que
fuisteis llamados, con toda humildad y mansedumbre,
soportándoos con paciencia los unos a los otros en amor,
solícitos en guardar la unidad del Espíritu
en el vínculo de la paz.*

EFESIOS 4:1-3, RV-60

*Y ante todo, tened entre vosotros ferviente amor; porque el
amor cubrirá multitud de pecados.*

1 PEDRO 4:8, RV-60

19

¿No es egoísta aprender a amarme a mí mismo?

Casi todos somos demasiado duros con nosotros mismos. Nos mortificamos por lo que vemos que nos decepciona. Las mujeres, en específico, nos criticamos a nosotras mismas. Sin embargo, Dios no es así. Él quiere que amemos a la persona que quiso que fuéramos. Desea que apreciemos que nos hizo de una manera maravillosa para que amemos todo lo que nuestro cuerpo, nuestra alma y nuestra mente pueden hacer. Él no quiere que nos critiquemos por lo que pensamos que no podemos hacer.

Recuerdo que le escuché decir a un médico acerca de ir a un país extranjero a ayudar a los niños enfermos de allí. Muchos estaban deformados porque estuvieron en úteros de madres desnutridas que no comieron lo suficiente durante su embarazo. La próxima vez que fue a ese país como misionero, llevó cirujanos con él que pudieran hacer procedimientos correctivos en los pequeños rostros deformes de esos niños. Dijo que allí no tenían espejos, por lo que nunca se habían visto en realidad y no sabían cómo se veían. Solo veían la reacción de los demás hacia ellos. Es algo difícil de imaginar, ¿verdad? ¿Cómo sería no haber visto nunca nuestro propio reflejo? La mayoría de nosotros se ha estado viendo en el espejo desde la primera vez que vimos a nuestros padres o hermanos hacerlo.

A esos niñitos se les permitió verse en un espejo antes de su operación, y eso les resultó algo inquietante. Entonces, cuando se vieron después que sanaron de su operación, estuvieron complacidos. Su confianza y alegría aumentaron. La gente les respondía de manera positiva. A ellos les gustó lo que reflejaban.

Muy a menudo no nos gusta lo que vemos porque somos críticos de lo que vemos. Nos hemos comparado con imágenes de película que hemos visto en los medios de comunicación. Dios, en cambio, no quiere que hagamos eso. Quiere que veamos *su* belleza en nosotros. Quiere que nos veamos de la manera en que nos ve *Él*. Cuando recibimos al Señor y su Espíritu en nosotros, Dios comienza una operación espiritual que reconstruye y repara todas las cosas deformantes que nos han ocurrido debido a los efectos destructores del pecado en nuestra vida. Cuando veamos los resultados, estaremos complacidos. Su Espíritu en nosotros es embellecedor.

Jesús dijo que debemos amar a Dios con todo nuestro corazón, con toda nuestra alma y con todas nuestras fuerzas. Dijo que ese era el mandamiento más importante (Marcos 12:30). «El segundo en importancia es: "Amarás a tu prójimo como a ti mismo"» (Marcos 12:31, RVC). Esos son los dos mandamientos más importantes; aun así, ¿cuántos de nosotros no nos amamos a nosotros mismos? Es más, somos malos con nosotros mismos cuando criticamos lo que creemos que somos y no apreciamos la manera en que nos hizo Dios.

Permíteme decirte unas cuantas cosas acerca de ti.

En primer lugar, te crearon a la imagen de Dios. Lo mismo sucedió con tu mamá y tu papá, y por eso te pareces a ellos también. Cuando recibes a Jesús, *eres una nueva creación.* Tienes un nuevo yo, y de ahí en adelante tienes que dejar de tratar de respaldar a tu antiguo yo.

Eres la morada del Espíritu Santo de Dios y le perteneces a Dios. Te compraron por un alto precio, por lo que debes glorificar a Dios con tu cuerpo y tu espíritu (1 Corintios 6:19-20). Tu cuerpo es templo del Espíritu Santo, y por eso debe valorarse y amarse. No hagas nada para entristecerlo, ni siquiera criticar tu cuerpo, que es donde vive Él.

Uno de los mayores regalos que Dios nos da es su Espíritu que vive en nosotros. Debemos apreciar ese regalo y también amar el templo que nos ha dado Él. Tienes el Espíritu del único, verdadero, vivo y santo Dios del universo viviendo en ti, así que niégate a criticarte a ti mismo.

Pablo dijo que una persona no debe tener «más alto concepto de sí que el que debe tener, sino que piense de sí con sensatez, según la medida de fe que Dios repartió a cada uno» (Romanos 12:3, RVC). Esto quiere decir que no nos juzgamos basados en lo que *nosotros* hemos logrado o hemos hecho que *seamos*, sino que nos valoramos en cuanto a quién nos hizo *Dios* que fuéramos, lo que *Él* hace en nosotros y cómo nos permite cumplir nuestro propósito.

Deja de decir cosas malas de ti

Nosotros queremos que las palabras que decimos siempre sean agradables a Dios, y eso incluye las palabras que decimos de nosotros mismos. David oró: «*Sean gratas las palabras de mi boca y la meditación de mi corazón delante de ti*, oh SEÑOR, roca mía y redentor mío» (Salmo 19:14). Él se refería a *todas* sus palabras. Eso incluye las palabras que decimos y los pensamientos que tenemos en nuestro corazón acerca de nosotros mismos.

Si siempre te mortificas con las palabras que dices, ¿de qué manera le complace y le glorifica eso a Dios? ¿De qué manera se le bendice cuando criticas su creación de la cual eres una parte importante? Pablo dijo: «Si alguno destruye el templo de Dios, Dios lo destruirá a él, porque el templo de Dios es santo, y ustedes son ese templo» (1 Corintios 3:17, RVC). Palabras fuertes de Aquel que te ama.

Yo solía ser culpable de decir cosas malas de mí misma. Debido a las palabras terribles que mi madre me decía con frecuencia, crecí pensando lo peor de lo que yo era. Muchas veces me decía que no valía nada y que nunca llegaría a nada. Jamás me dijo que tuviera algún atributo positivo, ni que fuera buena para algo. Nunca se me estimuló para que fuera o hiciera algo en absoluto. En realidad, me desanimaba y me hacía sentir sin esperanza en cuanto a mi vida.

Yo no estaba en una familia de alentadores. Solo ridiculizaban. Una de mis tías fue la única que me hizo sentir que yo importaba en este mundo. Todos los demás me hicieron sentir como una imposición. Por lo que terminé odiando todo en cuanto a mí misma y a mi vida. Cargué con el odio a mí misma por años. Solo empecé a sanar cuando recibí al Señor y Él comenzó a amarme en plenitud. Cuando me liberé del desprecio de mí misma, todavía sentía como que siempre tuviera que sufrir por todo en la vida. No fue fácil jamás. Siempre era una batalla. Y yo comparaba mi vida con la vida de otras personas.

Tardé un poco de tiempo en sanar y en aprender acerca del amor de Dios por mí, y eso me ayudó a ver la verdad. Vi que todos tomamos decisiones cada día, y cuando decidimos vivir en el amor de Dios y decidimos mostrar nuestro amor por Él, esto influye en cualquier otra decisión, especialmente en *la decisión de amar a la persona que Dios quiso que fuéramos.*

Nadie lo tiene todo. Parece como que algunas personas lo tuvieran, pero no es así. Por lo que no podemos poner nuestros ojos en los que creemos que tienen mucho más que nosotros y comparar de manera crítica nuestra vida con la suya.

Yo estuve muy enferma durante mis dos embarazos, el segundo fue aun peor que el primero. Estuve en cama casi todo el tiempo en el segundo, tan enferma como para hacer algo. En las horas que pasé allí, muchas veces escuchaba a la bella dama que era mi vecina de al lado, con sus perfectos gemelos, un niño y una niña, que había adoptado, sin tener un día de enfermedad ni dolor en absoluto. Yo me permití envidiarla, y comparaba nuestras situaciones y quería la suya y no la mía. No podía entender por qué yo, una creyente, tenía que sufrir tanto, y que ella, una incrédula, no tuviera que sufrir para nada. Estaba tan enferma que ni siquiera podía leer ni ver televisión. Eso significaba que tampoco leía la Biblia. Solo cuando algunas veces llegaba una amiga y me la leía, yo tenía ese consuelo tan maravilloso.

Después que nació mi bebé, mi vecina trajo a su hijo en un cochecito de gemelos para mostrármelo. Su hija estaba en casa. Me dijo que la niñita tenía varias incapacidades, y que iban a tener que mudarse de casa, más cerca del hospital, donde su hija pudiera recibir la terapia que necesitaría por el resto de su vida. Eso me impactó y me entristecí por ella.

Cuando se fueron, lloré y me arrepentí ante Dios por mi envidia y por mi falta de apreciación por lo que Él me había dado. Estaba muy avergonzada por haberme permitido esos pensamientos tan horribles. Estaba avergonzada ante mí y ante Dios. Es muy vergonzoso contarte esto. Lamento profundamente mi actitud de ingratitud hacia Dios. Todavía me duele pensar en eso, y lloro incluso ahora. Juré que nunca más sería malagradecida por lo que Dios me ha dado, sin importar la situación. Nunca más reduciría su amor por mí en mi corazón, ni limitaría mi amor y alabanza a Él. Le agradezco a Dios por cada momento desdichado y doloroso de mis embarazos, y pasaría por todo eso otra vez para tener a mis hijos. Le doy gracias a Dios cada día por ellos. La misericordia y el amor de Dios hacia mí es más de lo que merezco y siempre ha sido así.

No importa lo que tenga otra persona y que pensamos que nos falta, nosotros no estamos en sus zapatos. Tenemos que amarlos y alegrarnos por ellos. Y también debemos amar a la persona que Él hizo que fuéramos y la vida que nos ha dado. No importa cuánto pensemos que hemos sufrido, hay otros que han sufrido más. No importa cuán mal lo pasemos, hay otros que lo pasan aun peor.

Tenemos que levantarnos cada día y darle gracias a Dios porque nos despertamos vivos, sin importar lo mal que nos sintamos ese día. Tenemos que agradecerle a Dios por lo que *podemos* hacer en lugar de quejarnos ante Él por lo que creemos que no podemos hacer. Y cada vez que le agradezcamos a Dios por algo que *podemos* hacer, oremos por alguien que conocemos y que no puede hacer lo que quiere hacer. Eso es amar a los demás, y eso cambiará nuestra perspectiva de todo.

Deja de tener malos pensamientos acerca de tu vida

Si te das cuenta de que muy a menudo tienes pensamientos de crítica sobre tu vida, pídele a Dios que te ayude a encontrar tu esperanza en Él. Si hay que cambiar algo y tú tienes la habilidad de hacerlo, hazlo. Por otro lado, si no hay nada que puedas hacer para lograr el cambio que se necesita, pídele a Dios que haga lo imposible. Pon la situación a sus pies. Pídele que te ayude a ver todas las cosas buenas de tu vida y a darle gracias por ellas. Pídele que te ayude a ver tu vida y tu futuro desde su perspectiva. Pídele que cambie lo que haya que cambiar. Es probable que esté esperando que vayas a Él por su ayuda. Es posible que quiera mucho más los cambios de los que los quieras tú, pero espera por ti para que dependas de Él. Y hace eso porque quiere llevarte a lugares que no puedes ir sin Él.

Dios tiene bendiciones para tu vida que ni siquiera puedes imaginar ahora mismo, pero puede que esté esperando a que te perfecciones en amor. Es decir, muchas veces Dios espera para bendecirnos hasta que nosotros bendecimos a otros de la manera en que Él quiere que lo hagamos, al mostrarles el amor que llega de su corazón al nuestro. Esa es una de las mayores bendiciones que Dios nos da cuando aprendemos a amar a otros como Él quiere que lo hagamos. Y lo opuesto también es cierto. Nosotros cortamos las bendiciones que Dios quiere darnos porque hemos fracasado en amar a otros. Ese es un gran asunto para Él, y demasiada gente ni siquiera se da cuenta.

Cuando *de veras* llegas a amar y apreciar a la persona que Dios quiso que fueras, no te llenarás de orgullo. Tampoco te enfocarás intensamente en ti mismo. Ni tendrás envidia porque no necesitas tenerla. Tú eres tú y eso es bueno, y no necesitas ser nadie más.

Amarte y amar tu vida no indica de ninguna manera que piensas que eres mejor que cualquier persona. Significa que aprecias las cosas buenas de ti mismo y la vida que te ha dado Dios. Te das cuenta de que tu vida es una obra en progreso y que tú anticipas cosas grandes por delante. No te comparas con nadie más, ni comparas tu vida con la de ningún otro.

No importa cuál fuera tu pasado, incluso te puedes sentir no amado, difícil de amar o no deseado como yo, Dios te ve como valioso, con gran propósito y dones que Él ha puesto para que los uses para su gloria. Sin embargo, tienes que ser libre del pasado. Esto no te define ahora. *Dios* es el que te define. Su Espíritu en ti te define. Jesús te definió como alguien por quien vale la pena morir para darte vida eterna con Él. Así que no te juzgues por tu pasado. El ayer se fue. Hoy es un nuevo día. Solo porque las cosas pasaron de cierta forma en el pasado no quiere decir que pasarán de la misma forma hoy. No limites lo que Dios quiere hacer en ti y a través de ti hoy y en el futuro. Tienes que perdonar a cualquiera que te haya rechazado o que te haya hecho sentir no amado. Perdónate por no ser todo lo que *tú* esperabas ser. Deja de hacer hincapié en lo que crees que *deberías* ser, y comienza a hacer hincapié en todo lo que *puedes* ser en el Señor. Deja de enfocarte en lo que no eres y concéntrate en quien *eres*. El amor de Dios te libera para que seas todo lo que Él quiere que seas. Su amor te ha liberado de tus propios límites autoimpuestos. Su amor te *libera*. No te controla. Aun así, tienes que abrirte por completo a su amor y recibirlo todos los días. Cuando te criticas a ti mismo en lugar de creer lo que Dios dice de ti, no recibes su amor a plenitud.

Cada mañana reconoce que Dios te ha dado este día. Di: «Este es el día que el SEÑOR ha hecho; [me regocijaré] y [me alegraré] en él» (Salmo 118:24). Y no importa lo que pase, di: «Obra del SEÑOR es esto; admirable a [mis] ojos» (Salmo 118:23). Piensa en Jesús y cómo lo rechazaron; sin embargo, cumplió un propósito grandioso y glorioso. «La piedra que desecharon los edificadores ha venido a ser la piedra principal del ángulo» (Salmo 118:22).

A mí me han rechazado y ahora cumplo el propósito de Dios para mi vida. Si hubiera acabado con mi vida, como una vez intenté hacerlo y lo planifiqué otra vez para lograrlo, nunca habría sabido lo que Dios tenía planeado para mí. Lo mismo es cierto contigo. No sabotees lo que Él hace en tu vida al no amarte. Eso no quiere decir que estés «enamorado» de ti mismo, lo cual es orgulloso y narcisista. Jesús dijo que amaras a tu prójimo como a ti mismo. Eso significa que debes amarte a ti mismo. Hay una relación entre amar a los demás y amarte a ti mismo. Es saludable amar lo que eres, la persona que Dios quiso que fueras, y apreciar la vida que te ha dado para Él.

Su futuro para ti es bueno y lo amarás, tal y como tú lo amas a Él.

Oración de *Amor*

SEÑOR:

Gracias porque me amas y porque me hiciste para tus propósitos. Ayúdame a apreciar todo lo que has puesto en mí. Permíteme reconocer los dones que me has dado a fin de que los use para tu gloria. Permíteme ver lo bueno que no veo y a rechazar la autocrítica en la que me enfoco. Enséñame a amarte más y a amarme mejor, de modo que pueda expresarles amor a otros con una claridad mayor.

Confieso cualquier sentimiento que tenga en cuanto a mi vida que sea negativo y criticador. Tú estás a cargo de mi vida, y confío en que tú traerás bien a ella. Dame sabiduría para ver las cosas grandes que has puesto en mi vida y que se usarán para tu gloria. Ayúdame a amar a otros, así como me has enseñado a amarme; es decir, con gran apreciación de tu obra en mí y en ellos. Sé que cuando te amo, cuando me amo a mí mismo y cuando amo a los demás, ese es el cumplimiento de la ley (Romanos 13:10). No quiero invalidar eso de ninguna manera.

Ayúdame a seguir «la justicia, la piedad, la fe, el amor, la perseverancia y la amabilidad» porque son hermosas a tus ojos y te agradan (1 Timoteo 6:11). Señor, tú eres bello, maravilloso, encantador, atractivo y deseable. Que todo lo que eres brille a través de todo lo que soy. Ayúdame a amarme de una manera que no diga: «Soy grandioso», sino que más bien diga: «¡Tú eres grandioso! Y tú estás en mí haciéndome más semejante a ti cada día».

Te lo pido en el nombre de Jesús.

Palabras de *Amor*

El que posee entendimiento ama su alma; el que guarda la inteligencia hallará el bien.

PROVERBIOS 19:8, RV-60

Por encima de todo, vístanse de amor, que es el vínculo perfecto.

COLOSENSES 3:14, NVI®

Así como para practicar la iniquidad presentaron sus miembros para servir a la impureza y la maldad, ahora, para practicar la santidad, presenten sus miembros para servir a la justicia.

ROMANOS 6:19, RVC

Huye también de las pasiones juveniles, y sigue la justicia, la fe, el amor y la paz, junto con aquellos que con un corazón limpio invocan al Señor.

2 TIMOTEO 2:22, RVC

El que quiere amar la vida y ver días buenos, refrene su lengua del mal y sus labios no hablen engaño.

1 PEDRO 3:10

¿Qué pasa si soy incapaz de sufrir, creer, esperar y soportar todas las cosas?

«Ya no puedo soportar esto». «Es que ya no lo aguanto más». «No puedo creer que alguna vez ocurra». «No creo que las cosas cambien alguna vez». «He perdido la esperanza de que esta persona alguna vez sea distinta». «Lo que he esperado está tardando demasiado». «Ya no puedo soportar esto ni un minuto más». «No puedo seguir así».

¿Alguna vez te has encontrado con esta clase de pensamientos acerca de alguien o de alguna situación? Sé que yo sí. Muchas más veces de lo que deseo admitirlo. En cambio, eso fue cuando intentaba vivir la vida con mis propias fuerzas y sin confiar por completo en Dios.

Dios es el único que nos puede dar la fortaleza y resistencia para soportar el peso que tenemos encima. Es el único que nos da la fe para creer las cosas importantes cuando creímos en *Él* por primera vez. Es el único que nos da esperanza cuando ponemos nuestra esperanza y nuestras expectativas en *Él*. Es el único que nos sostiene con perseverancia para que podamos soportar lo que enfrentamos.

La Biblia dice que la clase de amor que necesitamos tener es la que «todo lo sufre, todo lo cree, todo lo espera, todo lo soporta» (1 Corintios 13:7). Sin embargo, no podemos hacer esas cosas por nuestra cuenta. Es más, no nos crearon para hacerlas por nuestra cuenta. Nuestros hombros no se hicieron para llevar esa carga. Dios sabe si tenemos un corazón que está lo suficiente rendido a Él como para confiar en su ayuda.

Después que Cristo resucitó y ascendió al cielo, envió al Espíritu Santo a los que creían en Él. Jesús dijo: «Cuando venga el Defensor que yo voy a enviar de parte del Padre, *el Espíritu de la verdad que procede del Padre*, él será mi testigo» (Juan 15:26, DHH). El Espíritu Santo es nuestro *defensor* y *consolador*. Él es nuestro *consejero* y *maestro*. Él nos ayuda a hacer lo que no podemos hacer por nuestra cuenta. Él es el que nos permite soportar, creer, esperar y resistir todas las cosas.

El amor todo lo sufre

¿Qué significa sufrirlo todo? Significa sobrellevar las cosas que *Dios* te ha llamado a sustentar. Él no te ha llamado a sobrellevar cada carga de los demás, de todos los miembros de tu familia, de tus amigos, de tus conocidos, de tus compañeros y de la gente que te enteras. No puedes hacerlo. Dios no quiere que trates de ser Dios para otra gente. Él, con el poder de su Espíritu Santo en ti, te ayudará a sufrir todas las cosas que *te ha llamado a hacer*. Él no te ha llamado a ser el Santa Claus de todos.

Dios nos llama a sobrellevar las cargas de los otros, y una de las mejores maneras de hacerlo es en oración. La oración sincera que quita las preocupaciones de otros por los que crees que hay una carga por la cual orar siempre es la voluntad de Dios. Todos hemos oído a la gente decir: *Bueno, todo lo que puedo hacer es orar.* No obstante, lo cierto es que eso es lo *mejor* que puedes hacer en realidad. Siempre debes comenzar allí y luego hacer las otras cosas que Él te guíe hacer. Cuando eleves tus preocupaciones en cuanto a los demás a Dios en oración, pregúntale qué es lo que *Él* quiere que hagas.

No tenemos que volvernos locos por esto. Si vemos a un niño a punto de atravesar la calle por donde pasan autos, no tenemos que orar primero para ver si debemos correr y alcanzarlo. Dios nos dotó con un cerebro, buen juicio y la sabiduría para tomar una decisión rápida al respecto.

Otras palabras y frases para «sufrir» como se usa en este contexto son tolerar, resistir con paciencia, pasar por alto, dar ayuda, mantener, sustentar, respaldar, reforzar, dar apoyo, sostener, apuntalar, no escatimar esfuerzos, darlo todo, esforzarse por hacer lo mejor, afirmar, asegurar, secundar, reforzar el cimiento, sostener con cuidado y proteger.

Pídele a Dios que te haga ver dónde es que quizá estés tratando de hacer cualquiera de estas cosas por tu cuenta. Es posible que te sorprenda lo que te muestre y cómo te puede permitir hacerlo sin estrés.

El amor todo lo cree

Creer todas las cosas significa creer lo mejor de otras personas. Creer que Dios tiene un gran plan para sus vidas, y la tuya. Creer que Dios obrará todas las cosas para su bien, y el tuyo. Creer que Dios responderá tus oraciones por ellos, y por ti. Significa que no *esperas* lo peor para los demás ni para ti. Ni *sospechas* lo peor en ellos ni sospechas de ellos.

Otras palabras y frases para «creer» como se usa en este contexto son esperar, concluir, estar inclinado a pensar lo mejor de alguien, creer lo mejor de, tener confianza en, dar el beneficio de la duda, dar crédito a, confiar, dar por hecho, convencimiento, confianza en, aceptación, suspensión de incredulidad, certeza en y seguridad.

Solo Dios nos puede ayudar a hacer todas esas cosas, especialmente en cuanto a creer lo mejor de la gente como una señal de nuestro amor por ellos.

El amor todo lo espera

Esperar todas las cosas significa que ponemos nuestra esperanza en el *Señor*. Y debido a eso, tenemos la esperanza de que Él esté obrando en la vida de la gente por la que oramos. Significa que no nos damos por vencidos con la gente ni la damos por perdida. En cuanto a los peores ofensores, se los entregamos a Dios y le pedimos que obre en sus corazones y los lleve a estar de rodillas ante Él. Cuando hacemos eso, se nos asegura de que tendrán un buen futuro por delante.

La esperanza es una de las tres cosas que permanecen, junto con la fe y el amor, «pero *el mayor de ellos es el amor*» (1 Corintios 13:13). Al final, cuando estemos con el Señor en el cielo, ya no necesitaremos fe porque la fe llegará a ser vista. Ya no necesitaremos esperanza, porque toda nuestra esperanza se cumplirá. En cambio, siempre tendremos amor, porque Dios es amor y nosotros estaremos con Él.

Otras palabras y frases para «esperanza» son expectativa alegre, estado de expectación, anticipación, prospecto, probabilidad, presuposición, seguridad, confianza, poner la confianza en, esperar con ilusión, visualizar, ansiar, estar pendiente, aspiración, esperado por mucho tiempo, aguardado, prometido e inminente.

Todo eso significa que esperas con alegría lo mejor de la gente y que puedes predecirles un buen futuro. Significa que tienes razón para creer que lo mejor no ha llegado aún porque has orado por eso. Anticipas cosas buenas de ellos, y estás en la búsqueda de cosas buenas *en* ellos y *para* ellos.

Pídele a Dios que te dé la esperanza en Él que necesitas para las situaciones y personas que te rodean aparentemente sin esperanza. Él lo hará al poner en tu corazón la esperanza que permanece y que necesitas.

El amor todo lo soporta

Antes de que diga cualquier otra cosa, dejemos algo claro. Soportarlo todo no quiere decir que permites que alguien abuse de ti. Una mujer no permite que la hiera, que la maltrate, que la golpee o que la dañe su esposo o su futuro esposo en potencia. Y tú no permites que nadie más abuse de ti de ninguna manera. Jamás. Eso no es del Señor. Nunca es su voluntad para ti. Y cualquiera que te diga lo contrario está alineado con el mal, y tienes que alejarte de esa persona al instante.

Soportarlo todo quiere decir que estás dispuesto a hacer el máximo esfuerzo por alguien. Persistes en la situación e invocas a tu ser más paciente para ir hasta el final a fin de ayudarlos en su situación difícil.

Otras palabras para «soportar» como se usa aquí son perseverar, persistir, no desmayar, continuar, seguir intentando, ocuparse de buenas obras, permanecer, proseguir, tolerar, quedarse, aguantar, seguir en el camino, resistir hasta el final, prevalecer, durar mucho tiempo, vivir para luchar otro día, amar por completo y superar el paso del tiempo.

No puedes serlo todo para toda la gente. Solo puedes ser lo que Dios te permita ser para la gente que Él ponga en tu corazón y que lleve a tu vida.

Santiago dijo: «Consideramos felices a los que soportan con fortaleza el sufrimiento» (Santiago 5:11, DHH). Habla de soportar hasta la venida del Señor. Quiere decir que no nos rendimos y lo terminamos todo. O que dejamos de amar a otros por la posibilidad de que solo nos decepcionarán. Seguimos haciendo lo que Dios nos llama a hacer y amamos a otros a medida que Él nos guía.

Oración de *Amor*

SEÑOR:

Ayúdame a *sufrirlo* todo cuando se trate de amar a otros. Sé que no me llamarás a ir más allá de lo que pueda sufrir, porque eres tú el que me llama y me sustenta. Sostenme para que tenga la fortaleza de ayudar a otros y de estar a su lado mientras pasan por pruebas. Ayúdame a *creerlo* todo al impedir cualquier incredulidad que tenga en mí en cuanto a los demás. Si no puedo creer lo mejor de ellos, puedo creer en lo mejor que *tú* tienes para ellos. Ayúdame a estimularlos así como me has estimulado tú.

Señor, ayúdame a *esperarlo* todo de los demás porque mi esperanza para ellos está en ti. Al igual que jamás limito mi esperanza en ti, ayúdame a no perder la esperanza en los demás tampoco. Ayúdame a no dar por perdidas a las personas que me han decepcionado o que parece que nunca responden a la esperanza que tienes para ellas. Yo tengo valor porque sé que tú fortalecerás mi corazón debido a que mi esperanza está en ti (Salmo 31:24, NTV).

Señor, permíteme *soportarlo* todo a lo que me has llamado como una señal de amor a los demás. Ayúdame a perseverar en la oración por ellos y a estimularlos para que permanezcan fieles a ti y a tu Palabra, y a las promesas que nos has dado a todos. Ayúdame a seguir adelante y a volver a intentarlo después que alguien ha rechazado tu amor y el mío. Ayúdame a llegar hasta el final con los que me has instruido que lo haga. No quiero ser una persona que solo soporta por algún tiempo (Mateo 13:21). Quiero llegar hasta el final contigo de modo que pueda llegar hasta el final con los que me has guiado a revelarles tu amor.

Te lo pido en el nombre de Jesús.

Palabras de *Amor*

*Consideren a aquel que sufrió tanta contradicción de parte
de los pecadores, para que no se cansen ni se desanimen.*

HEBREOS 12:3, RVC

*Santifiquen a Cristo como Señor en sus corazones, estando
siempre preparados para presentar defensa ante todo el que
les demande razón de la esperanza que hay en ustedes. Pero
háganlo con mansedumbre y reverencia.*

1 PEDRO 3:15, NBLH

*También nos gloriamos en las tribulaciones, sabiendo que la
tribulación produce paciencia; y la paciencia, prueba; y la
prueba, esperanza; y la esperanza no avergüenza; porque el
amor de Dios ha sido derramado en nuestros corazones por
el Espíritu Santo que nos fue dado.*

ROMANOS 5:3-5, RV-60

Habiendo esperado con paciencia, obtuvo la promesa.

HEBREOS 6:15

Todo lo que pidan en oración, creyendo, lo recibirán.

MATEO 21:22, NBLH

21

¿Cómo puedo mostrar amor en cada situación?

~~~~~~

El amor nunca deja de ser.
Eso es lo que dice el capítulo del amor.

Sin embargo, hemos visto que el amor humano deja de ser hacia nosotros. Deja de ser para materializarse. Deja de ser en resistir hasta el final. Deja de ser en creer lo mejor de nosotros. Deja de ser en ser amable. También hemos visto que nuestro mismo amor hacia los demás deja de ser a veces.

Solo el amor *de Dios* nunca deja de ser.

Para que *nuestro* amor nunca deje de ser, tiene que estar establecido primero en el amor de Dios. Su amor en nosotros nunca deja de ser porque su Espíritu de amor está en nosotros. Y *Él* nunca deja de ser. Dios no puede dejar de ser por lo que es Él. Así que nuestra tarea es asegurarnos de que nos acerquemos más a Él cada día en oración y adoración, y en leer su carta de amor para nosotros.

También tenemos que pedirle a Dios que nos guíe en todas las cosas, de manera especial en cuanto a demostrarles amor a los demás. No es que tengamos que preguntarle a Dios *si* tenemos que demostrar su amor. Tenemos que preguntarle *qué* cosa amorosa hacer en cada situación y con cada persona o grupo de personas.

En primer lugar, uno puede demostrar amor en cada situación solo pidiéndole a Dios que nos ayude a *no* demostrar *falta* de amor de ninguna manera posible. (¿Te acuerdas del capítulo 17 acerca de revelar falta de amor?). En algunos lugares, solo eso sería un gran testimonio de la grandeza de Dios, sin mencionar el impacto para los que no están acostumbrados a esto.

Permite que el Espíritu Santo te guíe a hacer la voluntad de Dios

Jesús dijo que su comida era hacer la voluntad de Dios (Juan 4:34). Asimismo, debe llegar a ser de igual forma para nosotros. Cuando le demostramos nuestro amor a Dios al hacer su voluntad, se alimenta *nuestro* cuerpo, nuestra mente, nuestra alma y nuestro espíritu también. Nos edifica de maneras que nada más puede hacerlo.

No hace mucho tiempo tomé la decisión de ayudar a una amiga. Sabía que necesitaba mi ayuda, y el Espíritu Santo no me permitía obviar ese hecho. Yo estaba exhausta por las muchas demandas, fechas límites y obligaciones importantes con otros que tenía que hacer. Por lo que tenía buenas razones para *no* ayudar. Sin embargo, mi amiga estaba sola, sin nadie más que la ayudara en su mudada a otro lugar, y yo era capaz de hacerlo desde el punto de vista físico y mental. Toda la gente que dijo que iba a ayudarla no se apareció. Quién quiere ayudar a alguien a mudarse, ¿verdad?

Sabía que eso tardaría horas y que sería agotador, y yo no soy una persona joven, pero ella tampoco. Y era un trayecto más largo para mí de lo que quería conducir sola en la noche en esa época de mi vida. Mi listado de razones para no hacerlo era largo.

Antes del encuentro que tuve con Dios en el capítulo del amor de la Biblia y que Él me convenciera de preguntarle cómo quería que le demostrara su amor a otros, ni siquiera le habría preguntado al respecto. Ya lo habría decidido. Ese día, en cambio, le pregunté al Señor qué debía hacer, porque los compromisos que tenía con otra gente también tenían que considerarse, y el Espíritu Santo grabó *con claridad* en mi corazón que la acción amorosa sería ayudarla. Le pedí a Dios que me diera la energía, la persistencia y la habilidad física para hacer lo que tenía que hacer. Cuando me dirigía en mi auto, sentí que Dios estuvo conmigo en todo el camino. Al llegar a su casa, mi amiga estaba abrumada con todo lo que había que hacer, pero debido a que el Espíritu Santo me ayudaba a mí, tuve mucha claridad en cuanto a cómo se podría hacer ese proyecto con rapidez y eficiencia. Y Dios me dio fuerzas y mente clara que me sorprendieron, algo extraño en mí a esa hora de la noche.

Cuatro horas después terminamos lo que había que hacer. El asunto más sorprendente fue que a mi regreso a casa tuve más fuerza y energía que cuando comencé. ¡Ese fue un milagro de Dios! Yo había decidido demostrar amor de acuerdo a la guía de Dios, y sentí su presencia en una medida mayor de lo que la había sentido antes.

El corredor olímpico Eric Liddell no quiso correr en las olimpiadas en un domingo porque era un cristiano fiel y obedecía a Dios al determinar que el día del Señor es santo, el día de reposo, un día de descanso dedicado a Dios. En *Carros de fuego*, una película acerca de su vida, dijo acerca de Dios: «Cuando corro, siento su placer». Sentía el placer de Dios en donde corría porque hacía la voluntad de Dios, y su amor por Él era su prioridad.

Lo mismo sentí yo cuando decidí demostrar el amor de Dios por encima de mi propia conveniencia y ayudar a una dama a mudarse. Decidí pasar por alto los clamores de mi carne que decían: «¡No puedo hacerlo! Soy muy vieja, estoy demasiado cansada y demasiado presionada por el tiempo». Sin embargo, salí mejor que nunca. Encontré la fortaleza del Señor; fortaleza que no hubiera tenido en lo absoluto sin su acto de capacitarme. Y gané una amiga para toda la vida.

Dios nos permite hacer cosas que nunca podríamos haber hecho sin Él, cuando decidimos hacerlas con amor, el amor que Él pone en nuestro corazón por los demás.

No des por sentado que sabes la voluntad de Dios para cada situación

Demostrar amor a otros no significa que tenemos que jugar a ser Dios y tratar de suplir todas las necesidades de cada persona. Eso es peligroso y de seguro que no es la voluntad de Dios. Mi esposo y yo aprendimos bien la lección en cuanto a esto cuando tratábamos de ayudar a una persona sin la guía del Espíritu

Santo. Pensamos: *Siempre es bueno ayudar a alguien que lo necesita, ¿verdad?* No siempre podemos emitir juicio en cuanto a cuál es la necesidad real de una persona sin conocer los hechos. Y solo Dios conoce toda la historia.

Una vez ayudamos a alguien dándole dinero para que pagara su hipoteca ese mes, pues estaba muy atrasado y no tenía dinero. Resultó que nosotros teníamos que haberle dado el dinero a su esposa, porque él lo usó para comprar drogas. Ni siquiera sabíamos que usaba drogas. Ella, en cambio, sí lo sabía, y nos lo hubiera dicho si se lo hubiéramos preguntado. Sin embargo, no buscamos a Dios en cuanto a esto. No oramos primero. No hicimos preguntas. Nos *imaginamos* que Dios quería que lo hiciéramos. Aun así, nos *equivocamos por completo*.

Cuando su esposa después nos dijo lo ocurrido, estábamos impactados y tristes. Ese hombre después aprendió una lección difícil, una caída que tenía que pasar para hacerlo entrar en razón y buscar ayuda, una caída que nosotros retrasamos por lo menos un mes porque le *permitimos* que mantuviera su estilo de vida destructivo.

Jugamos a ser Dios en lugar de *buscar a Dios*.

A veces la acción más amorosa es la más difícil de hacer. Eso se debe a que lo que quizá te parezca que es lo mejor, en realidad puede que *no* sea lo mejor para esa persona en ese momento. El dinero que le dimos se habría usado mejor para que ese hombre buscara ayuda. Sin duda alguna, el Espíritu Santo nos debe guiar en cada situación.

Dios decide *quién. Él* decide *cuándo. Él* decide *cómo.* Nosotros no. Por eso es que tenemos que pedirle su dirección. No se supone que debamos tratar de ser el salvador de alguien y correr a suplir cada necesidad que tenga para que nunca deba buscar a Dios por nada. Cuando lo hacemos, impedimos que conozcan a Dios como su Proveedor, Protector y Liberador.

Siempre debemos seguir siendo el instrumento de Dios y recordar que trabajamos para su negocio familiar. Nosotros no administramos las cosas. No salimos por nuestra cuenta tratando de rescatar y de curarlos a todos. No podemos hacerlo de ninguna manera. No tenemos el poder sobrenatural ni los recursos ilimitados sin el Señor. Y Él solo nos permite participar en esto de acuerdo a *su voluntad* y no la nuestra.

En resumidas cuentas, Dios nos ama. Sin embargo, nosotros *decidimos abrirnos a su amor* para *recibirlo* por completo. Los que no reconocen a Dios como el Padre, el Hijo y el Espíritu Santo, todas las personificaciones de su amor por nosotros, no pueden recibirlo. Entonces, una vez que recibimos el amor de Dios y caminamos a su lado, *nuestro amor por Él nos doblega.* En nuestras expresiones de amor por Dios, Él nos llena con más de su naturaleza divina. *Mientras más somos participantes de su naturaleza divina,* más plantamos semillas de su amor en otros, *de acuerdo con su guía.* Las recompensas son grandes cuando amamos a los demás, porque así nuestro camino será «como la luz de la aurora, que va en aumento hasta que el día es perfecto» (Proverbios 4:18, RV-60).

Nuestro amor por los demás no se manifiesta para atraer gente a nosotros mismos; es para atraerlos a Dios. Y allí es a donde nos debería llevar en última instancia. Tú amas a la gente lo suficiente como para que te interese dónde pasarán la eternidad. Los amas lo suficiente para no querer que pasen la eternidad separados para siempre de Dios.

En su Palabra, Dios nos advierte que llegará el día de ajuste de cuentas. Y vemos que todas las señales indican que el mundo se dirige con rapidez hacia esa dirección ahora. El día y la hora se han extendido para darle a la gente la oportunidad de tomar la decisión adecuada respecto a en qué lado están. Nosotros elegiremos a Dios o a su enemigo durante nuestra vida. Y al no tomar ninguna decisión en absoluto, elegimos al enemigo.

Ir al cielo a vivir en la eternidad con el único Dios verdadero solo se asegura para la gente que toma la decisión de recibir al Único que pagó el precio por nosotros, a fin de asegurar nuestro lugar en el cielo y hacer que nuestro nombre esté escrito en el Libro de la Vida del Cordero. Tenemos que amar a los demás lo suficiente como para ayudarlos a tomar la decisión apropiada.

Pablo dijo: «¿Acaso no saben ustedes que, aunque todos corren en el estadio, solamente uno se lleva el premio? Corran, pues, de tal manera que lo obtengan. Todos los que luchan, se abstienen de todo. Ellos lo hacen para recibir una corona corruptible; pero nosotros, para recibir una corona incorruptible» (1 Corintios 9:24-25, RVC).

Corre para ganártela.

Demostrarle amor a otra persona quiere decir que no estamos para retenerles el bien a quienes debemos dárselo cuando está en nuestras manos hacerlo (Proverbios 3:27). «No digas a tu prójimo: "Ve y vuelve, y mañana te lo daré," cuando lo tienes contigo» (Proverbios 3:28, NBLH). Quiere decir que debemos mostrar amor en cada situación porque nosotros *lo tenemos*. Cuando el Señor abre una oportunidad para decirle a alguien una razón para la esperanza que hay en ti, hazlo en amor. Dedica el tiempo para mirar a esa persona a los ojos y sonreírle. Diles que los ves, y que no son invisibles para ti, que son valiosos. Y cosecharás bendiciones en la tierra y recompensas en el cielo que durarán por la eternidad.

Oración de *Amor*

SEÑOR:

Voy en busca del amor así como te busco a ti. Llena mi corazón tanto de tu amor que fluya a los demás. Permíteme demostrar tu amor en cada situación. Dependo de ti para que me guíes en eso. Guíame con tu Espíritu Santo para tomar las decisiones en cuanto a lo que siempre te agrada. No quiero interferir con lo que haces en la vida de otro. No quiero moverme en la carne, sino que en todo lo que haga y diga reciba la dirección de tu Espíritu.

Enséñame no solo a amar a los demás con mis palabras, sino también con mis acciones. Cuando alguien que conozco experimente una pérdida, ayúdame no solo a orar por esa persona, sino a hacer algo para ayudarlo a recuperarse. Sé que hay tiempo para el dolor y que no debemos interferir con eso, pero cuando el dolor llega a ser prolongado hasta el punto de la parálisis física y emocional, te pido que me capacites para ayudar a esa persona a pasar por eso y llegar al otro lado.

Enséñame a amar a otros con el amor de mi corazón que llega de ti. Sé que «la boca del justo emite sabiduría» y «los labios del justo dan a conocer lo agradable» (Proverbios 10:31-32). Ayúdame a conocer las palabras que sean siempre sabias y aceptables. Sé que «en las muchas palabras no falta pecado; mas el que refrena sus labios es prudente», por lo que haz que mis palabras sean valiosas y edificantes para los demás y que nunca carezcan de significado (Proverbios 10:19-20, RV-60). Sé que eso puede pasar solo por tu Espíritu Santo de amor que obra en mí y a través de mí.

Te lo pido en el nombre de Jesús.

Palabras de *Amor*

Que nuestro Señor Jesucristo mismo, y Dios nuestro Padre,
que nos amó y nos dio consuelo eterno y buena esperanza
por gracia, consuele sus corazones y los afirme en toda obra y
palabra buena.

2 Tesalonicenses 2:16-17, NBLH

Los caminos del hombre están ante el Señor, y él pone a
consideración todas sus veredas.

Proverbios 5:21, RVC

Dios no nos ha dado un espíritu de temor, sino un espíritu
de poder, de amor y de buen juicio.

2 Timoteo 1:7, DHH

Mi amor sea con todos ustedes en Cristo Jesús.

1 Corintios 16:24, NBLH

Ahora permanecen la fe, la esperanza y el amor, estos tres;
pero el mayor de ellos es el amor.

1 Corintios 13:13

«Cuando reconozcas con claridad la voz de Dios que habla a tu corazón, tu vida nunca será la misma».

El Espíritu Santo de Dios está tan cerca de ti como tu próxima respiración... qué regalo tan increíble. Cuán consolador es ser capaz de caminar en el poder y la presencia del Espíritu Santo en cada aspecto de tu vida.

La amada autora Stormie Omartian ha escrito libros sobre la oración que los han leído millones de personas. Ahora se enfoca en el Espíritu Santo y en la manera que Él quiere que escuches su amable dirección cuando les habla a tu corazón, a tu alma y a tu espíritu. En la manera en que Él quiere ayudarte a entrar a la relación con Dios que tanto anhelas, a la plenitud y la libertad que Dios tiene para ti, y al cumplimiento de las promesas de Dios para ti. En la manera que *quiere* guiarte para que

- seas transformado en tus emociones y tu carácter
- disciernas la dirección, las bendiciones y la protección de Dios
- recibas la herencia guardada para ti como hijo de Dios
- vivas la voluntad de Dios para tu vida
- tengas una vida que no puedas vivir sin Él

A medida que confías en el Espíritu Santo y en su gran amor por ti, serás lleno de su mente, conocimiento y sabiduría. Adquirirás la visión del llamado especial para tu vida, y percibirás su guía en cuanto al camino que debes seguir.

«Como guerreros de oración, debemos recordar que no importa lo desesperada que quizá nos parezca una situación, Dios nos da poder en la oración para hacer algo al respecto. Podemos sentirnos abrumados por eso, pero Dios no. Es posible que no veamos una salida, pero Dios sí la ve. Gracias a Él, ¡podemos marcar la diferencia!»

STORMIE OMARTIAN

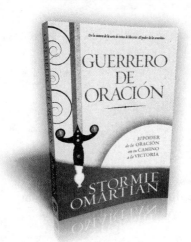

¿Quieres una significativa vida de oración que sea mucho más que solo pedir bendiciones? Stormie nos muestra cómo orar con poder y propósito, lo que resulta en una gran victoria que hace avanzar el reino de Dios y su gloria.

Encontrarás ayuda y aliento para tu propia vida de oración a medida que

- conoces a tu Comandante y te pones de su lado
- te aseguras de tu autoridad en oración
- te conviertes en un experto en tus armas espirituales
- sigues las órdenes de Dios para resistir al enemigo
- observas lo que sucede desde la perspectiva de Dios

Si tienes un corazón de compasión y el deseo de marcar la diferencia a través de la oración, solo tienes que comenzar diciendo: «Señor, úsame como tu guerrero de oración», y el Espíritu Santo te guiará a partir de ahí.

«Ser un guerrero de oración es algo que haces porque amas al Señor y quieres servirlo».

Para saber más acerca de los libros de
Unilit, visita nuestra página web:
www.editorialunilit.com

Notas

DECIDE AMAR